2017 度年中共黑龙江省委党校（省行政学院）党的十九大精神专题项目"我国社会主要矛盾转化研究"阶段性研究成果（项目号：2017C08）；2018 年度黑龙江省哲学社会科学研究规划项目"社会主要矛盾变化下资源型省份黑龙江与全国协调发展对策研究"阶段性研究成果（项目号：18KSH741）

2018年度黑龙江省社会科学学术著作出版资助项目

马克思人的本质思想的实践生成论研究

孙晶 著

黑龙江人民出版社

图书在版编目(CIP)数据

马克思人的本质思想的实践生成论研究 / 孙晶著.
—哈尔滨：黑龙江人民出版社，2018.12（2021.8重印）
ISBN 978-7-207-11561-4

Ⅰ.①马… Ⅱ.①孙… Ⅲ.①马克思主义—人学—研究—中国 Ⅳ.①C912.1

中国版本图书馆CIP数据核字（2018）第280072号

责任编辑：王　琳
封面设计：佟　玉

马克思人的本质思想的实践生成论研究

孙　晶　著

出版发行	黑龙江人民出版社
地　　址	哈尔滨市南岗区宣庆小区1号楼
邮　　编	150008
网　　址	www.longpress.com
电子邮箱	hljrmcbs@yeah.net
印　　刷	三河市佳星印装有限公司
开　　本	787×1092　1/16
印　　张	17
字　　数	284千字
版　　次	2021年8月第1版第2次印刷
书　　号	ISBN 978-7-207-11561-4
定　　价	46.00元

版权所有　侵权必究　　　　　举报电话：(0451) 82308054
法律顾问：北京市大成律师事务所哈尔滨分所律师赵学利、赵景波

内 容 提 要

　　人是哲学研究的核心主题,对人的本质的追问又是其核心研究的最高旨归。人是有目的生活的价值主体,总是保持着自己的开放性和适应性,并为着自身的完善性和超越性做着不懈的努力。人是在历史、实践、内在需要的推动下生成自己、确定自己和实现自己的。人的实践生成过程是全面展示人的本质的过程,是人生成普遍性的社会交往关系基础上人的需求、能力、素质和个性等的物化显现。因此,人的本质不是某种既成的存在物,而是随着社会历史发展不断生成的。它不能通过人之自我规定获得确证,而只能通过对象互释的方式得以展现。人的本质思想的澄明是一个历史的过程,古老而又常新。马克思人的本质的实践生成有其特定的理论机理和逻辑机理,颠覆传统本体论思维模式下人的本质的抽象化、先验化、固定化、思辨化,超越传统人学的理论困境。马克思着眼于现实的人,发现了人的本源性存在方式——实践,关注社会历史变革以及人的实践生存,通过分析人与自然的对象性关系、主体间性问题以及人与历史的关系,从而把握了人之生存的历史性与价值性以及人的本质在整个人类文明发展史中的更迭。特定历史语境中的人的实践生成,内蕴了实践主体的价值诉求,既体现对旧有人类实践成果与历史文化传统的扬弃,又体现对人类物质与精神文明的传承。也就是说人的本质的实践生成表现为异化与扬弃异化的同一历史过程。

　　马克思认为人的类本质在于人的自由有意识的活动。这是一种价值预设的意向性追求,体现了其理论思维的无穷无尽的指向性。人类的这种"追求"源于人类的超越本性。人类超脱自然的使命以及思维的至上性督促人们不断探求"人应该是什么"的终极答案。而唯物史观把劳动作为形成真正人类本质的基础,并把这一类特性置于社会历史中去考察,以此来说明人的社会化本质的变化生成性。人类发展至今,个体的现实本质总是在某种程度上同人类在一定的具体历史条件下追求与相应的自由自觉的活动的内在类本质相矛盾。这是人类发展的必然过程,是符合唯物史观人的实践生成的特点的。这种生成在现实性中实现了历史与逻辑的统一,体现了人的类本质与社会化个体本质的对立统一,是形而上与形而下的整合,是"在场"对"不在场"的印证,是一种从无到有,从理想到现实的生命历程,这是人类实践活动的历史与价值展开与呈现的过程。马克思认为共产主义是历史之谜的解答,"历史之谜"的解答是人类价值追求的最终的归宿,其本质就是自由人联合体的实现,是人之自由个性的生成,是人的存在与人的本质的真正统一,是"人和自然之间、人和人之间的矛盾的真正解决,是存在和本质、对象化和自我确证、自由和必然、个体和类之间的斗争的真正解决"①。当本质遭遇生存,生命融入历史,自由融入生存,现实性在展开中也就表现为历史的必然,先验的力量也就变成实践生成过程。

---

① 马克思.1844年经济学哲学手稿[M].北京:人民出版社,2000:297.

序言　对哲学最高问题的追问

哲学在任何意义上,其核心都是人的问题,而哲学对人的思考的最高境界莫过于人的本质问题,也就是说,人的本质就是哲学的最高问题。因为人的本质作为人的最深层次的自我意识,反映了人类生存的终极奥秘,只有达到人的本质的最高境界,哲学对人的认识和理解才是完整和深刻的。马克思的人的本质思想博大精深,是他划时代哲学革命变革的结晶。他对人的本质的执着探索植根于他对全人类彻底解放和人的全面发展的深切关怀,他所阐发的人的本质的规定及其逻辑系统不仅是哲学上划时代的伟大创新,而且在今天也有重要的实践指导意义。

顾名思义,孙晶博士的这部著作是以马克思人的本质思想为主题撰写的一部佳构。作者对所论主题有深刻的领悟、科学的分析和合理的建构,尤其是以实践生成论为视角对马克思全部思想体系中所蕴含的"人的本质"主线的阐释和论证,见解独到,别具匠心,是作者较强的学术研究能力和原创性的卓越展现。本质问题是多维度问题,"本质"问题经历了从传统本体论到认识论,再到语言分析导向,最后到人本—存在论导向的研究。马克思对"人的本质"的界定主要具有认识论与存在论层面的意义。对于认识论层面的意义,我们很容易理解,马克思通过人的根本属性与人与人之间的必然联系来界定人的本质,透过人类现实的感性生存实践的各种现象抓住人之存在的本质。那么,马克思对人的本质的界定过程是否具有更高的角度分析呢?在认识论层面理解本质,人们通常认为本质即为现象的根本性质,而这一"根本性质"其实质又是"某种现象",这与本质是"非现象"的前提矛盾,因此,单纯地从根本属性与事物的联系界定本质并不科学。但是,如果我们从存在论,或者说是广义的本体论来界定本质,即本质是事物存在的根据和构成关系,是实践的生成过程,是以生成论的思维模式架构的概念,那么,如此界定的本质概念就更加符合马克思对人的本质界定的视域选择,我们在解释马克思人的本质思想时也就更能够符合现实。

为了呈现马克思的人的本质思想,孙晶博士以"实践生成论"作为思考马克思人的本质思想的关键性切入点,这从根本上涉及两个相关问题:其一,马克思哲学思想体系是否是"实践生成论"的,这涉及马克思给我们提供了一个什么样的世界观及方法论;其二,人们如何从"实践生成论"的角度理解马克思人的本质思想涉及我们为本体论提供一个怎样的总体性视域。人是一个历史发展的过程,人的本质的澄明也是一个历史的过程。传统本体论哲学是实体既成的,马克思认为"在思辨终止的地方,在现实生活面前,正是描述人们实践活动和时间发展过程的真正的实证科学开始的地方。关于意识的空话将终止,他们一定会被真正的知识所代替。对现实的描述会使独立的哲学失去生存环境,能够取而代之的充其量不过是从对人类历史发展的考察中抽象出来的最一般的结果的概括。哲学抽象本身离开了现实的历史就没有任何价值"[①]。

这部著作着重分析了实践生成论的理论来源。马克思哲学革命变革的实质是以历史生成论的视角,赋予了实践观以新的含义。马克思的唯物史观是对实践生成语境下人的本质观的深刻理论认识,是人的研究与社会历史研究的统一。因此马克思关于人本质的思想实现了重大的方法论变革,马克思侧重于从动态的、实践生成论的角度对人的本质理论的基本内容加以阐释,这种思考方式可以最大限度地避免将该理论固化和僵化的危险。将马克思哲学革命的精神内涵蕴含于马克思人的本质思想的解读过程,剖析马克思人的本质思想实践生成构建理路。阐释马克思人的本质思想实践生成的主体维度、语境基础、动力机制、辩证过程以及价值诉求。指出人的本质不是某种既定的存在物,而是总在途中,它不能通过自我规定得到确证,而只能通过对象互释得以展现。以马克思的视角,从实践与历史角度分析人的现实生成,从而形成对马克思人学思想的整体性认识。由此突出马克思人的本质思想是一个不断变化发展的动态体系,清晰地还原了马克思关于人的本质思想的生成理路,指出不再存在一个预定的本质,人的本质是在历史中通过人的实践活动不断生成的。有助于进一步拓宽该问题的研究视角,以期完成对马克思人

[①] 马克思恩格斯选集(第1卷)[M].北京:人民出版社,1995:73.

的本质思想的当代解读。

我想说的是,正是因为以上的学术价值,使这部著作显现出强烈的现实关怀。其研究关注"实践"中的人,发展中的人格,生成完善的本质,分析人在当代生存的境遇下,整体与个体之间如何和谐存在、个体本质如何在共同体中彰显,帮助人们关注生命,热爱生活,素质健全的人格,重新激发人们对价值理想的追寻,助推各项事业发展。对新时期我国社会整体性、协调性发展等重大实践问题具有较高的应用价值。总而言之,孙晶出思想、出创见的分析是可贵的,但若以著名社会学家费孝通的"各美其美,美人之美,美美与共,天下大同"的学术致境衡之,孙晶还须更上一层楼。这正是我作为导师,寄厚望于她。

张奎良

2018 年 8 月于黑龙江大学

目　　录

绪论 …………………………………………………………………（1）

第一章　实践生成论 …………………………………………………（3）

　第一节　从传统本体论到实践生成论 ……………………………（3）
　　一、传统本体论：马克思所面对的强大理论传统 ………………（4）
　　二、传统本体论困境与实践生成论出场 …………………………（11）

　第二节　思维方式转向与马克思哲学革命 ………………………（20）
　　一、从认识直观到认识自觉 ………………………………………（21）
　　二、从本体思维到实践思维 ………………………………………（23）
　　三、从既成原则到生成原则 ………………………………………（27）

　第三节　实践生成论的科学内涵 …………………………………（32）
　　一、实践生成论与马克思本体论变革 ……………………………（32）
　　二、马克思实践生成论的理论实质 ………………………………（37）

　本章小结 ……………………………………………………………（41）

第二章　西方传统本体论人的本质思想 ……………………………（43）

　第一节　古希腊时期人的本质思想 ………………………………（43）
　　一、自然观与人的属性 ……………………………………………（44）
　　二、存在观与人的本质 ……………………………………………（45）

三、意识观与人的本质 …………………………………… (46)
　　四、人本观与人的本质 …………………………………… (48)
　第二节　中古神学人性论 …………………………………… (51)
　第三节　文艺复兴时期人的本质思想 ……………………… (52)
　第四节　近代人的本质思想 ………………………………… (55)
　　一、经验论和唯理论的人学争辩 ………………………… (56)
　　二、启蒙思想和唯物论的人学探究 ……………………… (61)
　　三、德国古典哲学时期人学思想 ………………………… (65)
　本章小结 ……………………………………………………… (95)

第三章　马克思实践生成思维演进与人的本质的揭示 …… (96)
　第一节　马克思人的本质思想研究的历史背景和理论铺垫 … (96)
　　一、马克思人的本质思想研究的历史背景 ……………… (97)
　　二、马克思人的本质思想研究的理论铺垫 …………… (103)
　第二节　马克思实践生成思维演进与人的本质思想的发展轨迹 … (110)
　　一、理性主义与人学启蒙 ……………………………… (110)
　　二、人本主义与人学发展 ……………………………… (116)
　　三、实践启蒙与人学成熟 ……………………………… (127)
　　四、实践确立与人学完善 ……………………………… (145)
　　五、历史性实践与人学深入 …………………………… (153)
　第三节　马克思人的本质思想实践生成的双重逻辑 …… (156)
　　一、价值预设：异化—扬弃异化 ……………………… (156)
　　二、现实生成：现实性—必然性 ……………………… (160)
　本章小结 …………………………………………………… (162)

第四章　人的本质的实践生成与历史超越 ………………… (163)
　第一节　人的本质生成的基础 …………………………… (163)

一、人的本质生成的基础视域:现实生活世界………………………(163)

　　二、人的本质生成的主体维度:现实的人……………………………(165)

　　三、人的本质生成的实践基础:生产与交往…………………………(173)

　第二节　人的本质生成的途径…………………………………………(180)

　　一、群体化生成:自然共同体—利益共同体—自由人联合体………(180)

　　二、个体化生成:自在个性—自为个性—自由个性…………………(186)

　第三节　人的本质生成的机制…………………………………………(189)

　　一、存在与本质的对立与统一…………………………………………(190)

　　二、对象与自我的对立与统一…………………………………………(192)

　　三、自由与必然的对立与统一…………………………………………(195)

　　四、类与个体的对立与统一……………………………………………(197)

　第四节　人的本质生成的动力…………………………………………(200)

　　一、历史的绽出性………………………………………………………(200)

　　二、人的需要……………………………………………………………(202)

　　三、两种生产……………………………………………………………(204)

　第五节　马克思人学思想的历史超越…………………………………(206)

　　一、从思辨的人到实践的人……………………………………………(206)

　　二、从既成的人到生成的人……………………………………………(208)

　　三、从共时的人到历史的人……………………………………………(209)

　　四、从超验的人到经验的人……………………………………………(210)

　　五、从单向的人到总体的人……………………………………………(212)

　本章小结……………………………………………………………………(214)

第五章　关于人的本质的现实境遇………………………………………(215)

　第一节　工业文明对人的挑战…………………………………………(215)

　　一、市场经济下的人性扭曲……………………………………………(215)

二、人的虚拟化生存与人的本质的虚拟化 …………………… (221)

第二节　从动态平衡到全面发展 ……………………………… (230)

一、动态平衡：人与自然、人与社会、人与自身 ……………… (231)

二、人的本质与人的自由全面发展 …………………………… (239)

本章小结 …………………………………………………………… (244)

结语 …………………………………………………………………… (246)

参考文献 ……………………………………………………………… (247)

后记 …………………………………………………………………… (257)

绪　　论

马克思在《1844年经济学哲学手稿》中指出："自然科学往后将包括关于人的科学,正像关于人的科学包括自然科学一样:这将是一门科学"[①]。马克思开辟了人学道路,其哲学主题与核心就是人学,关于共产主义的终极价值诉求也是对人本质的真正占有。因此,马克思人的本质思想是马克思哲学革命变革的重要组成部分。人的本质问题是人学理论的核心问题,科学地研究马克思人的本质思想是马克思哲学革命变革的内在要求。"马克思的哲学与传统哲学理论的本质区别,并不在于把人的研究置于中心地位,而是彻底清算了传统哲学把人的本质抽象化的理论误区,立足实践唯物主义,回归现实的人,重新揭示了人的本质,为实现人的解放这一历史目标提供坚实的理论基础"[②]。

当代哲学正在发生一场存在论的转变,这就是从传统哲学逻各斯中心主义的传统本体论到感性实践生存论的转变。随着现代西方哲学人本主义思潮的兴盛,以及后现代主义思潮反传统、反基础、反本质,强调内在性、相对性、不可通约性,生存论哲学又带有了明显的非理性乃至于反理性的外观,更注重于强调个体生命存在的感性张扬。因此对马克思人的本质思想的系统研究,也是回应当代马克思主义所面临的各种挑战。

张奎良教授曾指出:"马克思的人学理论博大精深,是个不断发展的动态体系。它不是事先预成的,而是随着马克思哲学的不断拓展和深化而日益丰富和完善的。只有用发展的观点,详尽地占有材料,才能发现马克思在其勤奋的一生的不同时期

[①] 马克思.1844年经济学哲学手稿[M].北京:人民出版社,2010:90.
[②] 孙晶.马克思人的本质生成论的实践基础[J].学术交流,2016:9.

所做出的越来越大的哲学贡献"①。马克思哲学革命变革的实质是以历史生成论的视角,赋予了实践观以新的含义。马克思的唯物史观和东方社会理论是对实践生成语境下人的本质观的深刻理论认识,是人的研究与社会历史研究的统一。其研究立足于人的现实生活世界,关注社会历史变革以及人的实践生成。哲学的研究向度从实体形而上的本体论转向实践论,哲学思维方式也从传统的既成论原则转向实践生成论原则,在此基础上谈论的人的本质生成问题也就自然以实践为理论基础,从实践生成的角度分析人的本质在现实生活世界更迭。对人的本质问题的研究不能够从本体论意义上给予形而上的独断,而只能从认识论和方法论意义上进行规定分析;人的本质不是某种既定的存在物,而是总在途中,它不能通过自我规定得到确证,而只能通过对象互释得以展现。实际上人是在历史、实践、矛盾的发展过程中生成自己、确定自己和实现自己的。人的本质的实践生成论研究是把马克思人的本质思想作为主要的研究对象,以马克思的视角,从实践与历史角度分析人的现实生成,从而形成对马克思人学思想的整体性认识。

在批判旧的哲学体系的过程中,马克思理论建构的着眼点在于现实感性世界,而理论构建的起点在于现实的人,随着对传统本体论思维模式的扬弃以及对人现实活动的思考,通过对实践的深入认识,构建了完善的实践哲学体系与人学理论观点。可以说,马克思人的本质思想与唯物史观的构建是同一理论发展过程,对人的本质的研究加深了马克思对实践的认识,是唯物史观建立的基础,而科学实践观的确立是理解马克思人的本质思想的重要环节,深化了马克思的人学思想。文章探析和挖掘马克思实践生成丰富的思想内涵,突出马克思人的本质思想是一个不断变化发展的动态体系,清晰地还原了马克思关于人的本质思想的生成理路,指出不再存在一个预定的本质,人的本质是在历史中通过人的实践活动不断生成的。以期完成对马克思人的本质思想的当代解读。

---

① 张奎良.马克思主义关于人的学说[M].北京:人民出版社,2011:163.

第一章 实践生成论

第一节 从传统本体论到实践生成论

海德格尔说:"纵观整个哲学史,柏拉图的思想以有所变化的形态始终起着决定性的作用,形而上学就是柏拉图主义"①。柏拉图开创了以本体论作为基础的西方哲学传统。因此,本体论逐渐成为西方哲学的核心理论。传统西哲史从本质上看就是围绕"本体论"问题展开理论批判史。传统哲学是理性霸权,概念制裁的逻各斯统治的宿命论理论世界,哲学脱离了人的生活世界,凌驾于现实的人之上。在近代,传统本体论在黑格尔哲学中达到顶峰,他虽然以辩证法反对传统形而上学思维方式,但其整个哲学体系仍然是以绝对精神为最终目的的本体论大厦,对这种绝对抽象的思辨概念的追求最终造成人的失落。近代以来科学理性的冲击,使传统形而上学逐渐走向末路。以至于在"拒斥形而上学"的论战后,后现代主义发动了反本质主义战役,哲学家罗蒂就认为,20世纪已经没有闲暇时间来谈论终极实在的本质。超验的真理是不存在的,谈论"人的本质"是过时的理论行为。

马克思实践哲学从本质上讲是一种实践生成论。其哲学革命变革的最重要贡献是为我们提供了一个实践生成论的思维方式。世界本体是一个生成的过程。因此,马克思哲学的本体论表现为一种追本溯源式的意向性追求,代表了一种理论思维的无穷无尽的指向性,这种生成在本体论中实现了历史与逻辑的统一。人类的这种"追溯"要求一方面源于人类的动物本性,其目的不过是寻求一种终极的庇护

---

① 海德格尔.面向思的事情[M].北京:商务印书馆,1999:70.

与安全感。另一方面,人类超脱自然的使命以及思维的至上性督促人们不断找寻"人的存在何以可能"的根据。因此,我们不能狭隘地定义"形而上学"以及"本体论",并将其抛除于马克思实践哲学体系之外。马克思哲学是关于人的哲学,他所谓的"哲学的终结"也只是通过集中批判黑格尔哲学体系,反对思辨的形而上学传统,其哲学本体论本质上是对人的现实生存的思考。马克思面向人类现实生活世界,把人的生存理解为一种从无到有,从理想到现实的生命历程,这是人类实践活动的历史与价值展开与呈现的过程。哲学是时代精神的精华,马克思实践生成论表现为人类意识对不断生成的"本体论"的追问。同时,对"本质"的经验性与实践性的理解,使"本质"范畴有了历史与价值层面的意义。因此,对马克思实践哲学的科学化解释是解开马克思理论中"人的本质"之谜的一把钥匙。

一、传统本体论:马克思所面对的强大理论传统

在《德意志意识形态》中马克思和恩格斯表明:"意识起初只是对周围的可感知的环境的一种意识,是对处于开始意识到自身的个人以外的其他人和其他物的狭隘联系的一种意识。同时,它也是对自然界的一种意识,自然界起初是作为一种完全异己的、有无限威力的和不可制服的力量与人们对立的,人们同它的关系完全像动物同它的关系一样,人们就像牲畜一样服从它的权力,因而,这是对自然界的一种纯粹动物式的意识(自然宗教)"①。于是,人们企图通过获得世界是什么,以及人从何而来的答案,进而与自然做抗争。经过漫长的历史岁月,这种思想从未改变,但始终不得其所。他们发现以感性索取诸神的启示,以臆断探求星宿的轨迹是无法得到心中渴求的答案的。人们发现经验世界的万事万物是纷繁复杂与流动变化的,他们渴求寻找到一种终极的事物或理念,能够把握事物的基础,将万物统一起来,并可以一劳永逸地解读世界。也就是说,人们渴望超越感性直观的杂多,把握唯一的真实的实在;超越流动变化的现象,把握永恒不变的本质。这种理论诉求表现出西方哲学实存化的存在论传统,也就是所谓的"本体论"。它强调范畴性、实体性、超验性,主张逻各斯中心主义。

我们发现,对这一问题的探讨,古希腊哲人从自然哲学的视角切入,以一种朦

---

① 马克思恩格斯选集(第1卷)[M].北京:人民出版社,1995:81.

胧的理性主义的自然观,企图解开"本原"与"始基"的谜题。以泰勒斯的观点为例,泰勒斯认为水是世界的始基。一方面,他赋予了"水"这一感性对象原始实在性。其次,"始基"这一哲学范畴的提出,是人类思维理性深化后的抽象性判断。也就是说,"水"这一"始基"的选择是经过对自然界的具体观察和感觉经验一系列的分析总结和抽象概括得出的结论,是对感性实在性之上的分析,从而揭示了事物的普遍性。即,对"水"这一事物的思辨论证赋予了非感性对象"始基"以实在性。两次实在性转换就是感性到理性的跃进,是人类从神话思维向哲学思维提升和跃进的重要一环,从而被哲学史家视为哲学诞生的证据。随着人类思维能力与概括能力的提高,古希腊哲学家克服了早期思想的朴素性,使古希腊哲学思想的发展到爱利亚学派的巴门尼德,发生了具有重要意义的变化。巴门尼德抛弃了独断的思维模式,把握了推理的逻辑方法。因此,他完全摆脱了自然事物的具体性,提出一个共同的特点,即"存在"。在巴门尼德看来,"存在"具有不变性、完满性、空间性、受限性以及必然性,也就是说,"存在"没有时间维度的意义,它在时间上是没有始终的,在空间上也没有位置的变化。因此,巴门尼德在理论上否认了运动的可能性。巴门尼德的"存在"观正是既成思维逻辑产生的源头。同时,巴门尼德区分了"现象"和"本质"问题。他认为,"存在"是思想的对象,思想与存在是同一的。如果想要获取对事物真理性的认识,就必须研究存在的事物。存在观最根本特征就是追求知识的确定性,而坚决反对感性事物的不确定性。即用理性思维所获得的知识是真理,是世界的本质,而依据感性认识所获得的知识是不真实的"意见",是"非存在"。由此可见,巴门尼德"在传统的自然哲学之外建立一种本体论哲学,在经验现象之外建立一个'存在'的本质领域"[①]。随着人类抽象能力的不断发展,哲学逐步呈现出高度的抽象思辨特征。严格来说,作为探讨存在论问题的一种特殊的哲学理论形式——"本体论",是从柏拉图和亚里士多德才开始形成的。柏拉图的"共相""本体""理式",亚里士多德的"实体""本体""存在"等一系列真正的本体论概念,为人类理性的哲学追求提供了必要的哲学概念和哲学范畴,这是哲学本体论诞生的标志。柏拉图把巴门尼德关于"存在"为"一","存在"不动的命题与赫拉克利特的流动生成的思想综合了起来,提出了静止的理念世界与流变的现象世

---

① 叶秀山.前苏格拉底哲学研究.上海:三联书店,1997:150.

界的思想。他认为,经验的事物是变化不居的,因而是不真实的,而实在事物表现为不动与不变,这一"存在"就是"理念",它是现象事物的本质,是现象世界的意义所在。可以说,柏拉图的理论思想代表了实体主义与本质主义的开端。在《巴曼尼得斯篇》中,柏拉图以爱利亚学派的巴门尼德关于"存在是一"的假设为出发点,把"一"设定为理念,并分别假设"一"与其他理念结合或"分有"时所导致的结果。同时,他把"存在"提高到理念的高度,并把理念论进一步上升到"存在"与"存在者"关系及相互范畴推演的本体论高度。由此可见,本体论哲学在它形成的初期就具有了先验范畴的逻辑推演特征。总之,柏拉图认为感觉经验是不稳定的,感觉的实在性源于人类预先获得的概念性的理性知识,即"理念"。"理念"是事物抽象而成的普遍共相,是事物的本质,是人类灵魂之中的绝对化、普遍的、必然的"存在"。同时,作为先验领域的理念世界是与经验世界分离的一个目的论等级体系,"善"是统摄一切的终极原因和终极解释原则,是最高的本质,是一切事物和其他理念追求的最高目的。柏拉图哲学的这些理论特征与后来的基督教神学思维的融合,成就了西方传统哲学特别是形而上学的理论根基。依据后现代主义思想家的观点将这一倾向被称之为本质主义、逻各斯中心主义等。因此,海德格尔才表示,从柏拉图开始,哲学化变成了哲学,而逻各斯成了逻辑,从而开启了传统本体论的基本形态。形而上学就是柏拉图主义。

在柏拉图那里,本体论只是发展的雏形。亚里士多德把理性主义对确定性的思辨把握,抬高到本体论的高度,创立了哲学史上第一个思辨的本体论体系。他在《形而上学》中,提出"第一哲学"的概念。所谓"第一哲学"的研究对象就是"存在"本身,以及"存在"凭借自己的本性而具有的那些属性。也就是说,哲学就是关于"存在"的学问,是整体之学。他把存在论建设为一门学科,将它视为形而上学中的重要组成部分,并把对存在论问题的回答,抬高到本体论的高度。亚里士多德论证了"存在"的普遍性,他认为,一切事物都可以称之为"是","一事物在许多含义上统是关涉着一个原理;有些事物被称为'是'者,因为它们是本体,有的因为是本体的演变,有的因为是完整本体的过程,或是本体的灭坏或阙失或是质,或是本体的制造或创生,或是与本体相关系的事物,又或是对这些事物的否定,以及对本体自身的否定"[①],因此,亚里

---

① 亚里士多德.吴寿彭,译.形而上学[M].北京:商务印书馆,1959:57.

士多德表示,哲学家的职责就在于把握本体的原理与原因。同时他认为,纯粹的"存在"就是实体,而实体表现为本体的性质,实体是作为事物的基质而存在的,即形成事物的作为根本的本质。在这里,"实体"相当于早期希腊哲学的"始基"概念。进而,他把实体分为第一实体与第二实体。第一实体是作为基本的东西,是一切事物的基础,而其他东西不过是用来说明第一实体,或者是存在于它们里面的。而第二实体相当于事物的属或种,包含着第一实体的东西。因此,第一实体比第二实体更具有实体性。亚里士多德所说的第一实体与第二实体的关系,实际上是个别和一般的关系。亚里士多德认为"存在"的中心意义就是"实体"。他认为尽管"存在"有多种意义,但"其所是"是首要的"什么",因为它指这个事物的实体,即这个事物的本质。同时,他把实体说与"四因"说关联了起来。一方面,他认为质料、形式以及二者的结合都是实体;另一方面,他又强调形式才是最为根本的实体。因为,在他看来,质料是不具有规定性的、消极的、被动的东西,而形式则是积极的、主动的东西。只有通过形式来规范质料,具体的事物才得以形成。也就是说,形式决定了具体事物的本质。因此,形式先于质料,先于具体事物,形式才是"第一实体"。在此基础上,亚里士多德提出:既然形式是引起变动的原因,那么形式也就是动力因。所谓动力因,并不是说形式本身可以自行的运动与变化,而是源于他作为"第一实体"的存在,是质料所追求的目的,质料为了实现自我,就必须不断地以形式为目的而改变自己。即形式本质上就是目的因。万物都在追寻着自己的目的,低级的东西追求更高一级的形式和目的,而高级的东西追求更加高级的形式与目的。由此而知,一定存在一个最终的目的与最高的形式,即"形式的形式",它是宇宙第一推动者,是第一动因,而且是一个永恒不动的实体。亚里士多德认为这个第一推动者,就是神。它是一个至善而永生的实体,是时空的终极性存在。因此,神作为这个终极的"始基",是一切事物的本质,是一切事物发生的既成性条件,是万物追求的最终目的,是"善"。同时,由于"善"也是理性的对象,因此,"神"也就代表了永恒的理性。人类理性的思维活动,对"至善"的追求,是人类追求幸福生活的根本途径,精神世界的灵魂的完满是现实生活世界幸福的基础,这是人类"爱智慧"的表现。

近代之前的哲学是从对象世界自在的矛盾去解释世界的"本体",是一种朴素的寻求本体的方法。到了近代,尽管哲学研究的重心从本体论转向了认识论,但是这并不意味着本体论传统的消失。相反,在近代哲学中,哲学家一直延续着以本体论的思维方式把握"存在"的传统,并把它作为一种哲学观念和类型,在很长一段时间里并未发生改变。近代哲学对本体论问题的探讨是在认识论的框架之中进行的。因此,哲学家们在思考"实体"问题时,涉及的是"思维"与"存在"的关系问题,而不再是单纯的"存在"自身的问题。人们发现世界在人脑中的规定源于人脑对世界的判断,这种判断的合理性,需要人们考察思维的内容,即哲学要从人的思维对存在的关系去思考理论思维的前提问题。也就是说,没有认识论的本体论是无效的。无论感性世界还是超感性世界,经验本体还是超验本体,都是处于人主观认识关系中的"存在",只有通过反省人的认识,以认识论为本体世界提供合法性依据,对世界本原的把握才具有现实性。在本体论思维传统的影响下,某些理性主义哲学家依然试图在思维与存在即物质与精神之外寻找到一个可以将二者统一的实体。他们通过思辨的方式证实这一最高实体存在的必然性与真实性,认为绝对完满的概念本身必然包含存在,延续着一种中世纪关于上帝存在的本体论证明形式。而另一些哲学家由于不能够很好地解答思维与存在的关系,不能够把握感性与理性的关系,他们中的一些人通过否认精神实体或物质实体二者之一,来自圆其说;另一些人以二者的相互归属或干脆宣布二者均不可知来否证形而上学。这正是经验论与唯理论哲学家在解释思维与存在问题时的突出特点。经验论者试图通过感性与理性的结合来解决思维与存在的统一问题。他们认为,感性经验是一切知识与观念的来源,理性的作用只是对感性经验作简单的归纳。大部分的经验论者,并不否认理性的作用,只是重点强调了感觉经验是知识的来源,但他们对理性的认识仍然带有经验论的狭隘性,认为理性只是对经验认识的简单叠加、归纳、总结,只是经验认识的量的变化,没有注意到感性认识到理性认识的质的飞跃。培根本质上不了解感性到理性的质的飞跃,仍然轻视理性的演绎作用。霍布斯比培根更加重视理性认识的作用,认为理性可以通过感觉经验得到普遍原则,但理性的作用只是对感性的一种计算,他们之间只有量的差别。在经验论上,洛克不同于培根与霍布斯,他将感性与理性认识割裂开来,认为人是一张"白板",一切知识源于经验,但经验归纳不足以把握事物的本质,"物质实体"无法成为经验的对象,事物的必然性需要直观自明的知识为依据。同时,他认为灵魂的反省是经验的第二来源,并强调上帝通过"记号"留给人们关于事物的"第二性质"经验观念,精神实体于是产生,显然,洛克的经验二元论,既承认物质实体又承认精神实体,已经偏离了唯物主义经验论。因此，贝克莱提出："存在就是被感知"，取消了物质实体的存在，"物质"只是被感知了的人的观念，存在的只是人的精神的观念。由于他们仅仅从感觉出发来解释思维与存在有无同一性的问题。因此，他们不能够说明实体是否真实存在与人们是否能够真正地认识实体的问题。在唯理论者那里，思维与存在是先验地被设定为同一的，是本体论维度证明存在的基础。即他们所理解的同一性是构建在实体概念之上的，作为世界统一性的基础的最高实体的必然存在是他们的逻辑前提。从笛卡尔承认上帝是最高本原，将物质、精神两种不同的实体结合在一起，发展到斯宾诺莎将上帝与物质结合成统一的客体存在，精神只是实体的属性，最后到莱布尼茨的精神实体的客观唯心主义一元论。唯理论强调物质与精神只是一种外在的形式上的统一，而不具有内在的必然的统一性。也就是说，他们认为人的知识源于理性演绎推理，从不同方式肯定"天赋观念"，这必然导致上帝自然化倾向，割裂思维与外部世界，最终陷入先验论。从以上考察，我们不难看到，"实体"范畴在近代哲学中的意义，他是经验论与唯理论的关注焦点之一，认识论问题最终还是会受到本体论的影响与制约。在休谟与康德对本体论的"存疑"之后，人们并没有终止本体论哲学研究传统，黑格尔通过修改理性工具，完成了重建形而上学的历史使命。黑格尔以前的哲学都是把思维和存在割裂后再找到一种将其统一的合理形式。哲学家把哲学研究分为研究世界本原的本体论，研究人类思维认识的认识论与分析思维形式的逻辑学。黑格尔试图依据"逻辑先在原则"与"实体即主体"原则将这三者的研究统一在人类思维运动的逻辑之中。黑格尔认为思维与存在，主体与客体首先是自在统一的，然后才能是自为的统一，自在的统一是人类理论思维的前提性要求。一方面黑格尔坚持了先验哲学的立场，认为精神具有包容性，理念既是整体又是个体。"绝对精神"是先于一切事物而存在的，是人的自我意识，是人以及一切事物的本质。"对我们来说，精神以自然为前提，而精神则是自然的真理，因而是自然的绝对第一性的东西"[1]，自然和人类思维中的精神是超脱于人类自觉之外自在的，绝对精神为自然与人立法，这就是绝对精神的逻辑先在性，是黑格尔哲学的本体论承诺；另一方面，黑格尔又超越了先验哲学，在逻辑学的建构中，黑格尔不再使用传统形式的逻辑方法，而是提出了一套纯粹概念生成的辩

---

[1] 黑格尔.杨祖陶，译.精神哲学[M].北京：人民出版社，2006：10.

证法,由概念自身运动形成的纯粹逻辑演绎体系被看成是支配一切而又统领一切的原则。在黑格尔那里逻辑学取代了本体论的位置,其实质起着本体论的功能。黑格尔以先在的逻辑将思维与存在统一在潜在的自为逻辑之中。因此,当思维有意识地,自为地把握存在时,就可以现实地延续其统一性。可以说,黑格尔借助辩证法完成了哲学史上本体论哲学体系的一次辉煌建筑。

  黑格尔之后,哲学并没有转向全新路向的生成论,而是经历了一个由费尔巴哈开启的全新的本体论阶段,如果说我们把费尔巴哈之前的本体论具体为"思辨"化的本体论,那么费尔巴哈所构建本体论则可以称之为感性直观本体论。费尔巴哈的感性直观本体论主要体现在其人学的理论构建上。可以说,本体论长期处于"理性"的统治之下,并在黑格尔的"绝对精神"那里达到了顶峰,此后,哲学向生活世界回归的路上出现了感性与非理性的分野,费尔巴哈是感性转向的代表。他通过批判宗教神学与黑格尔哲学,进而阐述自己的观点。费尔巴哈认为,黑格尔的人学思想仍然没有逃出宗教思想的束缚,没有彻底地认清宗教的本质。先于世界而存在的"绝对精神"的"逻辑先定性"只不过是人类对超感性世界神的信仰的观念残余。而人类所归属的现实物质世界才是唯一真实的存在,人的意识仅仅是作为物质性存在的人脑的产物,理性的主体是人。"脑壳和脑髓是从哪里来的,精神也就是从哪里来的,因为二者是不可以分开的。倘若脑壳和脑髓是出于自然界,是自然界的一个产物,那么精神也就是这样"[①]。因此,黑格尔的思想禁锢在上帝创世的思维枷锁之中,而没有认识到宗教实质是人的本质的异化。因此,他的绝对精神最后化身为上帝,而人成为追寻上帝过程中的一个环节,成为宗教的信徒、附属品与牺牲品。人的客观实在性消解于自我思辨活动的宗教迷途中。费尔巴哈曾说:"我的学说或观点可以用两个词来概括,这就是自然界和人"[②]。他倡导说:"观察自然、观察人吧! 在这里你们可以看到哲学的秘密"[③]。费尔巴哈传承斯宾诺莎以来的唯物主义传统,认为人与自然不是精神的产物,而精神却是物质的最高产物。因此人作为自然的存在物,其赖以生存的物质生活资料来源于自然,自然界的物质转化为人之肉身,成为人的第二个自我存在,自然使人成为客观实在,人是自然的生

[①] 费尔巴哈. 荣震华、李金山,译. 费尔巴哈哲学著作选集(下卷)[M].北京:商务印书馆.1984:656.
[②] 费尔巴哈. 荣震华、李金山,译. 费尔巴哈哲学著作选集(下卷)[M].北京:商务印书馆.1984:523.
[③] 费尔巴哈. 荣震华、李金山,译. 费尔巴哈哲学著作选集(上卷)[M].北京:商务印书馆.1984:145.

成物,"在我看来,自然界这个无意识的实体,是非发生的永恒的实体,是第一性的实体"①。自然界是自己之因,有时间与空间的维度,因此人也是自我之因,人的本质在于人本身。人本学就是以"感性存在"为自己的对象和从这样一种"存在"出发的。人是真正的最实在的存在,是感性存在本身,人本性其本质上就是感性本体论的人学,从而费尔巴哈为感性作了本体论的证明。

从古希腊哲学到近代哲学,本体论一直是西方传统哲学的理论支柱。主张一个永恒的实体和超验的本质。从柏拉图开始,就成了根深蒂固的传统,贯穿于古典哲学发展的过程之中,到黑格尔这里达到了顶峰。尽管,康德强烈地批判了形而上学体系,但是他所提出的"物自体"思想,以及希望建立一种能够作为科学出现的未来形而上学的愿望。从侧面说明了,近代哲学的认识论转向并没有动摇本体论的历史地位,哲学的研究重心只是改变了探讨本体论问题的方式。同时,要说明的是,费尔巴哈将现实生活中的人与自然作为哲学唯一的、普遍的、最高对象。可以说,他的本体论仍然传承了本体论的实体化特点,并没有展现出生成性与人性自由的维度,由于他没有把握人的感性活动。因此,也可以将费尔巴哈的本体论称之为"感性直观本体论"②。

二、传统本体论困境与实践生成论出场

(一)传统本体论困境

所谓传统本体论表现的是在"存在论"问题上的这样一种理念,即通过人的感官把握到的现象并不是真正的"存在"本身,在表象的背后,作为它"存在"基础的那个超感性的"实体",才是真正的"存在"。也就是说,这一"实体"构成了"存在者"之所以"存在"的根本。传统本体论哲学追求超越各种具体的"存在"的"统一性原理",以说明万物生存运动的根据,把握超感性的、本真的"实体"。人们的全部思想与行为被超越经验常识和实证科学的某种统一性原理所规范。因此,传统本体论的思维表现出一元的、先验的、既成性特点。近代,康德就曾在《纯粹理性批判》以及《导论》中阐述过对传统形而上学的观点:"一句话,对任何综合命题,形而

---

① 费尔巴哈.荣震华、李金山,译.费尔巴哈哲学著作选集(下卷)[M].北京:商务印书馆.1984:523.
② 陈曙光.马克思人学革命研究[M].北京:中国社会科学出版社,2009:73.

上学从来也没有能够先天的给以有效的说明。"①他认为，哲学上的很多命题仅仅是源于先验理性推理，而理性是不可以逾越经验范围的，"因此任何分析都既没有取得什么成就，也没有产生和推进什么东西，而这门科学尽管闹哄了这么多时候，却仍旧停在亚里士多德时代"②。按照逻辑实证主义的观点，本体论问题是先验无意义的形而上学问题，不仅没能给予现代科学发展有效的方法论，更不能解释科学发展中的各种困惑。可以说，"本体"和"本体论"是哲学理论中歧义最大的范畴，自古希腊哲学以来，人类放眼世界，探求真理，把握自身的真实存在与生命的本质，追求万物的终极存在、永恒原则和内在根据，探寻"至善"的脚步没有停歇，思维的"至上性"要求人类按照自身需要把世界变成"真善美"相统一的世界，这是哲学本体论意义的真正来源。古希腊的本体论哲学与近代主体形而上学均是以超感官对象的绝对存在理解和认识对象，认为一切经验现象均源于本体的规定，本体的存在决定经验的存在。可以说，在漫长的历史发展进程当中，传统本体论哲学一直以超验化、超越时空，以及具有无限完善性的"实体"来阐释何为"本体"，并将其固定为一种用以解释世界、人以及人与世界关系的基本解释原则和理论范式。这些解释原则与理解范畴正显示了传统本体论的理论困境。同时，以固化的、还原式的传统本体论思维方式分析人的生存，必然使人的生命的固化、实体化、抽象化，导致对人的本质预成性、先验化地认识，造成人现实生命的片面化和单向度，最终导致人的失落。具体表现为：

第一，自由的人性被束缚。人因此缺乏创造性与超越性。

现实的人是开放性的主体，自由意识的存在。能动并富于感情地认识事物是人性的特点，是人有别于其他生物的本质。按照传统本体论来理解人之存在的根本，使人禁锢在一个先验的终极存在之中，它为人类的存在和发展提供永恒的最高支撑点，人俨然成了自己所构建的本体的工具，人的存在与行动，甚至于人的本质以及对理想的寄托早已被规定于先在的本质里，跳脱于人本身。人并不能够以自己的方式实现自己的本质，而只能按照事先规定的"实体"去解释自己存在之根本。这种"支配原则"左右人对事物认识的自由界限，人类的现实存在总是不断地

---

① 康德. 导论[M]. 北京：商务印书馆，1982：164.
② 康德. 导论[M]. 北京：商务印书馆，1982：165.

证伪这种终极解释,本体论于是陷入无止境的解释循环,哲学面对的是又一层次的自身前提批判。例如:谢林认为,矗立于全部存在、客观与主观、自然与精神之上的是绝对统一性的存在(上帝),自然只不过是无意识的理智的表现,是人类精神的自我决定过程,有其内在的理性目的,最终发展为人类可见的精神。绝对精神并不是逐步生成的,它是以一种先验的结构、现成的形式而存在,精神在发展的过程中分化成为主体与客体,人类社会的历史发展是精神发展的一个环节,是有意识的理智的实践过程。人类的认识活动是自我意识内在发生同一、相对的对立统一的过程,没有人的存在,精神无法完成至善,而没有精神,人的存在也就没有根基。因此,精神所具有的预定和谐的先验状态解决了观念世界与现实世界的矛盾。传统本体论哲人坚信,人类的理性可以深刻地把握事物背后的本质,认为所有的经验都源于本体。他们以知性的逻辑分析某种永恒性的实体,形成了具有先验性质的哲学理论体系。

第二,丰富的生命被瓦解。人的生命是由多重矛盾构成的否定的统一体,在不断的生发当中变得丰富、充实。而人对自身的认识也是在辩证认识世界的过程中变得清晰、明确。传统本体论追求"始基"与"本原"的哲学特点,使人们在追求一元化的绝对本质的过程中,消解了发展生成中的一切矛盾关系,这必然导致我们不能够清晰地认识生命的多样性。传统本体论是试图抓住事物的"根本",以此来解释事物的一切现象,在对人的理解上,也就是试图抓住人的最终本质,以此解释人、规范人。人所呈现出的一切多样化特性都硬性地"认祖归宗"。这显然不符合现实,更不符合认识论的基本特性。这样的哲学在寻求终极"实体"的过程中造成了存在论、真理论与价值论的分裂,把多重生命还原成单一终极的因素,理论上或为物质本性或为精神本性,都违背辩证认识逻辑,忽视人自然性以及感性内涵。例如:柏拉图认为理念世界是灵魂在世俗世界以前直观的理念而构成的。因此,理念世界是没有生活渊源的,绝对本原性的一种无个性的表现,这是柏拉图所创造的绝对而不变的模型。人的使命不是创造而是实现已经存在的理念,不是活动而是认识和效仿理念。柏拉图把人的肉体与灵魂彻底地对立起来,认为肉体只是灵魂的栖居之所,是承载灵魂达到目的的工具,也是"恶"的根源。只有"内在的人"即灵魂是人之为人的根本。他继承和发展了苏格拉底的"道德即知识"的思想,提出灵魂的本性是理性,而意志与情欲附属于理性,逻辑力量是灵魂的最高属性。"善的理念"是道德于人类灵魂的体现。因此,人类的理性寻求"至善",由理性而引导的人类一切行为的最终、最高的目的就是对"善"的追求。柏拉图在先验的理论意蕴中阐发了以"当自己的主人"为价值取向的人学思想。

第三,发展的道路被禁锢。人是发展着的主体,是历史性的存在。人在不同的历史时期、不同的境遇下不断超越创造,实践生成自身。人的发展是由"不在场"引导"在场",由可能性支配必然性。传统本体论人学的背后的"实体"表现为在时间之外的非历史性存在,具有永恒在场的性质。人的发展被视作两点式跳跃前进方式,而非真正意义上的逐步生成过程,即否认发展的多样性,又否认发展的渐进性。黑格尔认为,世界历史是绝对精神回归自身的演绎舞台,理性自身是历史发展的内在动因,劳动是历史发展的现实表现,而劳动从本质上说就是抽象的精神活动,因此"理性统治世界,也同样地统治世界历史"①。在黑格尔的思想中,人在理性狡计的作用下异化为精神的傀儡,人的发展被封闭于预先设定好的逻辑结构之中,表现为一个封闭的自我还原过程。黑格尔将"绝对精神"这一人类思维的一般抽象物作为人与自然的客观本质,凌驾于人与其他一切存在物之上,存在是思维的外化,思维是存在的本质,思维与存在统一于绝对精神。而绝对精神实质是人之外的人的本质,是人本质的异化。"形而上学的恐怖"就在于僵化凝固的本体论思维将一个不断自我否定、自我超越的,活生生劳作的生命体抽象化为单一、虚幻的存在,不仅狭隘了人类历史文明的创造过程,同时,遮蔽了人类发展的现实道路。

这里还要特别提出的是,马克思和恩格斯指出:"当费尔巴哈是一个唯物主义者的时候,历史在他的视野之外;当他去探讨历史的时候,他绝不是一个唯物主义者。在他那里,唯物主义和历史是彼此完全脱离的"②。费尔巴哈对待历史的错误源于他在解读人与世界的关系时的感觉论的、直观的形而上学方法,他全盘地否定了黑格尔的哲学,没有把握黑格尔哲学所构建的辩证思维模式与思维的能动性、实践性思想。因此,他也就不能自觉地运用黑格尔哲学的辩证的思维方法。黑格尔把绝对精神的自我实现、人类思维的内在逻辑思辨活动看作是一个辩证发展的过程,每个发展环节都含有绝对精神的普遍性与发展过程不可避免的特殊性,特殊性

---

① 黑格尔.王造时,译.历史哲学[M].上海:上海书店出版社,2010:64.
② 马克思恩格斯选集(第1卷)[M].北京:人民出版社,1995:78.

向更高级别转化的过程,向普遍精神归一的过程是一个否定之否定的过程。费尔巴哈的感性直观认识,忽视了对整体历史事件的辩证性考察,他对现实的人的本质的分析,仅从生物学的角度揭示人的共性,忽略了人的社会属性。同时,费尔巴哈在批判黑格尔哲学思想时,将哲学批判与宗教批判紧密结合。因此,他系统地考察了宗教的历史,认为宗教的变迁形成人类历史的不同阶段,每个时代的宗教教义就代表当时的文化形式。费尔巴哈认为完善的人是理性、意志、心的统一的人,心的功能是去爱,爱连接人与人之间的各种现实的关系,宗教的错误就是把人与人之间的"爱",变成对自然神以及上帝的爱,使人的爱变成虚妄的爱,因此,应该将人视为上帝,"人对人的爱的宗教"才能解决世间的苦难,使人奔向自由。费尔巴哈对宗教的批判仍然没有超出唯心史观的狭隘视界,费尔巴哈的人从"绝对精神"的枷锁中解脱出来,又不幸落入"爱的宗教",人始终是宗教哲学中的那个抽象的人,人的异化问题没有得到切实地解决。

(二)实践生成论的出场

马克思所实现的哲学革命性变革,首先应当被归结为本体论革命。他所说的"哲学的终结",只是彻底地否定了传统形而上学思辨的哲学体系,他将人的感性生存活动本身作为了人之存在的基础,由此确立了实践生成论。马克思哲学中含有丰富的生成论思想。他关于完整的人的生成、人类对自由与解放的追求以及共产主义理想实现的革命过程就是人与历史实践生成的全部内容。马克思的实践生成思想主要经过了初期理想主义阶段、唯心主义阶段、感性阶段与成熟阶段。马克思所生活的时代正是自然科学取得突破性进展、自由资本主义迅速建立发展的时代。青少年时期的马克思由于受到康德、费希特自由观的影响,自由主义启蒙精神在他的思想中埋下了自由生成论的种子,他在其中学毕业论文《青年在选择职业时的考虑》中就曾表示,动物与人的区别就在于动物没有自由选择生活的意识,它们完全依赖自然而活,生命对于动物来说是既定的,但是人类可以根据自己的爱好、追求自由地选择自己喜欢的劳动,因此人在自由选择与创造中逐渐生成自己。同时他也表明,人的自由是受一定社会关系限制的自由,因此人的生成也会受到一定社会因素与自身能力的限制。

进入大学后,马克思积极拥护黑格尔的辩证思想理论,为资产阶级自由主义做理论辩护。黑格尔的辩证法主要强调了绝对精神的辩证生成过程,而马克思把握住了黑格尔辩证思想中的人的思想的能动性理论核心,他的生成论也就带有唯心主义理论特点。在马克思的博士论文之中,他通过论述原子的偏斜运动,说明了自我意识的生成过程。马克思认为,生成过程表现为一种原子偶性自由运动的过程,引申开来就是自我意识的自由生成过程。这一过程具有两个特点:能动性特点和辩证唯心主义特点。其一,能动性特点。原子的运动是一种自我规定性的必然运动,内在的必然性矛盾是其运动的主要原因,同时他与其他原子之间的碰撞也是其运动分裂的必然原因,这一条件的产生源于原子的偏斜运动。"在原子中未出现偏斜的规定之前,原子根本还没有完成。"①当原子偏斜运动产生彼此之间的碰撞之后,原子分裂,新的原子产生,新的世界也由此生成。因此生成不仅是必然的结果,也是偶然因素作用的成绩,涵盖了自由理性的精神意蕴,这一思想运用到人的自我意识生成中就是意识的个体性自由生成表达过程。但马克思并不仅仅将生成思想局限于自我意识的偶性自由,在他早期的思想中已经蕴含了关于人与对象相互作用的自由生成思想。其二,马克思自我意识生成的思想仍然带有辩证唯心主义能动性的特点。马克思非常欣赏黑格尔的辩证法,他认为生成在于把握对象本身,而"事物本身的理性在这里应当作为一种自身矛盾的东西展开,并且在自身求得自己的统一"②。因此,理性作为一种具有内在矛盾可以展开的东西,是生成的根源所在,理性中矛盾的相互作用使事物得以产生出现。意志的这一能动性是抽象存在的绝对理念能动性的体现,按照黑格尔的观点"一切有限事物,……其存在总不能与概念相符合。因此,所有有限事物皆必不免于毁灭,而其概念与存在间的不符合,都由此表现出来"③。马克思关于有限事物的毁灭是绝对理念生成的必然环节,这一思想与黑格尔的"让概念运动起来"的辩证思想是极为相似的。与黑格尔不同,马克思此时已经意识到理性的辩证法与现实之间的矛盾。他认为不应该仅仅从思辨的角度解决问题,而是应该通过现存的社会关系分析解决社会问题。生成不仅仅是思想领域的生成而是现实社会实践的生成,当辩证的思想融入人类现实生活,以人类历史发展为整体视域,那么辩证生成性就表现为革命性和批判性,

---

① 马克思恩格斯全集(第40卷)[M].北京:人民出版社,1982:213.
② 马克思恩格斯全集(第40卷)[M].北京:人民出版社,1982:11.
③ 黑格尔.贺麟,译.小逻辑[M].北京:商务印书馆,1980:86.

因此他认为哲学既要参加实践斗争,也要向实践学习。

受费尔巴哈影响时期的马克思的生成观主要带有感性生成的特点,他批判黑格尔绝对精神的自我生成,认为真正的生成是人的生成,他通过对人生成的表述表达了自己关于生成的逻辑原则。在《1844年经济学哲学手稿》中,他充分表达了关于人之生成的观点。首先,马克思认为生成性是人的本性,人的本质生成的过程就是一个本质异化的扬弃过程,因此人的本质就在人本身。其次,马克思认为人的生成过程是一个对象化劳动过程,人是在对象化活动中逐步生成的自身,确证的自己的本质。作为实践的主体,人的通过自身的能动性活动生成了自身与人化的自然。"劳动是人的外化范围之内的或者作为外化的人的自为的生成。"①马克思认为人是社会化、历史性的生成物,人只有通过人与人之间的交往,才可以确证自己的本质,生产这个社会。整个社会的历史就是人的历史,"整个所谓世界历史不外是人通过人的劳动而诞生的过程,是自然界对人说来的生成过程,所以,关于他通过自身而诞生、关于他的产生过程,他有直观的、无可辩驳的证明"②。马克思表示生成的过程就是一个辩证否定之否定的过程,虽然,在这一时期,马克思还没有明确自己的实践观,但他的劳动思想与对象化活动生成思想已经清晰地表明了他实践生成思维逻辑的理论实质,他认为共产主义就是人的本质的真正实现,真正的人的生成,进一步明确了他的实践生成观点。但由于马克思还没有完全摆脱费尔巴哈感性直观唯物主义思想的影响,他过度地强调主体自然化存在的事实。从分析劳动的积极性方面,转而突出人的受动性与劳动的消极性。

随着马克思的实践观的成熟与唯物史观的建立,马克思的实践生成论也趋于完善。在《关于费尔巴哈提纲》中马克思批判了旧唯物主义仅仅从感性的直观层面认识事物,而不是通过实践、通过人的现实生产生活劳动认识事物,改造生成主体与客体。马克思认为,人的现实生活就是实践,实践改变了人的生活环境,重塑了人本身,实践是改造世界与发展人的主体性相一致的生成性活动。人并非是一成不变的,他是具体地、历史地生成的,人人彼此的实践活动所形成的一切社会关系是随着历史的发展而变化的,作为"一切社会关系的总和"的人的本质也是随着

---

① 马克思.1844年经济学哲学手稿[M].北京:人民出版社,2010:101.
② 马克思.1844年经济学哲学手稿[M].北京:人民出版社,2010:92.

社会历史的发展变化而变化,因而,整个历史也无非是人类本性的不断改变而已。从人类历史维度审视人的生成与本质的确证过程,必然呈现出批判性与革命性特点,而生成的目的就是在于"改变"世界。即批判宗教的本质,变革现实社会制度,以期求得人类的解放。在《德意志意识形态》中,唯物史观正式建立,实践生成论是符合唯物史观的科学立场的。在本著作中,马克思与恩格斯通过生成论表述了社会历史相关问题。他们认为实践生成的立足点是现实的人,现实的人的实践是意识的源泉和发展生成的基础。现实活动的人通过生产活动与交往活动确证自身,通过经验方法解释观念的问题。生产即生成,生成即确证环节,"这同他们的生产是一致的——既和他们生产什么一致,又和他们怎样生产一致。因而,个人是什么样的,这取决于他们进行生产的物质条件。"①同时,马克思和恩格斯解释了生产方式对历史生成的具体推动方式与运作原理,历史在物质积累与生产力继承性发展的前提下,在生产力与生产关系辩证发展的过程中展现了自己生成的真实状态,归根结底,实践是解决生产力与生产关系矛盾的根本途径,是革命的实质性内容,因此实践的生成是历史发展的逻辑本质。以唯物史观的视域审视人类现实生产生活实践,共产主义与完整的人的实现是实践生成的目标,我们所称为共产主义的是那种消灭现存状况的现实的运动。实现共产主义的运动就是以无产阶级工人革命运动为手段,消除一切形式的所有制为根本,最终以消灭一切阶级形式为目标的实践生成运动。马克思的唯物史观揭示了社会结构的一般特征和历史运动的普遍规律,从而阐明了阶级社会的发展本质与人类历史的生成性发展。

马克思的唯物史观与实践生成论通过革命实践得到现实的证明,是马克思实践生成观在实践哲学中的运用。马克思在《哲学的贫困》中提出"历史创造原理",进一步清晰地表明了历史生成的规律。随着革命的进展,《共产党宣言》的问世,马克思整体的革命思想体系被完整地呈现出来,资产阶级必将灭亡和无产阶级终将胜利符合社会阶级生成的历史辩证法。他的实践思想所蕴藏的实践生成逻辑在整个思想体系中贯穿始终,由模糊到明确、由理想到现实、由理论到实践。马克思实践思想的形成从市民社会纯粹哲学性的理论分析,逐步走向政治批判与经济批

---

① 马克思恩格斯选集(第1卷)[M].北京:人民出版社,2012:68.

判,他的整个哲学体系不仅解读了人类历史的生成原理,并且展现了马克思哲学思想的生成过程。

可以说,马克思哲学是世界观、认识论、历史观相统一的哲学理论,实践生成论是辩证法、逻辑学与方法论的统一。因此,以实践生成的思维方式审视马克思的世界观,就表现为一种本体论追求,认识论就表现为一种以实践为基础的对象化认识活动,历史观就表现为以人的生成解读社会的一切属性与历史的一切动机。生成就是一个辩证的过程。具体到马克思哲学领域,实践生成论表现出创造性、批判性与革命性的特点。

第一,创造性特点。马克思哲学的根本任务不是"解释世界",而是"改变世界"。改变世界的首要工作就是对现实世界的清晰认识。人通过认识活动将客观现实世界转变为观念世界,观念世界于是就带有属人的特点。人们将自己主体的目的性、价值性内容注入观念世界之中,使其符合人的价值标准与利益准则,成为人心目中的理想世界,这一个过程是人类认识的生成过程。自此之后,人类通过现实的实践活动把理想世界转化为现实世界,这一过程就是改变旧世界、生成新世界的过程,体现了实践活动的创造性特点。实践是检验真理的唯一标准,而理论又是指导实践的思想武器,客观世界的现实矛盾通过人类的实践活动得以解决,与此同时,在实践活动中人类又有意识地架起了沟通主观世界与客观世界的桥梁,解决了二者之间的矛盾,实现了思维与存在的真正统一。实践能动地重组和改造客观世界,解决世界固有矛盾,通过生成性活动能动地推动认识的产生和发展,推进新的实践活动。整个发展过程就表现为人与世界的实践生成的创造性过程。

第二,批判性特点。马克思的实践哲学体系体现了批判性的逻辑特点。从宗教的批判到政治的批判,从经济的批判到哲学的批判,批判的过程就是马克思哲学的生成过程。批判是思维能动的变革活动,是对事物归根究底的反思,是对事物的前提性思考后的重构性理解活动。以感性直观所把握的世界是作为客体存在的自然世界,以理性思辨所理解的世界也只是抽象存在的观念世界,而以实践活动所构建的世界、以实践生成思维所理解的世界必定是具有人化价值的多重意义世界。实践生成性思维是对前有理论的批判性改造,是符合变革世界要求的思维逻辑。符合变革世界要求、具有批判性精神的世界观和思维方法才具有变革世界的科学理论力量,才能够指导实践活动生成新的世界。无产阶级就是把哲学当作自己的思想武器,作为变革现实世界的理论力量,从而指导人们的现实革命活动。马克思说:"批判的武器当然不能代替武器的批判,物质力量只有用物质力量来摧毁。"①实践生成论是人们批判旧社会制度的思想武器,而具有生成性的实践活动是具有物质力量的革命性创造活动。批判——消灭——生成表现为一个在实践生成思维指导下现实的实践辩证活动过程。

第三,革命性特点。马克思着眼于人的感性生活世界,关注人自身、人类社会以及人与世界的生成等客观的现实问题。主张以实践活动为基础的人与社会的历史性生成,从而实现思维与存在的统一。因此,实践生成论所指导的现实的生成性实践活动是与主体与客体密切关联的目的性活动,具有革命性特点。一方面,人要服从自然规律,并与自然发生感性的活动关系,表现了属人世界对自然世界的依赖关系;另一方面,人也要按照自己的尺度改造客观自然,这是一种主体对客体的变革性活动,表现了自然世界对属人世界的从属关系。同时,马克思认为,实践思想不仅促生共产主义意识,同时也是实现共产主义这一历史使命的手段。通过实践活动,人类自身发生质的改变,形成有共同革命理想的社会共同体,在这一共同体中人的社会本质才能够现实地生成并表现出来。也只有在实际的生产、交往活动之中,在现实的革命中,才能消灭一切阶级统治,实现人的真正的自由。革命性的实践活动是推陈出新、吐故纳新的唯一途径,是消灭旧社会、建立新社会的基础。

第二节　思维方式转向与马克思哲学革命

柏拉图曾经指出:"人在其天性中就包含有哲学的天分"②。这里表明了,人天生就有用哲学的思维方式把握世界存在与人的生存的能力。但人类的意识并非先天的本能,而是随着历史发展而逐步生成的。因此,哲学思维方式的变革,也是依循人类思维的发展而逐步走向科学的道路。纵观前马克思哲学发展史,哲学的思维方式经历了从人类感性直观把握"纯粹"自然属性的事物本原的"存在论"或"本体论"思维模式,到以思辨思维把握"根本"属人的事物最高属性的"意识论"思维

---

① 马克思恩格斯选集(第1卷)[M].北京:人民出版社,2012:9.
② 海德格尔.孙周兴,译.路标[M].北京:商务印刷书馆,2001:119.

方式,最后到以意识与存在的机械结合把握事物本质的"人本学"思维方式。思维与存在的矛盾是人类活动的基本矛盾,为了在认识活动中统一思维与存在,首先就要通过人类的实践活动统一主体与客体、属人世界与自然世界,进而达到主观与客观的统一。从本质上分析,思维与存在的矛盾源于人类改造外部世界的活动,问题的解决也只有人通过改造外部世界的实践活动而实现。哲学与人有着不可分割的内在联系,"人是哲学的奥秘",人类认知的主题与目标围绕着"认识你自己"而展开,卡西尔就曾说过:"在各种不同哲学流派之间的一切争论中,这个目标始终未被改变与动摇过:它已被证明是阿基米德点,是一切思潮的牢固的不可动摇的中心"[1]。因此,以人类自我认识辐射出的一切哲学理论,必然都是"属人的"。传统形而上学的"人的失落"意味着整个哲学的崩塌,我们要做的并不是推翻本体,而是批判传统形而上学思维方式,克服本体论思维方式的局限,超越其物种思维模式,以真正人的方式构建理论,反思哲学。马克思说过,"人是人的最高本质",思维方式是哲学世界观的根本内容,只有以人的方式把握人,结果必然能够达到对人现实存在以及发展历程的全面把握。为科学地认识马克思人的本质思想,首先要弄清马克思哲学是以何种方法论来解决哲学问题的。马克思所实现的革命,最重要的是哲学思维方式的革命,他为我们提供了一种实践生成论的思维方式。

一、从认识直观到认识自觉

人类的认识发展经过了直观式的认识、反省式的认识到自觉式的认识。随着人类文明的产生,人类首先通过本能的认识即通过直观把握客体。人们认为思维与存在是天然统一的,人的认识结果就是客观存在的现实。人们不对认识加以反思与批判,意识不到主客观之间的矛盾。因此,人类开始通过想象追问自然万物的本原问题。随着人类认识的发展,对本原的判断从具象的事物发展到抽象的存在。认识思维产生具体与抽象,共相与殊象的对立,这种对立逐渐发展成为自然存在的物质世界与超越自然存在的精神世界的对立,客观物质世界与人的能动本质异化世界的对立。在柏拉图的眼中就是物质世界与理念世界的对立,在宗教学者的眼

---

[1] 恩斯特·卡西儿.甘阳,译.人论[M].上海:上海译文出版社,2013:3.

中就是尘世与天堂的对立。两个实体作为异己力量存在于世界之中,人们仅仅通过感性直观反映与认知幻想客体。但由于主观与客观的矛盾掺杂在客体自身的矛盾之中,当人类无法清晰地认识主观与客观的矛盾时,可就不能够分析得到客体自身的矛盾内容,这种认识方式一直持续到中世纪末期。随着人类理性思维的不断发展,人的主体性地位的不断提升,人类认识能力发展到反省认识维度,人们开始通过主体认识的能动性把握人的主体性,发现主客矛盾。近代哲学从一开始就是解决主体与客体、思维与存在的统一的问题。为了解决传统理论的两个实体的对立,人类一方面通过观察外界客观存在获取有关客体的知识;另一方面,人类通过反省判断自己的认识是否符合客观事实,并通过不断地思考与探索使自己的认识更贴近现实。因此,人类通过归纳分析等科学方法分析客体矛盾,使自己的认识深入到对象内部,从而建立起实证内容的知识体系。由此,形而上学得到空前的发展。进入到17世纪,人们的哲学研究从本体论阶段转入认识论阶段,哲学研究的目的从专注找寻世界的本原转向了思维与存在、认识与认识对象的统一。通过分析感性与理性之别,得出经验论与唯理论之辩;通过划分主观与客观之异,获得唯物论与唯心论之争。进入18世纪末期,哲学虽然完成了自然物质世界与超自然精神世界的统一,并证明自然物质世界才是唯一统一存在的现实世界。但学者们一方面实现了两个实体的统一,另一方面又将观念世界与客观世界割裂开来。人类认识的根本矛盾成为支配人类认识发展的核心内容。康德就把世界分为自在之物的世界与现象世界,他们只有通过人的实践理性在道德领域内才可以实现统一;费希特试图通过自我设定非我完成二者统一;黑格尔则提出了一个客观精神实体"绝对精神"完成了二者的辩证统一。人们通过反省自己的认识来完成思维与物质的更高层次的统一,即意识内容与形式的统一。进入到19世纪,随着资本主义的发展,生产力大幅提高,哲学逐渐走向人本学研究领域,人的主体地位得到空前的提高。因此,人类的认识逐渐发展成为自由自觉化的认识形式,主观与客观的矛盾从认识活动中逐渐延伸到人的现实活动之中,主体与客体之间的对立表现为人化的世界与自然界之间的分裂,这一分裂的统一必须要克服唯心主义的主观能动片面性与旧唯物主义感性直观的片面性,通过马克思的现实生活世界的生产与交往实践真正克服主客矛盾,实现主观与客观、主体与客体的现实统一。

二、从本体思维到实践思维

"哲学思维方式是以理论形式表达的人的生存状态和存在方式。人是什么样的,人与外部世界的关系是什么样的,人们对待世界的方式、看待事物的方法也就基本上是什么样的。"①人的世界观决定人以何种思维方式认识世界、理解世界、把握自身,思维方式是哲学世界观的根本内容。正如上文说到的,人的认识从直觉认识、反省认知最后发展到直觉认识,人类认识能力的进步随着人类理性的发展、思维能力的增强而不断走向成熟。

人类文明产生以前,人类还没有形成独立的自我意识,此时的人类体现着与动物并无差别的自然本性。随着文明的产生,人类很长一段时间仍然处于蒙昧阶段,因此对自身的认识继续保持在不自觉的状态,尽管人类已经有了关于自我与外物的差别化意识,但却没有将"人"的独特性具体化为思维中的概念。对人的理解往往通过对物的理解而把握。因此,就不可避免地存在极大的猜测性和独断性。随着认识能力的进步,人类为了实现思维与存在的统一,解决主体与客体之间的矛盾,人们通过反省而对自己的认识作前提性的批判,以期取得对客观世界以及自身的科学理解与现实的分析。但学者们却常常以异化的人的方法表达人的关系,或者是以唯心的方式分裂了现实的世界与人的关系。因此,为了清晰地阐明马克思哲学革命的现实意义与实质性内涵,我们就必须对以往哲学思维方式特点做系统分析。

纵观哲学发展史,本体论的思维方式始于传统本体论哲学的理论形态。本体论哲学发端于古希腊哲学,经过中世纪作为人的异化形式的神学本体论,近代哲学的多元化本体论理论形态,最终在黑格尔哲学体系中达到本体论哲学发展高峰。尽管在哲学发展过程中,也出现过认识论的、科学化的以及人本学等的思维方式,但他们也只是思维发展过程中以研究视角的不同所强调的思维特点,并不能够撼动本体论思维的主要地位。因此,本体论思维几乎统摄现代哲学以前的哲学思维发展史,对人类思维产生深刻持久的影响。

本体论思维方式始于古希腊自然本体论哲学,当时的哲学以探究世间万物的

---

① 高清海.哲学思维方式的历史性转变——论马克思哲学变革的实质[J].开放时代,1995:6.

始基为研究主题,人们把世界理解为统一的存在,哲学理论主张把握万物"第一原因"说明存在的根据与运动的本性,以及造成事物差别的普遍原因。在本体论思维的作用下,学者们纷纷以各自的观点说明超验的本体,例如:水作为一种具体的物质形态,经过泰勒斯本体论思辨思维的把握后,被解释为万物的本原。泰勒斯试图通过表象的特征把握事物的本质,并将事物的特点作为世界的根本属性,这种本质主义的思维特点是符合当时本体论思维方式的。古希腊早期哲人中,不乏以抽象的形式把握世界本原的思想,阿纳克斯曼德的"无定形"与毕达哥拉斯的"数"就直接以抽象的概念把握世界的本原。人的观念将事物分为多样的具体事物与产生多样性的始基的存在,人们试图以"一"解释"多",以"他因"解释"存在",这是本体论思维从具象到抽象的跨越性进步,是本质与现象概念区分的萌芽。传统本体论思维区分事物的现象与本质,这是理性思维产生的基本条件,另外,古代思维强调"无物常驻",而作为本原的存在首先它具有永恒性的特质,而事物的流变又无法保证自然事物的存在,因此"永恒"与"变化"的矛盾再一次推动思维的抽象发展。哲学在把握事物的本原问题所遇到的几个矛盾,促使人类思维形成第一次抽象。本原即是本质,具有普遍性特征。对普遍性的把握使思维上升到把握概念的维度,概念是以抽象形式存在的一般事物的观念性概括,例如苏格拉底提出要对事物"下定义",通过"下定义"把握类本质,这是从感性到概念,再由概念到思辨的过程,思辨就是概念之间的逻辑推演形成纯粹的观念,这是哲学思维的第二次抽象。传统本体论思维在柏拉图这里正式形成,理性观念是思维的实质内容,具有超越现象与经验的特征,柏拉图认为一般是脱离个别存在的共相,因此理念世界与感性世界是独立存在的两个世界,经验的对象是感性世界的内容,一般的存在只可以通过理念来把握,因此,共性的理念是可靠的,而多变的感性是值得怀疑的。本质世界与经验世界之间出现沟壑,由于超离了感性世界,理念的辩证构建面临失去意义的危险。本体论的思维方式突破了自然主义的局限,逐步呈现高度抽象的思辨特征。世界的分裂与人类思维的对立在一般与个别、思想与感官的思辨当中逐渐显现出来。随着人类思维抽象能力的提高,主观性与客观性的矛盾成为人类认识事物的根本矛盾,人与世界的关系问题成为人类哲学思考的主要问题。为了解决两个世界的对立问题,本体论的思维模式在中世纪变形成为神本学的思维模式,对世界本原的探求转变为上帝创世的表现形式。人类"一元"的思维统一在"神本"的领域,人在异化的过程中失落了自身,因此失去了对世界的客观认识。理性思维的发展凝固在自己幻想的"天堂世界"之中。思辨的思想理论被运用在解读圣经故事的经院理论之中,哲学悬置于理性的"天国",切断了思维科学化进程。

随着认识能力的发展,理性思维的进步,人们通过对神本哲学的批判,对两个世界观念中诸多概念的分析提升了主体性意识,哲学在认识的反思中形成了认识论的转向,世界因此被划分为观念世界与客观世界。近代哲学是古代本体论哲学的进一步发展,学者们仍然提出各种"本体"用以解决两个世界的对立,使思维与存在实现统一,但近代哲学自由是目的,理性是手段的认识论理性主义特点决定了本体论与认识论相结合的哲学思路。随着工业文明的进步,主体性精神的提出,人类的理性成为主体能动性的体现,成为主体人的化身。人类的认识进入反省阶段,因此对世界本原的追寻转为人类对自己理性精神把握外在世界客观现实性的反思,外在世界是否是真实存在的?人类对本原世界的把握是否是真实的?抽象、凝固的概念能否把握流动变化的事物?人类如何能够现实地把握外在世界,从而使主观与客观形成统一?等等与之相关的认识论问题成为近代哲学的研究焦点。近代哲学初期自我意识与外部世界的二元对立,形成精神世界与实体物质世界的对立,两个实体世界何者为主导以及二者统一的问题成为本体论思维的双重路径。其一是本体论路径,解决实体统一问题,其二是认识论路径,解决认识活动统一问题。二者交互发展,彼此相关。具体说来就是,有些学者把上帝归结为自然实体,强调自然客观必然性,他们借助自然科学的成果,以力学规律解释一切现象,以物质实体统一心灵实体,经验是意识的来源,任何精神现象都服从机械因果律,实体上分裂的两个世界被统一在一起;而有些学者把上帝视为人本身的异化,人的意识是上帝精神性的实质,他们强调主观的能动性,以理性真理统一物质实体,以能动意识取代上帝精神。他们不敢把人完全自然化,因为人的理性灵魂是上帝精神的寄存处,上帝传承的思想无法彻底从人们思想中根除。例如笛卡尔只承认"世界是机器",没有表明"人也是机器"。人的认识的矛盾又把观念世界与客观世界的对立起来。但由于近代哲学仍然传承本体论思维方式,他们把人的自我意识与外在物质世界视为先验既成、给定不变的二元化存在,他们仍然探求思维与存在何者为本原,何者为第一性的问题。因此,一方面他们也判断不出实体的本原问题。人是自然的人,意识因此是自然的属性,自然又是人认识的对象,有属人的特性。人统一于自然，自然又统一于人，二个统一是矛盾的存在。从根本上说，法国唯物主义者忽视了属人世界的特殊性质，他们只是承认自然物质的统一性，但他们没有认识到在属人世界中人自身活动的能动性改造作用，从而使他们的理论陷入思辨悖论。另一方面，他们无法实现二者的现实统一，人的能动性被规定为意识的能动性，对物质性自然的把握只是认识的一厢情愿，无论经验论的"意见"，还是唯理论的"真知"都无法现实地说明自然的本原性与客体性，以及人的被动性与主体能动性如何在实践活动中实现统一。

德国古典哲学时期是哲学认识论与辩证法相统一的理论阶段，它的发展是连贯并合乎逻辑的。它对以往哲学的超越表现在解决人与自然的对立，追求思维与存在统一的过程中将认识论的矛盾归结到人的主体活动与客体作用的矛盾上来。康德的"先天综合判断"思想将经验认识与理性认识结合起来，但康德的理性认识的矛盾使"自在之物"不可知，他的"认识只能把握现象"的观点使主客之间形成的关系不具有现实性。费希特认为人在属人的世界以自我意识设立"自我"与"非我"，并通过理论活动与实践活动的结合，使"自我"与"非我"最终达到统一。谢林则以一个抽象的"绝对统一性"概念统一主客观。黑格尔提出"绝对精神"这一精神实体，并认为"实体即主体"。因此绝对精神所具有的能动本质与创造性就决定了它通过自身的运行逻辑辩证的实现自身的过程就是主客统一的过程，体现了自由与必然的统一。但德国古典哲学时期的哲学思想仍然体现了传统本体论思维的思辨性与独断性特点，哲人们将人贬低为理性，人与客观世界的对立是人类意识与客体的先验性对立，他们将主体能动性归结为意识的能动性，试图将主客统一限制在人类意识的范围之内。费尔巴哈首先发现了黑格尔思想颠倒了主观世界与客观世界的错误，思辨的意识是不可以现实地实现主客统一的，因此他着眼于人的现实生活世界，提出了"人本学"的唯物主义理论。但费尔巴哈仅仅从生物学观点分析人的感性认识与自然的实体统一性。他的感性直观理论是脱离人的历史活动性，体现不出人的社会本质的。因此，他是不理解人的社会实践活动所具有的现实意义的。

马克思批判传统本体论哲学的思维方式，认为传统哲学造成了人的失落与人的实体化。束缚了人的发展，人在古代哲学中仅仅是被神圣化了的抽象的主体，在近代哲学中仅仅是世俗化了的孤独的个体。马克思说："从前的一切唯物主义——

包括费尔巴哈的唯物主义——的主要缺点是：对事物、现实、感性，只是从客体的或者直观的形式去理解，而不是把他们当作人的感性活动，当作实践去理解，不是从主观的方面去理解。所以，结果竟是这样，和唯物主义相反，唯心主义却发展了能动的方面，但只是抽象地发展了，因为唯心主义当然是不知道真正现实的、感性的活动本身的。"①马克思所实现的革命性变革将哲学研究从"抽象的王国"拉回"现实的世界"，提出了现实的人的感性实践活动是人与世界统一的根本。马克思的实践哲学并没有否定形而上学，否定传统本体论的理论价值，他所扬弃的是传统本体论固化的、先验的、思辨的思维方式，所终结的是形而上学本质主义的理论传统，他的哲学具有开放视域的本体论维度，是世界观、认识论与辩证法的统一。他所探讨的人的本质是从人的实践生成的历史视域出发的现象与本质的统一，为现代哲学提供了坚实的理论基础。马克思所提出的实践思想，是亚里士多德实践观在现实社会生产劳动与社会交往领域的继承性发展，他把实践提升为哲学的基本原则。"当人们自己开始生产他们所必需的生活资料的时候，他们就开始把自己和动物区别开来。人们生产他们所必需的生活资料，同时也就间接地生产着他们的物质生活本身。"②人从自然中分化出来，作为主体通过实践作用于自然客体，生产生活资料，把自己的本质赋予到对象世界之中，并把自己生成为人。在这一活动中人即是改造世界的主体，又是作为自然被动存在改造的客体。马克思实践的思维方式摒除了传统本体论思维对人实体化、抽象化的理解，体现了人的物质性与精神性的结合，其从人的活动、人对世界的能动性创造作用，从历史与社会的角度把握了人与世界的生成，实现人与自然、主体与客体、主客观的统一，开创了哲学新时代。

三、从既成原则到生成原则

什么样的思考问题的哲学思维方式决定着什么样的解释问题的方法论原则。思维方式制约着解释原则，解释原则也证明思维方式。马克思哲学革命变革实现了哲学思维方式从传统的本体论转变为实践生成论，这种思维方式可以表述为以实践为思维基础，以历史性的生成为解释原则的思维模式。为了更加清晰地表述

---

① 马克思恩格斯选集（第1卷）[M].北京：人民出版社，1995：54.
② 马克思恩格斯全集（第3卷）[M].北京：人民出版社，1960：24.

马克思哲学的方法论原则,以及原则变革的理论内涵,以下将通过对比的方式阐释这一变革过程中所蕴含的理论旨趣。

"认为事物是既成的东西的旧形而上学,是从那种把非生物和生物当作既成事物来研究的自然科学中产生的。而当这种研究已经进展到可以向前迈出决定性的一步,即可以过渡到系统地研究这些事物在自然界本身中所发生的变化的时候,在哲学领域内也就响起了旧形而上学的丧钟。"[①]既成的原则是先验的、抽象的、还原的。自古希腊以来,人们就开始追寻"逻各斯",追问世界的本原,寻找人存在的终极根据。这一本原与根据包括两种情况,一种是存在于人之外与人无关的自然实体或超验的虚构实体,例如,古希腊的自然本体与中世纪的神学本体;另一种是存在于自身之内的与外部世界不发生意义关联的精神实体或肉体自我,例如,黑格尔的绝对精神和费尔巴哈的感性本体。传统哲学中的现实世界的本质是先验的实体,他先验地规定着感性事物的存在,柏拉图开创了先验式本体思辨的先河,他所谓的理念世界是主观预设的先验本体,可感世界只不过是先验理念世界的分有化存在,因此超感性的实体是自本自原、自根自据的超验的存在,构成了存在者存在的根据。先验并非是时间性的先在规定,而是本质概念的先行统摄,因此它是本质先于逻辑的人的思想臆断,体现了本质主义、理性主义的思想。传统本体论对本原、始基的追求是对世界的知性把握,是人的一种理性思维的抽象,是观念对世界的能动性理解,哲学用纯粹的概念封闭性地演绎世界的现象,揭示世界的本质。在抽象的体系中,现实的活动与人类的历史成了固化的范畴与原理,变成了独立存在的理性,是脱离了个体的纯理性的语言。无论是古代人与自然原始统一时人对世界本原的猜测,还是近代主客对立时人对世界本原的理性规范,都是一种追本溯源式的还原式思维模式,是无视人类历史的独断性思想论断,表现为不是没有人的自然,就是没有自然的人。传统本体论学者认为世间万物均可以进行抽象分析,越是远离现实越是深入事物,回归本质。现实的世界因此还原为抽象的逻辑范畴。

西方传统本体论既成思维原则还表现为独断思辨的思维特点,传统本体论思想脱离了现实的感性世界,试图获取一种关于支配宇宙的最普遍的原则性知识。

---

① 马克思恩格斯选集(第4卷)[M].北京:人民出版社,1995:245.

对世界本原的判断显示出强烈的思辨与独断的性质,体现了逻辑论的理性主义思维特点。古代哲学,人们以概括的形式解释世界本原的问题,以假设的某种实在来解释现实,人们试图通过掌握某"一"事物,把握某"一"原则来解释世间万物。这是人类思维发展的必然结果,显示人类"归纳"的原始思维特点与对自然一劳永逸式的掌控的渴望,这是人类思想对追求"普遍性"的冲动,是人类在与自然博弈过程中逐步形成的超越化、统领性的自然趋势。当人们无法用现实的、科学的手段完成对本原的把握时,人们就只有通过独断的思辨结论,一种假设的解释满足自己对"普遍性"的冲动。例如,阿那克西曼德的"无限实体",亚里士多德的"第一实体"。思辨的思维原则追求绝对的普遍性与确定性,体现为一种固化的思维模式,到了近代,"理性"成为这一固化普遍性的存在。理性成为世界与道德的立法者,理性所追求的知识就是确定性与普遍性的代名词。思辨成为知识与真理的唯一来源,感觉经验材料的价值逐步被思辨结果所抛弃。"我思故我在",我思即思辨。康德通过认识论弘扬了人的主体性,试图摆脱传统本体论的思维与存在的对立,但他的"先天综合判断"却是从空洞的假定前提中推断出的确定性判断,尽管康德试图通过科学理论证明这一判断的有效性,但他却没有理解一切科学知识的有效性都要经过日后的经验修正,以"不确定"的知识证明"假设确定的"知识是荒谬的,因此他的思想反而加深了对现实存在的思辨性逻辑分析,仍然表现为独断式的假定性知识。黑格尔把理性比拟为实体,将传统本体论的思辨原则推向极致。将理性概念化为绝对精神,并将绝对精神的生成设立为一个合目的性与合逻辑性的辩证体系,使理性主义彻底地走向的神秘主义。对理性思辨地、独断地理解彻底地消解了现实而鲜活的存在的"人"。

马克思在《关于费尔巴哈提纲》中所谈到的"改造世界",一方面揭示世界历史的生成本质以及倡导人们通过革命走向新世界;另一方面批判旧哲学的思辨传统,批判传统本体论既成原则,反对本体论的先在性思想与目的论根据。他的实践观所蕴含的生成的原则特点是实在的、关系的、过程的。马克思曾表示:"所以关于他通过自身而诞生、关于他的形成过程,他有直观的、无可辩驳的证明。因为人和自然界的实在性,即人对人来说作为自然界的存在以及自然界对人来说作为人的存在,已经成为实际的、可以通过感觉直观的,所以关于某种异己的存在物、关于凌驾于自然界和人之上的存在物的问题,即包含着对自然界的和人的非实在性的承认的问题,实际上已经成为不可能的了。"①马克思的生成观是实在事物的现实生成观,体现为人与社会的历史变革过程,是实践范畴的具体化。一方面,他揭示了此岸世界的存在论真理,阐述了社会存在的未来发展方向。现实世界的先在性也不是时间的优先性,而是逻辑的优先性,体现了"存在先于本质"的存在主义思维特点。另一方面,马克思在《德意志意识形态》中说:"在思辨终止的地方,在现实生活面前,正是描述人们实践活动和实际发展过程的真正的实证科学开始的地方。关于意识的空话将终止,他们一定会被真正的知识所代替"②。马克思的理论现实地成为批判社会的理论武器,成为实践活动的实在构成要素。马克思哲学思维方式是追问方法的内在路径与外在路径的统一,它对本体的解释不单单在于外在于人的自然实体,也不在于内在于人的精神实体,而是通过阐释人与世界的相互关系所表现出来的对本体的实践追求过程。实践是人与世界发生关系的手段与中介,人通过实践活动了解世界,把握自身,世界在人的世界活动之下成为人现实活动的社会物质体现。因此关系的本质是社会性的,是社会活动的前提,也是社会活动的结果,是可以被人类意识所理解的自为的存在,也是具有价值倾向性的自我的体现。"凡是有某种关系存在的地方,这种关系都是为我而存在的"③。因此,人的本质就是一切社会关系的总和。海德格尔曾经表示:对于马克思来说,存在就是生产过程。马克思认为历史不是先在目的决定论的,而是人类实践的生成过程,他的哲学思想具有后形而上学的存在论意蕴。万物的存在体现了其历史维度的生成论思想原则,是现实世界在实践中的与人的互相生成,是分析与综合、归纳与演绎、抽象与具体、历史与逻辑的统一。实践思维解释了物质世界的生成基础,万物的本质要根据物质本身的存在方式来描述其特性,进而以其价值需求为尺度使其人化,这一过程是人与世界的物质的相互生成。人掌握了对象的客观内涵,也创造出符合其本身要求的客观现实,是人本质力量的外化与物化。同时,人与人的交往行为,改变了社会的形态,也确证了自己的社会本质。现实世界的实践活动是体现人真实生活本质,展现了事物之间的相互作用,人与物的作用为生产,人与人的作用为交往,相互的作用必然产生状态的改变,改变是生成的前提条件。新世界与新社会在

---

① 马克思.1844年经济学哲学手稿[M].北京:人民出版社,2010:92.
② 马克思恩格斯选集(第1卷)[M].北京:人民出版社,1995:73.
③ 马克思恩格斯选集(第1卷)[M].北京:人民出版社,1995:81.

实践活动的作用下不断形成新的形式与内容,生成是历史的生成,历史展现为生成的历史。

马克思在《神圣家族》中彻底与思辨思想划清界限,提出人是历史性的现实存在。马克思的实践哲学充分吸收了黑格尔辩证法思想的精髓,人的辩证生成并不是一种思辨的过程,而是以实践活动为基础的,人与世界现实生成的否定之否定的历史过程。这一综合性辩证过程通过以下几个方面展现其理论特点:其一,赫拉克利特所说的"一切皆流,无物常驻"。"流"即"生","驻"即"成",马克思思想的发展处于一个批判的年代,他一方面继承了康德对理性的反思和对人道主义价值的现实关怀,另一方面他发展了黑格尔的辩证思想,因此他的整个思想经历了宗教的批判、政治的批判、经济的批判,最后综合为哲学维度的批判,批判的过程就是马克思实践哲学思想以及其唯物史观思想建立的过程,展现了马克思批判资本主义社会制度,追求人类解放的理想,从理论上说明了人类社会的发展本质,人类历史的本质内涵以及完整的人的实现过程。"生成"就是一个具有历史意义的辩证过程。其二,"生成性"体现的是人与世界本身所具有的开放性特点,生产是生成与实践的一个方面,需要是人的本性,人的需要决定人如何生产,人的本能的需要与发展的需要可以将生产分为物质生产与精神生产,规定了人的有限性与无限性,人是在有限规定下的无限可能性的存在。人的有限性体现在人的生物性特点,人是自然的产物,人的肉体性存在特点决定了人受环境以及自我本能需要的制约,但人又是思维的载体,人脑的思想潜能决定人可以最大限度地按照自我的理性规划实践生活目标,改变世界格局。当然人对价值的追求,对自由的向往也是受社会规范以及道德伦理束缚的。因此,定在的自由才是真正的自由,在有限的自由范围所实现的无限目标才体现了人现实的意义与生成的目的,体现了人之生成的有限与无限的辩证过程。其三,综合性的辩证生成过程是一个扬弃异化的过程。马克思认为实践是人本质力量的对象化活动,人在对象化活动中创造或设定对象,同时也被对象所设定。但资本主义的异化劳动使人失去了对象化活动的产物,即对象物的丧失使人的生命活动与人相异化,人因此丧失了自由自觉的有意识活动的类本质。人的异化的扬弃,人的类本质的复归就是完整的人的生成过程。追求共产主义社会,追求自由人联合体的过程就是一个综合辩证的革命性的实践生成过程。

第三节　实践生成论的科学内涵

一、实践生成论与马克思本体论变革

从词源上看,"Ontology"(英文)或"Ontologie"(德文)是一个专门的哲学术语,来自拉丁文"Ontologia",中文对它的翻译各有不同,一方面,中文将其翻译为"本体论""存在论""是论"以及"万有论"等等,其根本内涵就是"关于存在的学说"。纵观哲学史,这一"存在"经历了感性—理性—感性—非理性的螺旋式蜕变过程,"本体论"的内涵也随着时代变迁,对本体论也有了构成论与存在论的不同解答。另一方面,有人将"本体论"仅仅理解为传统的形而上学基础或者核心部分,有时与"形而上学"混用,如此理解的"本体论"就又有着另外一个截然不同的含义,这是一种实体主义或实体中心主义的哲学形态。因此根据研究发现,"本体论"本质上是一个含混的概念,学界对这一概念的混杂理解,造成对很多哲学理论的误判。如果我们将本体论视为"关于存在的学说",那么"本体论"就可以被分为"传统本体论"和"现代存在论",但如若我们把"本体论"视作"传统形而上学",那么它就只能是一种以追求终极实在为依据,以奠定知识基础为任务,为求得终极解释的传统西方哲学的一个代名词,即"本体论哲学"。很多现代西方哲学家主张"消灭哲学",拒斥形而上学,因此他们提出"反对本体论",这一"反对"源于"本体论"的传统形而上学定位。

在西方哲学文献中,"Ontologie"一词最早出现在1613年由德意志哲学家郭克兰纽所撰写的《哲学词典》中,是将希腊文 on 与 logos 混合在一起,创造的新词,即"存在论"。后来,德意志哲学家卡洛维将"Ontologie"与"Metaphysica(形而上学)"视为同义,这直接影响到后来人对"Ontologie"的判断,以现代哲学视域审视这种混用,实质上是将"Ontologie"狭义化。此后,笛卡尔将研究实体或本体的第一科学称之为"形而上学的 Ontologie",莱布尼茨和沃尔夫也试图建立一套关于一般存在物及世界本质的"Ontologie"哲学体系,即系统的形而上学。沃尔夫将哲学划界,认为哲学除了理论哲学,还包括实践哲学,而 Ontologie 是研究"在"或"有"的科学,是理论哲学中的形而上学组成部分。

现代哲学家赋予了"Ontologie"新的生命,胡塞尔在《逻辑研究》中将"Ontologie"理解为研究某一类对象的具体科学的统称,如将物理学、化学称之为"Ontologie"科学。而将理论科学称之为"名称论"的科学。后又在其《纯粹现象学和现象学哲学的观念》中将"Ontologie"定义为"先验意识"的现象学,这里的"Ontologie"就带有了现象学的性质。这一术语被胡塞尔分为形式和质料两个部分,一方面研究意识的意指,另一方面研究意识活动对象。因为这两方面研究对象都具有先验性,因此,胡塞尔将"Ontologie"定义为先验意识本质论,即他的"现象学存在论"。这时的"Ontologie"与"Metaphysica(形而上学)"就成了两个对立的概念,胡塞尔认为,应该批判的是超越自然科学的"Metaphysica(形而上学)",真正的哲学是关于纯粹内在意识的"Ontologie"。海德格尔在《形而上学导论》中将"Ontologie(存在论)"与传统本体论思维方式区分开来,对"本体论"概念有过清晰的辩证分析。他认为,"本体论"是关于在者的学说,我们是可以在广义上使用"本体论"这一哲学术语的,而不是拘泥于在柏拉图、亚里士多德和康德那里出现问题的传统意义上的"本体论"。既然"本体论"这么容易引起歧义,因此,他建议应该放弃"本体论"这个名称,而对"Ontologie"采用新的名称,即他的"存在论"。由此可见,本体可以从构成论的意义去理解,也可以从存在论的意义上理解,马克思哲学在"现代存在论"这一新的领域的开拓上具有奠定基础的理论贡献,因此我们不应该按着传统本体论方式去理解马克思哲学,马克思的本体论是具有现代现实意义的实践生成维度的本体论,它的构思符合马克思唯物史观,又带有现代"生存哲学"的理论根据。它关注人的存在本身、人的现实生活,着力于对价值之源的探究与构建。因此,广义上的"形而上学"与"本体论"概念,为"本质"研究带来新希望。本质的本体论内涵也只能从存在论中理解。

对马克思哲学的真正阐释,绝对不可以局限在近代哲学范畴之内。同时,对马克思哲学的任何理性形而上学的阐述都是对其哲学所具有的当代特点的遮蔽。局限在近代解释下的马克思哲学,其本体论基础"被"退回到康德以前的彻底的形而上学。从根本上说,马克思终结了全部理性形而上学,冲破了近代哲学的藩篱,构建了实践哲学体系,其哲学革命的核心内容是在本体论基础层面展开的。可以说,马克思有如高卢雄鸡一样,开启了后形而上学的思想视域,科学的形而上学也有了理论皈依,实践思维的引进使历史唯物主义中社会学和历史性具有了世界观与方法论的意义,存在论成为实践贯穿的历史内在论,成为以社会性和历史性为中介的现象学分析。

　　关于马克思哲学的形而上意义的解答,关键在于我们对"理论哲学"与"实践哲学"的关系分析,以及对于哲学理论与现实实践之间关系的澄清。由于对亚里士多德"两种智慧"的割裂认识,近代哲学对事物的事实与价值的分裂分析,以及康德对现象与物自体、自然与自由的化界,使人们认定思辨哲学与实践哲学是两个不相容的理论维度,理论哲学是关于"实体"和"永恒理念"的学问,即所谓的"本体论",是超验、非历史的,而传统的实践哲学是反思人的自由意志与政治行为的学问,它是经验的、历史性的。事实上,在古希腊哲学时期,亚里士多德对实践的理解局限于伦理道德的范畴之内。因此,"思辨"与"实践"是有着内在联系的。在亚里士多德的"四因"之中,"目的因"是起决定性作用的:一方面,人通过自己宇宙目的的实现,达到人与自然的和谐;另一方面,人依据自己的伦理本性,在共同体中践行道德义务,达到个体与共同体的和谐。从而,实现自由、德行与幸福的统一。这正是两种智慧共同作用的结果,是伦理学和政治学的智慧奠基在本体论和宇宙论的智慧之上的结果。因此,亚里士多德认为理论与思辨活动就是一种实践活动。哲学的活动与实践是统一的,理论哲学与实践哲学也是统一的。恩格斯说:"马克思发现了人类历史的发展规律,即历来为繁茂芜杂的意识形态所掩盖着的一个简单事实:人们首先必须吃、喝、住、穿,然后才能从事政治、科学、艺术、宗教等等;所以,直接的物质的生活资料的生产,因而一个民族或一个时代的一定的经济发展阶段,便构成为基础,人们的国家制度,法的观点,艺术以至宗教观念,就是从这个基础上发展起来的,因而,也必须由这个基础来解释,而不像过去那样做得相反。"①这段话道出了马克思唯物史观的本质,一方面,物质资料的生产实践是伦理道德实践的基础;另一方面,理论观点与文化成果来源于现实实践活动,经济基础决定上层建筑。可见,马克思的实践思想是亚里士多德的两种智慧的统一体。实践是经验,道德和形而上的实践自然,他的实践哲学的概念也就包含亚里士多德"思辨"与"实践"的双重含义。马克思的哲学理论与现实实践也是统一的。我们目光所及的世界是"现象的世界",直观到的是一些具体的事物。因此,"改造世界"首先要把握世界的整体性,知道世界是什么样的,发现世界的内在结构。而这一切的实现,都

---

① 马克思恩格斯选集(第3卷)[M].北京:人民出版社,1995:776.

需要掌握解释世界的理论。同时,为了改造世界,让其变得更加美好,更适于人类生存,我们还需要得出改造世界的理论,只有了解了世界"是什么"和"应该是"之后,改造世界的实践行动才具有主动性。因此,实践是离不开理论的,理论是实践的组成部分。"改造世界"的行动包含着"解释世界的哲学"与"改造世界的哲学"。另一方面,世界的"真"与理想的"善"的理论都是在实践中获得的,"实践是检验真理的唯一标准"。而实践的主体是历史性的存在,实践因此披上时间的盖头,具有了"存在论"维度的意义,开放性的实践活动给予了理论开放性的拓展价值,于此之上升华的哲学思想才是"真正"科学的形而上学。马克思的"实践"包含了亚里士多德"实践"的道德与伦理价值维度的意义,这就彻底地证明了他的实践哲学完成了超感性领域与感性领域之间位置的探寻。可以说,马克思与尼采都完成了对形而上学的颠倒,即用感性领域去把握超感性领域,尼采以生命的永恒轮回的感性原则否定了超感性领域的实在性,马克思则与尼采不同,他虽然颠倒了黑格尔的思辨的辩证法,但是,马克思排斥对理想领域的建构,马克思哲学的永恒主题是"人类的解放",他主张"自由人联合体""共产主义道德和义化",特别是对人的本质的自由有意识活动的判断,都表明他仍然保持着对超感性领域的追求。这种"超越"与"追求"的特点是符合人的本性的。马克思实践哲学的价值悬设与海德格尔"存在"主义哲学的本体论有着异曲同工之妙。

从海德格尔的哲学语境反观马克思的实践哲学,存在着现实的人从个体性生存向社会性生存的历史转变。卢卡奇就认为:"马克思主义不仅始终从本体论上一般地否定个性在存在中有资格对社会生活的本原和基础起规定作用,而且还证明了只有当人类发展过程达到某一特殊阶段时才能产生从单一性到个性的发展,因此,个性乃是人类全部存在基础的演变过程的一种特定产物,以这一过程为基础的个性无论如何也不是一种能够从本体论上为社会性奠定基础的存在形式。"[①]因此,无论把本体表述为"现实社会存在"还是"人的历史"都必须在人的实践中领悟,"实践"是马克思哲学理论的基础与核心,"物质"与"理性"的本体之争在"实践"之维和解,"实践"成为解决问题之根本,是处理人、自然、社会关系以及某一哲学维度问题的开放式的方法论。"实践"代替传统理论,是一种世界观的变革。马

---

① 卢卡奇.白锡堃等,译.关于社会存在的本体论[M].重庆:重庆出版社,1993:96.

克思否定了导致本体论的抽象主义和还原主义的思维,指出其根本错误是将历史与现实运动视作"脱离了个体的纯理性语言",在思维逻辑的世界里,"整个现实世界都淹没在抽象世界之中,即淹没在逻辑范畴的世界之中"①。他在对现实历史存在的具体分析中,终结了抽象的本体论,攻击了思辨形而上学的观念自足性,对具体的、现实的社会和历史的存在加以分析,还原了现实存在的本体论。马克思在《德意志意识形态》中谈到其理论出发点时说:"它从现实的前提出发,它一刻也离不开这种前提。它的前提是人,但不是处在某种虚幻的离群索居和固定不变状态中的人,而是处在现实的、可以通过经验观察到的、在一定条件下进行的发展过程中的人。"②因此,他的出发点是以实践为生存基础的现实的人之生成。他以实践的对象性活动理解世界的现实性,具体性和过程性。揭示了整个超感性世界的虚假性,超越了全部形而上学,但马克思并没有抛弃"本体论",而是否定了本体论"先验的""还原的""思辨的"思维方式。马克思的本体论内涵是面向人的现实生活的"人的实践生存","生存"与"实践"都有生成性的意义,世界是物质基础上向人的生成。同时,精神又是以物质为基础超越物质特殊本性的思维生成,自然与人的对象性活动生成现存感性世界。从马克思实践哲学入手,无论对于现实行动还是理论概念,实践的作用都是无限地扬弃、补充、重构给定的本性。"对人来说,世界不只是构成生存基础和知识内容的对象、本体世界,而且是借以发挥主观创造作用和满足主体需要的意义、价值世界。"③马克思整个人学理论的根本内容是关于人的存在和本质的理论。打破僵化凝固的"本体论",冲出"形而上学的恐怖"的"本质"也就体现了"实践生成"的本性。马克思人的本质问题是实然与应然的维度集合。"实然"是人在一定社会关系里所表现的那种规定性;而"应然"判断给予了人的本质合理的价值理想判断,人类将这种理想变为现实的实践活动是一个无限的历史展开的过程。马克思深刻地阐释了人的本质的实践生成的机制,实现了在"人的本质"问题上的形而上学超越。

---

① 马克思恩格斯全集(第4卷)[M].北京:人民出版社,1958:141.
② 马克思恩格斯选集(第1卷)[M].北京:人民出版社,1995:73.
③ 高清海.哲学思维方式变革[M].长春:吉林人民出版社,1997:5.

二、马克思实践生成论的理论实质

生成论是西方哲学的一种传统,但在西方哲学实存化的存在论传统中,人们往往忽视生成论思想。流动性、生成性与自然性是生成论思想的主要特点,辩证性是其理论思维特点的核心。它一方面表现出一种奴斯精神,同时也表现为一种原生形态的逻各斯精神。生成论从形式上看不属于超验传统与实在论传统,既表现在概念的生发性上,也表现在整体逻辑体系的自洽性上。可以说,生成论是一种继承性的传统理论,在哲学传统中一直发挥着它自身的作用。西方传统哲学中,不乏生成观思想。例如,赫拉克利特有言:一切皆流,无物常驻。流动性、可变性是生成新事物的基础性特点。尽管他们都有生成论思想,但他们寻求世界本源的传统本体论思维方式,将世界的流变淹没在永恒的、不变的实体之中。

马克思哲学是实践哲学,其中含有丰富的生成论思想。马克思之前的学者对实践概念作了多方面的探讨,但他们都没有将实践的能动本质与感性基础统一起来,没有体现出实践作为人的真正活动的意义。马克思通过分析人的现实生活的劳动生产,把人从动物中提升出来,从而澄明了实践作为人的历史性活动的真正意义。马克思认为,人的本性与人的主体性都是通过人的实践而体现的,它是人之为人的基本规定。随着人类思维的发展与认识能力的提高,以人为本、从人出发来认识世界已经成为我们把握自然与自我的基础视域。马克思哲学立足于实践,他对于人的分析无处不反映出实践活动的内容与特点。因此,人类认识事物的根本出发点与实际内容从本质上说是人的实践活动。实践活动作为中介连接着作为客体存在的客观世界与作为主体存在的人类自身。人类的认识需要通过实践活动将客观存在对象化为人类能够把握的存在才可以实现,因此实践的方式是人类现实的认识方式。无论是自然主义、存在主义、意识主义还是人本主义的思维方式都只不过是实践思维方式的内容和环节的反映,是实践思维逻辑的组成部分。例如:关于世界本原的思考是为了把握自然的客观存在,而自然的客观存在又是实践活动的物质基础。同时,关于意识的超感性自为作用也是实践活动中人的主观认识能力的一种唯心主义体现。但马克思所实现的哲学革命,他所建立的关于实践的科学观点,才是人与自然、主体与客体、主观与客观的辩证统一的活动,是实践思想的现实的、科学的内容与本质。其一,实践是感性的活动。马克思认为实践是人类主体按照自己的主观意愿,有目的变革客观存在的感性活动。感性活动并非唯心主义所倡导的观念性活动,它是感性生活世界的人的现实性的活动。人来源于自然,是自然的最高产物,人与自然是作为主客对立而存在的。在现实的生产活动中,人通过自然力作用于客观世界,在对象化的活动中生成了属人世界与自我本身,确证了自己的本质,从而实现了主观与客观的统一。其二,实践是目的性活动。实践活动可以使理想变为现实。恩格斯说:"反映在人的头脑中,成为感觉、思想、动机、意志,总之,成为'理想的意图',并通过这种形态变成'理想的力量'。"[①]实践是实现人类自我目的的唯一手段,它通过人的生产活动对外在的客观事物进行改造,使其无论在形态上还是在功能上都能满足人的需要,符合人的愿望,为人进一步发展提供物质性基础。主观的欲望通过目的性的活动而表达,理想通过目的性的活动而对象化为客体的现实。主体的生成性作用就通过客观存在对人主观的刺激转化为理想性的意识存在,并最终通过人的能动性活动转化为现实存在。因此,欲达目的必先生成。人的改造过程也是一种物质世界重组与生成的过程,是属人世界的生成过程。而人自身通过这一有别于动物本能性的超越活动使承载了人类理想的非单纯性实体活动得到进一步发展,人的生成与他物的生成在实践活动中得到统一。其三,实践是实现主客统一的活动。通过对实践的感性维度与目的性的分析,我们不难发现,实践是将人与自然、存在与意识、主观性与客观性、能动性与本源性统一在一起的活动。实践充分地体现了自然作为物质存在的基础性作用与人作为主体性存在的能动性作用的结合。马克思克服了唯心论哲学的片面性,吸取了唯心哲学的能动性观点。同时,克服了就唯物论哲学的片面性,吸取了唯物哲学物质客观性观点,实践的感性运动正是物质客观性与感性活动能动性的结合。因此,实践活动既是改造过程也是认识过程;是生成主观与客观矛盾对立,又在进行的活动中消除对立达到统一的辩证发展的手段。现实的实践活动是解决人类现实矛盾的根本力量与方法,而以实践为依据的思维方式就是解答现实问题的根本而科学的途径。

  对实践的理解,同时引申出对历史的关注。实践是人的实践,体现为人的历史生成。马克思说:"正像一切自然物必须形成一样,人也有自己的形成过程即历史,但历史对人来说是被认识到的历史,因而它作为形成过程是一种有意识地扬弃自

---

① 马克思恩格斯文集(第4卷)[M].北京:人民出版社,2009:286.

身的形成过程。历史是人的真正的自然史。"[①]历史是自然对人而言的生成,也是人自我解放以及实现生成的过程。历史是人类特有的现象,是人的本质特征。人类迄今为止所有的认识方式都可以在古希腊哲学中找到源头,亚里士多德伦理道德维度的实践思想遥感于马克思的实践神经。传承了优良概念的实践思想,在马克思的感性生活世界有了具体的现实意义。可见人类的认识与人类自身的发展一样是一个历史的生成过程。同时,历史性的实践具有生成论的意蕴,它揭示了马克思对人与历史关系的理解的全部内涵,强调人在历史中的生成过程。人的世界以及人的历史是一个自我生成的主体性过程,这主要是人本身具有生成的特征。人是未确定的存在,人的本质性存在方式——实践是一种创造性活动,人在活动之中确立自己的社会关系,社会关系也是在活动之中不断地改变着自身的内涵,因此,人不断地生成新的社会关系,确证自己的本质。人与社会绝不是"是"而永远是面向"将是"的"正在是",也就是说人永远在路上,社会永远在生成之中。

马克思的历史的生成具有双重维度的意义。其一,生成的外在性体现在历史事件在经验与现象世界中的依次展开。这是时间与空间双重作用的结果,体现着生成的流动性与突破性等特点。在唯物史观的视域下生成的动力体现在生产方式的发展与变迁。其二,生成的内在性体现在人作为鲜活生命的存在,在生命力与人的主观意识作用下,从现实生活实践出发,认识历史、理解历史。这体现了生成的能动性与自由性等特点。马克思的实践生成观是历史生成的内在性与外在性的统一,是生成论的合理形态。从实践的角度来阐释历史本身,历史的内容就通过实践活动的作用逐步生成出来。人通过实践活动创造了自己的历史,历史表现为一个不断扩展、不断壮大的人类行为发生体。因此,历史是实践生成的,实践表现为历史的流变。实践是生成人与世界基础性活动,因为实践本身就表现为一种生成性的活动。因此,"生成"具有以下几个特点:其一,"生成"具有时间维度。基督教第一次把一种人对时间和事物发生的新态度带入精神世界,时间性意识从此动摇了传统希腊哲学的本体论既成性的思维模式。人们根据过去和未来理解与把握自己。在马克思哲学中,当下人的现实性首次成为历史的现实性。人在时间的流变中,通过实践活动,生成自己,构建外物,展现着自己的主体意识,人总是存在于历

[①] 马克思.1844 年经济学哲学手稿[M].北京:人民出版社,2010:107.

史的时间之中。历史的内涵是实践的,历史的呈现是时间的,历史的目的是生成的。其二,"生成"是一个辩证的过程。马克思说:"人自己创造自己的历史,但是他们并不是随心所欲地创造,并不是在他们自己选定的条件下创造,而是在直接碰到的、既定的、从过去集成下来的条件下创造。"①人是历史的主体,在否定之否定的过程中不断地生成新的自己,人继承着历史积累性的因素,将当下的结果作为下一个生成过程的自我前提,在下一个辩证活动结束之时,人类完成了对自身的超越,展现了创造性的天才特质。人自身的辩证生成过程,也是创造历史的过程,历史为人类提供物质与精神准备,人类为历史提供生成基础。其三,"生成"是现实感性世界存在的特点。马克思说:"在人类历史中,即在人类社会的形成过程中生成的自然界,是人的现实的自然界;因此通过工业——尽管以异化的形式——形成的自然界,是真正的、人本学的自然界。"②人在实践中生成的世界才是属人的世界,才是对人有现实意义的世界。马克思批判黑格尔将现实的世界视为绝对精神的外化,视为绝对精神生成环节。他认为现实的世界是可以通过感觉经验把握,不需要任何外在思维力量的创造与确证。人与现实生活世界在互动中生成自我又自我生成。其四,"生成"体现人发展的本质。人并不是一个自我封闭的生命存在,生命是具有开放性和生长能力的。从本质上讲,人的需要本性决定人始终走在发展的道路上,因此发展是人的本质的体现。人永远面向未来,求得各种对自己有利的发展可能。因此,在人类的发展史上,人无时无刻不在实践生成的过程中不断地对象化确立自己的本质力量,以期得到自我的解放,获得更大的自由空间。

对实践的理解,同时引申出对价值的关注。实践是价值的根本属性,实践主体的需要本性,使实践活动的内在性全面展开。实践因此就等同于价值,而实践的生成就是价值的实现,也就表现为人的本质力量不断展开和实现的过程。康德曾说过"人是目的",人不仅仅是认知主体,更重要的是人是价值主体,有目的的生命活动是人类在生存过程中的价值追求。人的本质是对生命意义的追问:人在生存中追求的究竟是什么?人有种种需求,但人的最高需求是什么?马克思说:"人的根

---

① 马克思恩格斯全集(第2卷)[M].北京:人民出版社,2009:470.
② 马克思.1844年经济学哲学手稿[M].北京:人民出版社,2010:89.

本就是人本身"①,"人是人的最高本质"②。人的最高价值物就是人本身,使自己成为人,实现和确证人的类本质;而人之所以把所有能满足自身的东西视为价值物,也是因为它们是实现自身本质所需要的手段。人是在发现价值、追求价值、创造价值以及实现价值的过程中,逐渐发现人的真正本质,发现自我,认识自我。人不是既成物,而是未成物。在这方面,萨特从时间维度上对人的本质所做的定位是有启发性的,他认为人的存在是"不是其所是和是其所不是"。人不断否定过去的"其所不是",又不断寻求未来的"其所是",在扬弃旧我中发现新我,追求可能的和应该的目的。所以人是对自身本质不断自我设计的自为存在,人的生存就是"对一个他所是的而又欠缺的不在场的自为进行同一化的自为的谋划"③。就是说把现实的我和可能的我在自为的设计和行动中统一起来,在这种统一中实现人的本质的实践生成。

马克思哲学的目标不在于"解释世界"而在于"改变世界",而改变世界的过程就是生成世界,创造历史的过程。实践是历史的实践,历史是实践的历史,生成是实践的结果,是历史的原因。实践是价值的根本属性,价值是实践的内在规定性和人的本质力量的展开与实现。马克思的实践生成论,为我们展开了一个实践生成中的人类现实生活世界。

本 章 小 结

马克思关注人类的现实生存,他的本体论是具有现代现实意义的实践生成维度的本体论,它的构思符合马克思唯物史观,又带有现代"生存哲学"的理论根据。它关注人的存在本身、人的现实生活,着力于对价值之源的探究与构建。人类历史是在实践中不断生成的社会现实,而实践作为自身在历史过程中生成的开放性过程,必须以先于人的客观世界的客观存在作为物质前提。自然界本身就是一种在内在联系中不断生成的客观历史进程。人类社会历史是迄今为止的这个历史进程的最高形态。不仅实践的主体与客体不是既成的,而且实践本身也不是直接给定

---

① 马克思恩格斯选集(第1卷)[M].北京:人民出版社,1995:9.
② 马克思恩格斯选集(第1卷)[M].北京:人民出版社,1995:9.
③ 萨特.陈宣良等,译.存在与虚无[M].上海:三联书店.1987:142.

的,他们都是实践生成的,是自然物质的普遍内在联系的长期进化所产生的高级形态。实践生成论坚持科学的实践生成观,其核心内容在于人及其历史的辩证生成。同时,生成的途径是双向对象化活动,具有创造性、批判性和革命性的特点。实践生成论是马克思解析人本质的思维前提,马克思哲学从感性、对象性、活动性三个内在相关的层面出发,解除了近代哲学强加在实践之上的概念强制,凸显了人与自然的本真关系,即一种相互生成的历史性的共在,为我们研究人及其本质的生成奠定了清晰明确的方法论基础。同时,也只有通过"实践生成论"的解释原则才可洞悉马克思"人的本质"的思想实质。

第二章 西方传统本体论人的本质思想

人的本质和存在的问题属于永恒的哲学问题。恩格斯所说:"在古希腊哲学的多种多样的形式中,差不多可以找到以后各种观点的胚胎、萌芽。"①因此尽管他们的理论没有系统地说明"人"是什么,但却都分别提出了有关于人的本质的一些问题,为以后哲学家们研究人的本质问题奠定了理论基础。哲学思维方式随着人类文明的演进而逐步发展。列宁认为:"人的认识不是直线,也就是说,不是沿着直线进行的,而是无限地近似于一串圆圈、近似于螺旋的曲线。"②人类的认识是一个曲折反复的过程,在迂回中不断进步,因此对"斯芬克斯之谜"的解答,也随着人类认识的发展与致思逻辑的演变而呈现不同的答案。

第一节 古希腊时期人的本质思想

作为西方哲学的源头,古希腊哲学通过对自然事物的抽象概括来解释世界,企图找到万物本原的答案,这是从本体论的角度来理解和建构的理性主义的思维模式。尽管古希腊的很多哲人没有完全摆脱经验思维的束缚,他们对世界本原的界定徘徊在感性与理性之间,但黑格尔说:"思辨的水是按照精神方式建立起来的,不是作为感觉的实在性而揭示出来的。于是就发生了水究竟是感觉的普遍性还是概念的普遍性的争执"③。对人本质的界定就表现出原始本体论的思辨性特点。

---

① 马克思恩格斯选集(第4卷)[M].北京:人民出版社,1995:287.
② 中共中央列宁著作编译局译.列宁选集(第2卷)[M].北京:人民出版社,1995:560.
③ 黑格尔.贺麟、王太庆,译.哲学史讲演录(第一卷)[M].北京:商务印书馆,2013:184.

一、自然观与人的属性

关于人的观念,古已有之。早在哲学产生以前,神话传说承载了人的朦胧的自我意识。古希腊的《荷马史诗》与《神谱》就是当时神话思维的集中体现。在《德意志意识形态》中马克思和恩格斯表明:"意识起初只是对周围的可感知的环境的一种意识,是对处于开始意识到自身的个人以外的其他人和其他物的狭隘联系的一种意识。同时,它也是对自然界的一种意识,自然界起初是作为一种完全异己的、有无限威力的和不可制服的力量与人们对立的,人们同它的关系完全像动物同它的关系一样,人们就像牲畜一样服从它的权力,因而,这是对自然界的一种纯粹动物式的意识(自然宗教)"①。于是,人们企图追问世界是什么,人从何而来进而与自然做抗争,经过漫长的历史岁月,这种思想从未改变,但始终不得其所。他们发现以感性索取诸神的启示,以臆断探求星宿的轨迹是无法得到心中渴求的答案的。自此后,人类为了摆脱作为原始意识形态的宗教神话思维的感性束缚,走出对"混沌"理解的困境,古希腊哲人从自然哲学的视角切入,以一种全新的理性主义的自然观思维形式,企图解开"本原"与"始基"的谜题。泰勒斯的自然观哲学宣告了古代神话宇宙观的结束,黑格尔说:"从泰勒斯起,我们才真正开始了我们的哲学史"。

泰勒斯提出:"水是世界的本原。"这个问题的提出,可以说不仅是对神话思维的彻底抛弃,更显示了人类从感性思维向理性思维跃进的过程。在古代,人类是根据自身经验设想自然现象的,他们并不是从思维与存在的关系把握世界统一性,而是通过经验解释自然的存在。首先,"水"的概念的提出,是人类感观对感性事物的一个基本的概念性判断。也就是说,感性思维以感性对象为依据,赋予了感性对象原始实在性。其次,"本原"这一哲学范畴的提出,是人类思维理性深化后的抽象性判断。世界是由无数多样化的具体事物构成的统一体,而这个统一体的成因与出发点是"水",因此,"水"这一本原的选择是经过对自然界的具体观察和感觉经验一系列的分析总结和抽象概括得出的结论,是对感性实在性之上的分析,从而揭示了事物的普遍性。也就是说,对"水"这一事物的理性判断可以通过思辨论证赋予非感性对象"本原"以实在性。两次实在性转换就是感性到理性的跃进。这

---

① 马克思恩格斯选集(第1卷)[M].北京:人民出版社,1995:81.

里要进一步说明的是,从自然中寻找本原,这种观念一方面源于原始人的血缘观念,人类企图找到"所从出者"和"所复归者";另一方面源于人的自然观点,人们尝试从自然的存在来了解一切事物,利用人的本能意识从"放眼可得"的自然界寻找直观问题的答案。由此可见,古希腊哲人虽然试图冲破神人不分的虚幻意境,但因其尚不了解人与自然之间的异质特性,他们注重整体的存在,人的问题仍然被当作一个自然问题来思考。他们认为对自然本原的物质性回答就可以说明人的起源与生成。人的存在是自然本质,而自然的存在又包含人的属性。"宇宙"这一概念最初就具有社会的意义,宇宙法则是人类生活法则的投影。例如:米利都学派认为宇宙是一个类似于人的有机体,泰勒斯就认为普遍存在的万物都有灵魂。同时,在感性思维中,感觉就是思想的依据,经验的判断表现出个体性的特点。因此,泰勒斯的"水"仍带有感性色彩,带有人格化的意味,而没有完全上升到普遍的概念。人们从整体角度谈论宇宙与人,从宇宙中发现人,宇宙是宏观的人;又在人的身上找到宇宙的依据,人是微观的宇宙。宇宙是多样化事物的集合,人们从个体角度定义自然与人,必然导致本原论纷争与对人的本质界定的各异性。于是,在泰勒斯眼中世界的本原是水,人自然有水的属性;阿那克西米尼认为世界的本原是气,人自然有气的属性;在赫拉克利特眼中世界的本原是火,人自然有火的属性。

二、存在观与人的本质

当爱利亚学派的奠基人巴门尼德提出"存在"这一抽象的哲学范畴时,古希腊哲学从以自然主义为研究中心转向为以存在或本质为研究中心,自然观的哲学思维方式进展到存在观的思维方式。存在观最根本特征就是在追求知识的确定性,而坚决反对感性事物的不确定性,并从人的本原存在中把握人的本质。列宁称巴门尼德"发现了思维与现象或感性之间的对立"。在巴门尼德看来"思维和存在是同一"的,思想和感觉是对立的。他认为,用理性思维把握"存在"即"逻各斯"所获得的知识是真理,是世界的本质,而用感性认识把握具体事物所获得的知识是不真实的"意见",是"非存在",由此世界被分为超感性世界(即柏拉图的理念世界)与感性世界。赫拉克利特的思想没有完全局限在自然本体论的思维模式之中,他提出"我寻找过我自己"。同时他认为人对"逻各斯"的真理性认识及在此基础上对自然规律的自觉遵从就是智慧,这是人类思维走向内省式思考的萌芽,是人类理性意识与主体意识的初步觉醒。赫拉克利特的"寻找我自己"的思想打破了人与自然同质的思维束缚,展现了存在论的理性主义思维模式。但由于早期人类思维的固有模式与求庇护的先天特性,人在"逻各斯"强大支配作用之下,仍然处于受动的境地。哲人德谟克利特沿袭了阿那克萨戈拉的种子论,他在对世界和人的理解上坚持统一的物质现实及认识真理和美德统一客体的原则。他认为人是原子化的存在,人的原子包括构成身体的物质原子和构成灵魂的精神原子,原子是物质的而不是精神的,是物质的本质而不是现象,灵魂与身体是一种物质关系,人的灵魂与肉体同生同灭。同时,他认为人的灵魂是由原子构成的,理性是原子的运动,理性认识是借助灵魂的原子的平和运动而达到的。因此,这种物质性的认识模式一定会掩盖精神的东西,自然化一定会遮蔽道德化。但赫拉克利特这种精神与物质分裂的思想,在认识论上坚持形而上学进化论,表明人类对理性的思考更进了一步。值得提出的是,古希腊哲人单纯从外原定义人本身,而不是从人自身出发,从人与自然、与他人的关系出发,从现实的实践活动出发,因此"寻找我自己"的过程仍然禁锢在理性思辨的规律之中,对人的定义仍然从思辨或抽象的概念或事物中寻找答案,对人本质的把握一定是一种朦胧臆测的、原始的、肤浅的认识。

三、意识观与人的本质

随着古希腊社会民主制进程,公民逐步掌握更多的知识与科学技能,人类思想得到进一步突破性发展,人们试图更多的"认识你自己"。因此,古希腊很多学派的理论兴趣由自然界转向了人类社会。这其中比较有代表性的就是智者学派。受德谟克利特原子论的影响,独立的、物质的原则,运用到社会之中也就表现为人格的、个人的独立。智者学派强调个人的自由与独立的精神。于是,与赫拉克利特的"宇宙本身有自己的尺度"的自然观不同,普罗泰戈拉提出:"人是万物的尺度,存在时万物存在,不存在时万物不存在"[①]。这一思想极大地提高了人的地位,人成为一切对象的标准,主宰万物的力量。但种观点却是背离了人类理性思维发展的规律,以人的主观感觉经验作为判断一切事物的尺度,用所谓的感觉经验的"可靠性"打破了知识的确定性,鼓吹相对主义。同时,普罗泰戈拉开启了主观唯心主义

---

① 古希腊哲学(苗力田主编)[M].北京:中国人民大学出版社,1989:183.

的先河,仅仅以人感觉经验把握一切事物,人的"认识"也只能是片面、相对的,体现了人主观意识的狂妄,所得到的"知识"也并非"真理"而是"臆断"。因此,"人是万物的尺度"的论断并不能科学地界定人的本质。

随着人类抽象能力的不断发展,哲学逐步呈现出高度的抽象思辨特征。哲学研究的第一个转折始于苏格拉底,他提出"认识你自己",使哲学研究的关注点从对自然本原的思考转向对人自身的思考,道德问题突显出来。这是一种理性主义的意识观思维模式,它把主体同自然绝对的对立起来,主体从意识出发看待一切事物,强调从发展形态以及以概念的形式对事物的本质加以规定,意识成为主体的本质。"认识你自己"将人类认识的重点从自然转向自身,从人的自然属性转向人的内在精神。意识通过复归自己,不断摆脱自己的特殊的主观性,而获得自在自为的普遍性,即客观性。于是,人通过把握自身而得到客观真理。苏格拉底认为,人的本质是灵魂,而精神和理性是灵魂的特点。因此,"认识你自己"不是把握感性的人之存在,而是认识人的理性,把握人真正的本质。"苏格拉底思想的出现,使西方文化发生了根本性的转向。这种根本性的转向指的是理性思维范围的扩大,将人类生活领域也包括在内,从而使得西方开始对人类生活理性规划的漫长过程。"[1]苏格拉底强调人的内心生活,他认为心灵是某种精灵的东西,人的哲学被归结为伦理学。他提出:"道德即知识"。他一生寻求对"善"的定义,认为"善"是可以通过理性把握的一类事物的共相即"本质"。由于一切真理与知识的概念都存于人的灵魂之中,当人通过理性获取知识的时候,此时的人就把握住了潜藏在心灵中的"善"的普遍概念,将潜在的善转化为现实的善,从而抓住了人的"本质"。因此,"趋善避恶"就是人的本性。

亚里士多德在《形而上学》中指出:苏格拉底致力于伦理学,对整个自然则不过问。并且在这些问题出寻求普遍,他第一个集中注意于定义。他一方面把这些非感性的东西称为理念,另一方面感性的东西全部处于他们之外,并且都由他们来说明。由此可见,柏拉图进一步推进对理性的认识,建立了以"理念"为本体的先验理论系统,并构建一种纯概念运动的辩证法。他和苏格拉底一样都认为人的本质是人的理性。苏格拉底的理性通过对知识的把握展现的是主观能动认识行为,

---

[1] 黑格尔.哲学史讲演录(第4卷)[M].北京:商务印书馆,2011:27.

是一种主观理性,而柏拉图却认为感觉经验是不稳定的,而感觉的实在性源于人类预先获得的概念性的理性知识,即"理念"。"理念"是事物抽象而成的普遍共相,是事物的本质,是人类灵魂之中的绝对化、普遍的、必然的"存在"。因此,"理念"如同"类本质"化的客体存在于人的灵魂之中,理性因此成为客观化理性。于是,人的理性异化为压抑人性的客观尺度,人的个性消失于共性之中。柏拉图的理念世界是没有生活渊源的,是绝对本原性的一种无个性的表现,这是柏拉图所创造的绝对而不变的理念模型。人的使命不是创造而是实现已经存在的理念,不是活动而是认识和效仿理念。柏拉图把人的肉体与灵魂彻底地对立起来,认为肉体只是灵魂的栖居之所,是承载灵魂达到目的的工具,也是"恶"的根源。只有"内在的人"即灵魂是人之为人的根本。他继承和发展了苏格拉底的"道德即知识"的思想,提出灵魂的本性是理性,而意志与情欲附属于理性,逻辑力量是灵魂的最高属性。"善的理念"是道德于人类灵魂的体现。因此,人类的理性寻求"至善",由理性而引导人类一切行为的最终、最高的目的就是对"善"的追求。柏拉图在先验的理论意蕴中阐发了以"当自己的主人"为价值取向的人学思想。从本质上说,"当自己的主人"就是追寻"真""善""美"的过程。"真"是以理智把握"理念","善"是理念追求的道德目标,"美"是以理念为依据创建美好家园。于是,把握了"真""善""美"也就把握了人的本质,做了自己的主人。

四、人本观与人的本质

亚里士多德是古希腊哲学的巅峰人物,他将古希腊理性主义推向了顶峰,他把理性主义对确定性的思辨认识抬高到本体论的高度。因此,他创立了哲学史上第一个思辨的本体论体系。在人的问题上,亚里士多德既批判了古老的神创论和苏格拉底的神学目的论,也批判了原子论者的机械论。他认为人类与其他动物的本质区别在于人能够思维,这种思维能力是建立在人的自然物质性与生命活力的生物性基础之上的人的特殊性。因此,对于人的问题,亚里士多德提出过三个观点,他们分别是:"求知是所有人的本性""人是理性的动物"以及"人是政治的动物"。这三个论断并非说的是人的三个本质,从根本上说亚里士多德认为人的本质是人的理性,而其他两个判断说明的都是这个问题。因此,这里可以将这三个说明总结

第二章 西方传统本体论人的本质思想

为一句话,即人是理性的动物,因此人有求知的本性,而求知的目的只有在国家(城邦)之中才会达成。亚里士多德在《形而上学》中提出:"求知是人的本性。对感觉的喜爱就是证明。"①这一论述表明了亚里士多德理性思维的发展,以及对感性思维的重视。他说"完满幸福是一种思辨活动"②。人类理性的思维活动,对"至善"的追求,是人类追求幸福生活的根本途径,精神世界的灵魂的完满是现实生活世界幸福的基础,这是人类"爱智慧"的表现。同时,亚里士多德不同意柏拉图割裂理念世界与经验世界的观点。他认为这两个世界之间存在一种不间断的连续性。经验世界的认识与理念世界的认识是知识获取的两个不同阶段,通过对感官世界的经验把握才可以达到理念世界的概念统一。因此,现实世界是多变化的存在,而实体即知识是第一因,是不变的。理性对一般的把握,只有通过多变的个别才可以实现。人类求知的过程就是获取智慧的过程。"人是理性的动物",是智慧的动物,这是人类区别于其他动物的根本所在,"智慧"是一种自由自为的存在,它是通过人类感觉对感性世界信息的捕捉、记忆的加工、经验的提炼、技艺的把控,最终达到对一切事物的最高的、最普遍原因的知识吸收而获得的。"智慧"获取需要什么客观条件呢?亚里士多德在《政治学》中指出:"每一个事物是什么,只有当其完全生成时,我们才能说出它们每一个的本性,比如人的、马的以及家庭的本性。……由此可见,城邦显然是自然的产物,人天生是一种政治动物"③。城邦必须按照人的自然秉性去关注人的自然利益。同时,"人如果离世绝俗,就无法实践其善行,勇毅、节制、正义、明哲诸善德实际上就包含在社会的公务和城邦的活动中"④。因此,人除了有普遍本质以外还有其个体性,个别从属一般,具体从属普遍。人的幸福就在于过上一种社会性的生活,即一种"国家"维度的团体性生活,人只有在城邦中才能发展自己的理性,实现自己的本质和使命。另外,只有当意志和情欲服从理性的律令时,人的行为才是道德的行为,国家才是自由的国家,于此生活的人们

---

① 亚里士多德.苗力田,译.形而上学[M].亚里士多德全集(第7卷)(苗力田主编)[C].北京:中国人民大学出版社,1997:27.
② 亚里士多德.苗力田,译.尼各马可伦理学[M].亚里士多德全集(第8卷)(苗力田主编)[C].北京:中国人民大学出版社,1997:230.
③ 亚里士多德.颜一、秦典华,译.政治学[M].亚里士多德全集(第9卷)(苗力田主编)[C].北京:中国人民大学出版社,1997:6.
④ 亚里士多德.颜一、秦典华,译.政治学[M].亚里士多德全集(第9卷)(苗力田主编)[C].北京:中国人民大学出版社,1997:7.

才会获得幸福。一个人如果脱离了国家，他的"理性"就无计可施，他的"德行"就无法发挥，他的"智慧"就无从展现，"至善"就无从取得，人因此就不成其为人，他不是一只禽兽，就是一个神灵。结合三个概念分析，亚里士多德对人的本质的判断展现的是一种理性主义的人本观思维逻辑，是通过意识和存在的统一把握人的本质。但亚里士多德的这种"统一"把握，只是意识与存在概念的简单合并，实际上他对人的本质的认识更倾向于意识观点。从他说明智慧是区别人与动物的一个根本标志，说明良善生活是"实践"理性的目的，就可以充分证明他对人的本质的理性主义判断，而人的社会性只是人发展理性的一个必要条件。

这种人本观的人的哲学，在往后几百年的希腊化时代得到充分发展。在古希腊奴隶占有制社会衰落的时代，经济政治状况很不稳定，人们的生存陷入困境。因此，晚期希腊学者注重探索人生目的，寻求生活安宁与内心平静。如斯多亚派的克吕西普就认为人生的目的是对德性的追求，就是按照人的本性自然的生活，这种生活才是幸福快乐的。而派塞涅卡则认为哲学的目的是引人向善，以道德作为行动准则。最著名的就是伊壁鸠鲁，他提出："快乐即是目的"，从而建立了他的幸福主义伦理学，这充分展现了他的自我意识理论。在他看来，哲学的目的是服从于人的解放，使人摆脱宗教，人方能获得幸福和快乐。人所追求的这种快乐不是放荡者的快乐和肉体的享乐，是身体的无痛苦和灵魂的无困扰。伊壁鸠鲁宣传了个人拯救，表明了人可以在现实的生活之中，通过简朴勤劳的劳作获得幸福，他的哲学为苦难中的人们带去了生活的希望，充分表现了现实主义人道主义的哲学精神。

古希腊哲学开启了西方理性主义传统，人本主义问题根植于人类理性发展的最初进程之中。古希腊哲学注重人的理性，注重人对道德以及良善生活的追求。但马克思认为："希腊生活和希腊精神的灵魂是实体，这实体最初作为一种自由的实体在它们中间显露出来，所以对这种实体的认识就表现在独立的存在物中，即表现在个体中。"他们一方面作为优秀人物外在地和别的个人对立，另一方面他们的认识是实体的内部生活，所以这一认识对于他们周围的现实条件来说是内在的。原因在于，古代哲人辩证思想中所透露的思维与存在的矛盾关系，仅仅是从"世界本原"上揭露经验常识与概念的矛盾，而没有达到概念系统的自我批判，这体现了古代辩证思维的朴素本质。希腊哲学家是造物主，他们的世界和在实体东西的天然阳光下繁荣昌盛的世界是不同的。① 从实体本体论的角度来理解和建构人学,虽然突破了早期自然主义的局限,走向了理性主义的人学道路,但却在人的理性自觉中逐步将人的思考引向了一个思辨的形而上学的领域。显然,人的本质以一种预设的实体化的方式被移植到人的头脑之中,理性的异化造成了现实的人之本性的失落,当人学研究离开现实生活世界,走入了纯粹的思辨领域,人学便会转化为抽象的思辨人学。

第二节　中古神学人性论

如果说古希腊早期的自然宗教(自然哲学)带有着宇宙普遍性的特点,那么基督教时期的上帝就带有异化的人性的特点。费尔巴哈说:"上帝愈是主观、愈是属人,人就愈是放弃自己的主观性、自己的人性,因为上帝本来就是人的被放弃了的、但同时又重新为人所占有的'自我'"②,宗教的精神显示了一种人性与神性、理性与信仰的悖论。一方面,它有超验层面的终极诉求;另一方面,它又有经验意义的人间关怀。马克思认为宗教里的苦难既是现实苦难的表现,又是对现实苦难的抗议。因此,在残酷的生活现实面前,人类为了摆脱自然的奴役、求得自我的保护,人把自己的本质对象化为一个独立于人的精神实体,即上帝。人企图通过神性求得人性的解脱,通过信仰张扬理性的价值。但分裂出来的独立的精神本质,完全处于与人相对立的地位,成为束缚人、压制人、统治人的异己力量。宗教信仰成了精神的终极归宿,也成为精神的永久囚笼。

中世纪支配统治宇宙万物的客观本原力量和能动原则被解释为上帝的意志,人不是历史的主体,而是上帝执行神的意志的工具,是上帝安排的秩序的组成部分。在奥古斯丁那里,他将上帝称为"真实的你",将人称为"现实的我",从而将外在现实世界的因果关系转移到人的思维之中,人因此受神的宇宙秩序中那些绝对的和具有普遍意义的本质所支配。人的灵魂是一种自我封闭的实体,他的力量来源于人的意志信念,意志信念通过理性活动就可得到神启。但是,为了解释《圣

---

① 马克思恩格斯全集(第40卷)[M].北京:人民出版社,1982:63.
② 费尔巴哈.荣震华、李金山,译.费尔巴哈哲学著作选集(下卷)[M].北京:商务印书馆.1984:57-58.

经》的原罪说,他又打破精神可靠性的依据,意志的自由变成有罪的自由。奥古斯丁悖论的出现源于统治与臣服的双重目的。与奥古斯丁不同,托马斯·阿奎那认为,人是上帝所建立的世界秩序的一个粒子。人的灵魂是人的推动者,灵魂的"现实化"规定了人的本质和特点。他依循柏拉图的观点,认为人的灵魂与肉体对立,灵魂是不依赖肉体而存在的精神实体。因此,灵魂不死。意志的自由来源于理性,通过理性对善的追求才可以做出符合道德的行为,而人的理性是上帝规定的,所以人性来源于上帝。由此可见,奥古斯丁的人的本性是人的自由意志,善恶是由自由意志选择的,意志高于理性。而托马斯阿奎那定义的人的本性是人的理智,理智本身就是由上帝所创造的,上帝先于一切而存在,因此善恶由上帝所决定,理性高于意志。尽管他们对人的判断不一致,但是他们都认为人的本性都来源于神的本原。意志与理性之争正是当时唯名论与实在论的根本焦点,唯名论强调意志的决定性作用,因此带有个体性的特点,重视单个的、具体的形式,而实在论则强调理性的先在性,因此带有普适性的特点,重视思辨的形式,神学俨然成为一门实践的科学。

中世纪随着哲学的神本化,人学也走上了宗教人学的异化道路。上帝是人存在的一切根据,是永恒的实体,是自因自果、自根自据的存在。上帝成为一切的标准和尺度,人性来源于上帝。费尔巴哈就曾表明:"宗教使人的本质跟人割离开来。上帝的活动,恩典,乃是人的被异化了的自我活动,乃是被对象化了的自由意志。"[①]因此,从本质上说,上帝是人本质异化的体现。同时,中世纪许多哲人在上帝的指引下也没有否认人的理性本质。波爱修就认为,人之为神的理由源于人有理性,理性使人超越万物,在理智层面类似于上帝。另外一位哲人爱留根纳也从感觉、智慧和理性三方面论述了人的三位一体的本性。他主张人的理性高于信仰,高于权威。他认为,人真正的理性始于自身的权威,并通过自我肯定确证自己。

第三节 文艺复兴时期人的本质思想

一千多年"黑暗时代"的阴云笼罩,基督教会成为人们的精神支柱,《圣经》典

---

① 费尔巴哈.荣震华、李金山,译.费尔巴哈哲学著作选集(下卷)[M].北京:商务印书馆.1984:57-58.

故成为人们的道德律令,上帝成为最高的主,管理着自己的"奴隶",宗教成为统治者利用的意识形态工具。人类社会在人们渴望得到救赎,进入天堂的祈祷中变成了人间炼狱。经济的萎靡、科技的滞后、文艺的消沉、"黑死病"的肆虐使人们开始怀疑宗教神学的权威。14世纪,商品经济迅猛发展,随着资本主义的萌芽,人类的自由意识在市场自由原则的规范下中逐步加强。同时,经济的发展、社会的繁荣,激发了充满艺术才情的意大利文艺工作者的创作热情,大量的人文主义作品促成了普通民众对个人价值与自我力量的肯定,这一切都为文艺复兴运动奠定了丰富的物质基础和营造了变革的社会环境,而中世纪的神学严重地妨碍资本主义发展,一切意识形态只是神学的侍婢,不冲破神学蒙昧主义的樊篱,科技就无法继续发展,生产力就无法大幅度提高。于是,资产阶级开始向神学宣战,从此,基督教神学持续了一千年多年的精神统治开始逐步崩塌。

文艺复兴是人本主义思想的第一次复归,人的理性的又一次觉醒,文艺复兴时期哲学理论中的人既表现为完整的、独立的、有灵有肉的个体,又表现为与宇宙的有机统一。人文主义宣扬资产阶级的人性论,展现了新兴资产阶级对于人的本质的认识。人文主义的思想主旨是:提倡人道,反对神道;提倡人性,反对神性;提倡人权,反对神权;提倡人的价值与尊严,反对教会的压迫与威胁;提倡个性解放,反对奴役束缚;提倡世俗享乐,反对超俗禁欲;提倡科技,反对蒙昧。人文主义也可以称为人本主义或人道主义,其思维方式的核心是以人为本。其一,强调人的感性经验和理性认识,传播知识、推广教育是打破蒙昧主义的根本手段。人文主义者爱拉斯谟在《愚神颂》中表示,经院哲学家是愚弄大众的欺骗者,因此,要打倒"愚昧女皇"的统治,以理性指导明智,利用知识征服世界;其二,强调意志的自由和个性的发展。人文主义者罗伦佐·瓦拉在《自由意志谈》一书中表示,人人均有自由的意志,人们可以通过自由的意志选择自由的行为,从事各项活动,创造历史事件。而在拉伯雷所想象的"德廉美修道院"中人们"想做什么,就做什么",因为只有在自由的环境中,人们才会增长自己的智慧;其三,强调人的价值与幸福的目标。但丁极力赞扬人的价值,认为人的本性是自由的,人的高贵超过了天使的高贵,人是万物的灵长,宇宙的精华。人文主义者反对禁欲,认为人生的目的就是获取幸福,"享乐是人的真正幸福"。因此,要满足精神与物质的双重需要。人文主义者瓦拉就曾表示,生命对于他来说是最大的幸福。因此,生命是巨大价值的载体。那么在人文主义者的眼中人就有以下三重本质特点。第一，人是自然的存在，人同其他生物一样，是自然之物，现实地生活在世界当中。因此，人的行为具有改变事物的作用，具有美与幸福的功能，人并不是神的附属，宗教的奴隶，人的自然属性决定人的创造价值。第二，人的本质是人的理性。莎士比亚则在《哈姆雷特》中有言："人类是一件多么了不起的杰作！多么高贵的理性！多么伟大的力量！"①理性的思考是获得知识的唯一途径，是人类区别于其他生物的本质因素，是人类反对神权的精神力量。第三，人的本质是自由意志，自由意志是彰显个性、实现人的价值的前提。

由此可见，人文主义者的人的本质观点，仍然是抽象的、朴素直观的，是抽去社会和阶级内容的。因为他们把人看成是孤立的个体，仅仅看到人的自然属性，而没有将人置于社会的现实之中加以分析，没有通过社会关系把握人的本质。离开了社会关系，人的本质只是思维的臆造，空洞的抽象，也就更谈不上人的存在、人的发展与人的自由和价值。此时的人文主义者对人的本质的把握只是资产阶级的人性论，其一，哲人所讨论的是脱离了人的社会属性的人的自然属性。因此，人的本质是一种朴素直观的抽象判断；其二，人的本质的理论仍带有神学色彩。对社会现象的理解上始终没有切断与神的联系，他们往往求助于"上帝"的威力解决社会现实问题；其三，人的本质理论是新兴资产阶级立场下的人性判断，代表着资产阶级的利益与价值取向。哲人忽视了人民群众的历史地位与历史推动作用。随着文艺复兴的发展，早期人文主义者的理论错误也暴露出来，人并非他们所定义的如"天使"一般的完美，人有虚伪、贪婪、卑鄙的一面。人们发现，由于过度地强调人的自由、人的价值与人的权利，伦理信条被抛弃、社会制度被打破，人们失去了原有的社会责任感与对自己行为准则的规范，"这个民族的每一种激情的趋势都是强烈的，而用来满足这种激情的手段则常常是犯罪"②。马基雅维利意识到忽视社会规律与抛弃社会伦理道德规范的严重性，因此提出了一系列管理国家与社会生活的政策。他认为通过发现社会发展规律与历史发展动力，人们可以通过主观能动性改写命运，推动历史进步，创建人类更美好的未来。而蒙田则指出，一切人都是凡人，人与动物毫无差别，文明没有优劣，文化没有等级，政体不分好坏，他反对伟人崇拜

---

① 莎士比亚.朱生豪,译.莎士比亚戏剧集(第4卷)[M].北京:作家出版社,1954:187.
② 雅各布·布克哈特.何新,译.意大利文艺复兴时期的文化[M].北京:商务印书馆,1997:439.

与等级观念,错把实践理性理解为社会习俗,并指出国家管理只要符合当地习俗就可以使人民安居乐业,人与自然与社会和谐发展。他的思想走入了历史相对主义。文艺复兴时期,哲人对人的理解从高度赞扬逐步走向适度贬损,从"为人独尊"过渡到"万物平等",两种趋势都显示了对人理解的局限性、片面性与脱离社会关系分析的非科学性、抽象性。此后的法国思想家帕斯卡尔清晰地意识到了两种倾向的危机,他突出强调了人的理性思维的重要性,既不贬损人,也不过度提高人的地位。因此,综合性地提出了他的"人是能思想的苇草"的著名论断,以此,仅作为人与动物类的区别。

第四节　近代人的本质思想

文艺复兴使人从宗教的梦魇中觉醒,迷途的人的理性从神论的雾霾中找到新的前行方向,理性踏上新的征程。费尔巴哈曾说:"近代哲学的任务,是将上帝现实化和人化,就是说:将神学转变为人本学,将神学溶解为人本学。"[①]近代,随着资产阶级革命与资本主义的发展,科学技术的进步,生产力水平得到大幅提高,坚持人本主义,推动社会进步,成了历史发展的新目标。思想家们,一方面强调人的自然属性,认为人是自然的一部分,应当起到支配自然的作用。他们以自然的属性来说明人的本质;另一方面,他们认为人的本质就在人自身,推动历史进步的实际动力仍然是人的理性,于是理性再一次提升到至高无上的地位,成为近代思想家心目中人的本质的集中体现。这种思想无疑是古希腊人本观的延续,更是文艺复兴人本观的继承性发展。那么,早期欧洲近代人学思想,大致可以分为感性人学与理性人学,而整个近代人学的发展主要分为三个阶段,16—17世纪英国经验论和大陆唯理论发展阶段,18世纪法国启蒙思想与唯物论发展阶段与18—19世纪德国古典哲学发展阶段。哲学思想家们继承了人文主义思想实质,以追求生活的快乐与幸福为目的,发展自由个性,争取人类解放,建立了以自然观为基础,以人的理性推动社会进步的人本观人学。

---

① 费尔巴哈.荣震华、李金山,译.费尔巴哈哲学著作选集(上卷)[M].北京:商务印书馆.1984:122.

一、经验论和唯理论的人学争辩

弗朗西斯·培根与勒内·笛卡尔,共同开启了近代西方哲学的"认识论转向",高度赞扬了人的理性、人的精神能动性,开启了欧陆理性主义哲学传统。近代之前的哲学是从对象世界自在的矛盾去解释世界的"本体",是一种朴素的寻求本体的方法。而近代,人们发现世界在人脑中的规定源于人脑对世界的判断,这种判断的合理性,需要人们考察思维的内容,即哲学要从人的思维对存在的关系去思考理论思维的前提问题,也就是说,没有认识论的本体论是无效的。无论感性世界还是超感性世界,经验本体还是超验本体,都是处于人主观认识关系中的"存在",只有通过反省人的认识,以认识论为本体世界提供合法性依据,对世界本原的把握才具有现实性。理性至上是经验论与唯理论的学者的共同观点,是近代科学精神的哲学表达,他们颂扬知识和理性就是人的智慧,利用文艺复兴时期自然科学的成就和数学理论研究哲学,并将科学理论提升为思维与存在的关系问题,利用知识控制、支配自然,使人成为自然的主人。

(一)经验论的人学思想

马克思认为:弗兰西斯·培根是"英国唯物主义和整个现代实验科学的真正始祖"[①],是经验主义的倡导者。弗兰西斯·培根通过对近代实验科学的研究方法的探索,总结出不同于亚里士多德的演绎逻辑的归纳逻辑。他把实验家比作蚂蚁,因为他们只知道通过经验采集和利用;将推理家比作蜘蛛,因为它们用自己的物质编织蜘蛛网,即他们只利用理性进行单纯思辨;将科学家比作蜜蜂,因为它们走中间路线,从花园和田野里的花朵采集原料,但用它自己的力量来变革和处理这原料,即科学的思维方法源于经验的观察与理性的归纳的结合。培根用经验归纳的方法构建了自己的人学思想。他认为人是自然的仆役和解释者,研究自然是使自然服从于人类社会的手段,使自然原则服从社会原则,掌握了科技知识人类就能够支配世界。因此,科技应该以发展人类社会为目的。依据这样的观点,人类应该运用经验归纳法解释自然存在与人脑中表象和意志的活动,进而分析各种社会现象,使人

---

① 马克思恩格斯全集(第2卷)[M].北京:人民出版社,1957:163 页

类以科学的视角认识自己与现实生活的社会,这样自然观就有了社会人类学的特点,人类思维方式也就带有自然科技的影子。培根总结出:人类的理性可以通过科学中介成为社会发展的主要动因,科技促使人深层的思考人类生活的决定性力量,加深人战胜自然的决心,加重稳定社会的信心。首先,科技是经济发展的推动力量,促进资本主义经济结构转型,提高生产力,从而积累社会财富,消除贫困这个社会动荡的隐患。其次,经验归纳方法增强人理性思考的思维逻辑,从而更好地帮助人们管理社会各种部门,处理好社会各基层关系,保证社会安定团结。最后,科技力量与科技产品可以使人类更好地控制自然,通过科技知识对自然原则的把控进而控制自然,人类获得更大的自由。因此,培根提出:"知识就是力量",也就是说,科技知识的获得,不仅为征服自然提供了理论依据,同时,利用理论生产制造工具,为征服自然提供客观条件。更为重要的是,科技知识增强了人类理性思维能力与征服自然的决心,为征服自然提供了主观条件。科技知识使人类物质与精神力量双丰收。在这样思想的引导下,人就被归纳为感性与理性综合体。

托马斯·霍布斯将人归结为科学哲学认识领域。他以机械论的观点看待自然、社会与人。因此,他认为因果律是支配自然与社会的根本规律,而"人性"的根本特征即人是自然物体。人就像一台机器服从统一的机械规律,人的自然本性支配人的思考与行动,决定人机械式的社会生活。霍布斯否定文艺复兴时期的人性本善与培根的人性论,他认为人如冰冷机械,在"自私自利"的自然本性的作用下,人类展现出好斗本性,由此引发各种社会冲突,"财富、荣誉、统治权或其他权势的竞争,使人倾向于斗争、敌对和战争。因为竞争的一方达成其欲望的凡是就是杀害、征服、排挤、驱逐另一方"①。人类为了获取利益,会像动物一样否定客观真理,残害其他生命,以便占有自然与社会资源。一方面,霍布斯将人的自然属性作为社会冲突的内在因素;另一方面,霍布斯用人的理性的道德准则分析人类寻求和平与建立国家制度的渴望。霍布斯解释道,人的理性支配着人寻求和平,但人的理性与自然欲望的矛盾并不能使人类仅仅通过转让自己的个人权利而建构的契约关系解决现存的社会冲突,为了更好地解决社会矛盾就需要建立国家制度,通过国家的政治制度与法律的制约人们可以控制欲望,规范个人行为,从而营造道德准则的社会

---

① 霍布斯.黎思复、黎廷弼,译.利维坦[M].北京:商务印书馆,1985:43-44.

环境。但事实上,以人的主观理性所构建的国家是不具备自我规范能力的,人类的理性的不健全与道德的脆弱性使建立这样的国家只是虚幻的妄想。霍布斯从人性论出发,说明人类从自然状态到国家状态的转变,展现了人本质上是理性存在的自然物。

约翰·洛克与霍布斯一样从资产阶级机械人性论出发认为自然属性是人的本性。因此,自我保护、自私自利是人的本性。他们以避免不幸、寻求保护、追求幸福为生活目标。但他不同意霍布斯的人人相杀的理论。并认为人们既然都是平等和独立的,任何人就不得侵害他人的生命、健康、自由或财产。他在其著作《政府论》中提出了"君权神授"的观点,认为应该建立以社会契约为基础的君主立宪制国家,用以维护人们财产生命的安全,保证人们自由平等关系。同时,为了保证契约式国家的安全稳定,他提出了三权分立的思想。这里还要提出的是,洛克的维护个人财产安全的思想,为资本主义生产资料私有制的建立提供了理论依据,推动了社会历史发展。

经验主义认为,感性经验是一切知识与观念的来源,理性的作用只是对感性经验作简单的归纳。大部分的经验论者,并不否认理性的作用,只是重点强调了感觉经验是知识的来源,但他们对理性的认识仍然带有经验论的狭隘性,认为理性只是对经验认识的简单叠加、归纳、总结,只是经验认识的量的变化,没有注意到感性认识到理性认识的质的飞跃。培根本质上不了解感性到理性的质的飞跃,仍然轻视理性的演绎作用。霍布斯比培根更加重视理性认识的作用,认为理性可以通过感觉经验得到普遍原则,但理性的作用只是对感性的一种计算,他们之间只有量的差别。在经验论上,洛克不同于培根与霍布斯,他将感性与理性认识割裂开来,认为人是一张"白板",一切知识源于经验,但经验归纳不足以把握事物的本质,"物质实体"无法成为经验的对象,事物的必然性需要直观自明的知识为依据。同时,他认为灵魂的反省是经验的第二来源,并强调上帝通过"记号"留给人们关于事物的"第二性质"经验观念,精神实体于是产生。显然,洛克的经验二元论,既承认物质实体又承认精神实体,已经偏离了唯物主义经验论。因此,贝克莱提出:"存在就是被感知",取消了物质实体的存在,"物质"只是被感知了的人的观念,存在的只是人的精神的观念。

（二）唯理论的人学思想

笛卡尔继承了培根的科学精神，认为知识理性对社会具有决定性作用。他以数学作为哲学以及其他学科的基础，利用数学逻辑思维进行"哲学沉思"，从而"怀疑"各种观念与知识，以发现知识的确定性为目的。因此，他利用天赋的理性认识能力建立了几何学思维方法的形而上学体系。笛卡尔认为："那种正确地做判断和辨别真假的能力，实际上也就是我们称之为良知或理性的那种东西，是人人天然地均等的。"[①]人的理性才是辨别事物对错，真假的标准，是人的本质。另外笛卡尔的贡献还在于，笛卡儿哲学构成了一道西方哲学发展的分水岭，笛卡尔之前的哲学思维方式是信仰主义和实在主义的，信仰主义用哲学为神学辩护，用理性为信仰服务，而实在主义主张经验所感知的世界是真实自在的存在，意识就是对象。笛卡儿用怀疑向先前的思维方式挑战，他怀疑宇宙万物作为观念存在的真实性，对理性的思考没有局限于理性之上，而是深入理性之中，他将理性作为人的"思维"，反思了理性的实质，将理性作为衡量一切的标准。因此，他提出，"我思故我在"，我在思想，我在怀疑故我存在，这一"存在"是将精神视为被审视的客体对象，也就是笛卡尔所说的"天赋观念"，理性由此被视为先于一切经验的"天赋观念"的总和，并通过自我演绎而构成哲学思维逻辑基础。笛卡尔的思维方式是一种理性主义思维方式，大大提高了人的主体地位。笛卡尔的"我思故我在"表达了"我思"具有双重含义：首先，笛卡尔认为，并不是上帝的存在决定人的存在，而是人通过精神活动推论出上帝作为精神性的存在而存在于人的精神之中。是先有人再有上帝，先有理性再有信仰，一切知识、一切观念都源于理性推理而来，而这一推演的基础就是数学逻辑。因此，"我思"将对象变为意识中的存在，即对象意识，而对象是否作为客体而真实的存在，还有待于考察，真正能够确定的是对象意识的存在和作为理性思考者而存在。其次，笛卡尔采取了一种超验的客观主义态度面对世界。他认为客观世界是不同于精神世界的独立存在，关于物质世界的客观真理是自在的、必然的，理性是可以把握这些真理的，数学是理性最完美的表达，人的认识能力具有先验的数学逻辑，对笛卡尔而言，人们把握世界的客观真理的数学逻辑正是经验对象所构

---

① 北京大学哲学系外国哲学史教研室编，译.笛卡尔.方法谈[M].北京：商务印书馆，1975：137.

成的意识世界的本质,意识世界是客观的自在世界在意识中的真实呈现,于是理性通过经验对象把握其中的数学逻辑,检视精神当中的对象意识的确定性。笛卡尔从理性主义确立了人的理性本质,把对象意识与自我意识相结合,将世界首先定义为一个意识的世界,先有我的理性,再有神的参与。上帝的中介化思想给宗教神学以承重的打击,也为自然科学表达客观真理提供了哲学基础。但笛卡尔的"我思故我在",既确立了心灵实体的存在,它构成了人的精神世界,同时又承认物质实体的存在,他构成现实物质世界。他一方面强调精神世界具有知识的一切前提逻辑,另一方面又强调客观世界真理的自在性,毫无批判地预先假定了知识与对象的一致性,显然没有对理性做出前提性批判,笛卡尔的实体二元论片面、抽象地解决了心物统一的问题,而并没有从人的实践活动揭示"自由"对"必然"的把握。

斯宾诺莎继承了笛卡尔的"实体"学说,他认为实体是一种自因性、自为性的存在,实体自身是不能被我们所观察的,我们只有通过把握实体的属性或性质形成实体的概念。实体的属性包括思维和广延(自然),人的思维也是一种"实体"属性的存在,而思维"实体"则是以观念的形式呈现出来的,真理性的观念并不是源于人的感性经验,而是人的"理性"或"天赋的理智"对事物本质的直观把握。因此,在斯宾诺莎的思想里,人是一种"理性"的存在。同时,他又强调不应该从单个人出发理解人的本质,应该从人与人之间的关系出发把握人的本质,人与人的关系是"人对人是神的"平等、互助和友爱的关系。斯宾诺莎认为,宇宙是一个由自然的必然性支配的自由运动的实体,人作为自然的组成部分,也遵循自然必然性规律,因此人有情感和欲望,追求个人利益是人性的普遍规律和道德基础。但人的灵魂属性决定人也受着理性的支配,当人的理性把握了自然的必然性,理性也就可以调节自然必然性,人因此可以摆脱情感的奴役,成为自由的存在,人的行为也就成为自由的必然。因此,他说:"自由是认识了的必然",将自由和必然通过人的理性认识统一在一起。但这里要指出的是,斯宾诺莎的"自由"是指遵循理性指导的人的自由,他否认人的意志自由,否认对"必然"改造的自由,因此也就否认了偶然性的存在。同时,他认为人的最大的幸福快乐来源于心灵对"至善"的探求,由此可见,斯宾诺莎对人类"理性"的重视。莱布尼茨则利用"单子论"与"前定和谐"发展了唯理论,他认为人是"单子",彼此鼓励,互不影响,观念作为人的天赋,先验地存在于人的头脑之中。因此,知识是通过"矛盾律"推理"充足理由律"的经验知识而获得的,从根本上讲,知识来源于"前定和谐"的"天赋观念"。

唯理论的哲学家,继承古希腊哲学的理性主义传统,用人的精神属性——理性来解释人的存在,表明人的本质,阐释人的生活目的。从笛卡尔承认上帝是最高本原,将物质、精神两种不同的实体结合在一起,发展到斯宾诺莎将上帝与物质结合成统一的客体存在,精神只是实体的属性,最后到莱布尼茨的精神实体的客观唯心主义一元论。唯理论强调人的理性认识的作用,认为人的知识源于理性演绎推理,从不同方式肯定"天赋观念",这必然导致上帝自然化倾向,割裂思维与外部世界,最终陷入先验论。但无论是经验论还是唯理论,哲人都强调了人的理性对人本质的决定性作用,高扬了人的主观能动性,彻底批判了宗教神学对人的束缚,为18世纪启蒙思想的提出奠定了理论基础。

二、启蒙思想和唯物论的人学探究

十八世纪的法国,资本主义经济的主要形式仍然是工场手工业。封建阶级穷奢极欲,严重影响了工商业的发展与市场经济的形成,法国资产阶级革命蓄势待发。启蒙运动为资产阶级革命奠定了理论基础,启蒙思想家们继承和发展了文艺复兴以来的资产阶级人性论、人道主义,以"天赋人权"说为理论基础,一方面继续揭露教会的黑暗,批判神学;另一方面,他们从政治层面批判封建制度,"在毫不掩饰的政治战线上作战"。关于人的概念,不同于十七世纪的抽象形而上学人性论,十八世纪的人学更多地加入了对历史发展规律、社会和阶级制约关系的探讨。他们阐述了"自然状态"和"社会契约"论的观点,从感觉主义出发,强调"人是环境的产物""尊重人类理性和人权几乎是一切近代哲学思想特征,这在18世纪普遍流行;人性、善恶、天赋人权,自由,平等和博爱脍炙人口"①。孟德斯鸠是法国启蒙思想的代表人物,他的一切思想都建立在"法"的基础之上。在其著作《论法的精神》中,他表示法是此事物的性质产生出来的必然关系。在这个意义上,一切存在物都有他的法。因此,在他的思想中,法是物质和精神产生的普遍原因,法高于一切,是人命运的根据。在恶劣的自然环境面前,人类与之对抗的手段就是"法"。因为,人类是理性"智能存在物","自然法则"通过人的理性支配人抵御自然恶劣条件的

---

① 梯利.葛利,译.西方哲学史(上卷)[M].北京:商务印书馆.1995:149.

行为。另外除了自然法以外,人类社会与国家制度存在的基础也是"法",为了保证人的自由与平等,必须制定"人为法",他认为:"一个社会如果没有一个政府是不可能存在的"①。政府是"法"的执行者,"一个公民的政治自由是一种心境的平安状态。这种心境的平安是从人人都认为他本身是安全的这个看法产生的。要享有这种自由,就必须建立一种政府,在他的统治下一个公民不惧怕另一个公民"。因此,政治自由是相对的自由,是在不打破"法"的前期下,公民的权利,对相对自由与平等的理解是人类理性掌握的范畴。②

  法国另一位启蒙思想家伏尔泰从抽象的人性论出发,将人类社会的起源归于人的自然状态与社会契约关系两种因素的相互作用。一方面,他认为,人的"反社会"行为源于"自然法权论",人的自然属性决定人有自私自利的本性,人根据上帝创造的"自然规律"行动,为了生存,人不可以打破这种具有普遍意义的规律;另一方面,他又阐述了人的"社会性",因为人是理性的存在物,人为了在社会中生存必须遵守一定的法律制度,并以遵纪守法作为人的道德评判标准。伏尔泰的人性论体现了人的自然性与社会性。在此基础上,他将自由、平等与财产作为决定社会秩序的三要素。"自由"是不打破法律制度下人的行为与意志的统一;"平等"是封建等级社会下相对意义的互相服务;财产是个人拥有所有物权利公民的标志。只有以上三种因素为基础的社会秩序才是最公正的。

  卢梭也是一位启蒙运动者,他通过美化自然人控诉封建制度,通过论述人从自然状态发展到社会状态,展示人的道德沦陷。卢梭认为自然状态下的人性有三个特点:善良、自由、平等。关于善良,卢梭在《爱弥儿》中说:"良心的激动是产生于对自己与同类的双重关系所造成的这个道德体系的。认识并不等于爱好善,人对于善并无天赋的认识,而是人的理性使他认识到善,他的良心就立刻使他爱它;这种感情乃是天赋的"③。卢梭的观点与霍布斯不同,霍布斯认为人性向恶,现实的生活表现为"一切人反对一切人的战争",而卢梭则认为人的良心是天生就有的,人性向善。自然状态下的人处在人的"黄金时代",他们听从良心的指导和支配,行为符合道德准则,符合人的本性。因此,人在自然状态下创造历史,展现了人性

---

① 孟德斯鸠.申林,译.论法的精神.(上册)[M].北京:商务印书馆,2012:6.
② 孟德斯鸠.申林,译.论法的精神.(上册)[M].北京:商务印书馆,2012:155-156.
③ 卢梭.李平沤,译.爱弥儿(上卷)[M].北京:商务印书馆,2016:67.

最美的一面。关于自由,卢梭在《论社会契约》中表示这种人人共有的自由,是人的本性的结果。他认为,人生而自保,生而自爱。随着人的生长,人逐渐掌握自我保护的方式,这是人性自由的象征。人如果放弃自由,就是放弃自身的义务,这是对道德的背叛,对人性的违背。关于平等,亚里士多德认为,人并不是天生平等的,有的人是先天的统治者,有的人是先天的奴隶。卢梭反对亚里士多德关于平等的观点。他认为,奴隶的产生是由于人做了违背天性的事情,暴力造成了最初的奴隶,人的墨守成规,不敢反抗的懦弱本性使奴隶制度绵延不绝。而事实上,当人类处于"自然状态"中时,人人都是平等的。不平等是社会发展到一个阶段的产物,当人的私有观念与私有制产生的时候,人类从文明走向野蛮,从平等走向平等,从自然状态走向奴隶状态。关于人性自由、平等、向善的论述展现了卢梭的"天赋人权"的理念。为了进一步说明"天赋人权",他提出了"社会契约"理论,他认为人民是社会的主体,并非"君权神授"而是"主权在民",人民将"天赋人权"转让给国家,与国家订立契约,国家替民行使权利维护公民利益,一旦政府做出违背公民意愿的事情,人民有权推翻政府。卢梭的这一思想为法国大革命提供了思想武器。卢梭的启蒙思想证明了人类理性的能动作用,被黑格尔称为"自命为纯粹自由的意识"。

十八世纪的法国唯物主义者拉美特利、霍尔巴赫、爱尔维修、狄德罗是启蒙运动最彻底的代表人物。他们继续发扬了文艺复兴以来的人道主义精神,认为人的本质是人的理性,而"自爱""自保""自由"是人的本性。在认识论方面,他们坚持从物质到精神的反映论原则,强调感性经验在认识中的作用。他们从感觉主义出发,依据人的社会性特点,提出"人性本善""人是环境的产物""意见支配世界"的思想。他们认为人不是孤立地存在于社会环境之中,人与人之间互相影响、互相感觉形成同感共同体,而人的思想源于外部的客观世界给人心理造成的感觉"变形",人对善恶的判断也是由环境造成的。因此,只有改变社会环境才会改变人的缺点,才会杜绝社会罪恶,在人道主义的指引下,通过共同营造创造幸福生活的社会氛围,达到个人的幸福目标。

拉美特利开创了法国唯物主义思潮,他的观点主要集中在机械自然观,他认为人是自然的产物,受自然规律的支配。因此,人是一部有灵性的复杂机器,他忽视了人的精神生活。受拉美特利机械自然观的影响,霍尔巴赫认为记忆与肉体的结合形成自我意识,理性于是对意识观点做出选择,支配物质世界的运动也支配着精神世界,意志的自由被命运的决定性作用所取代,人类作为"思维机器"消极地接受对事物与知识抽象、直观的认识。同时,他认为灵魂与肉体有着某种有机的联系。人是纯粹肉体的存在,精神只是看待肉体的一种行为方式,因此,人不应该禁欲,情欲是"真正的平衡物",人的幸福感源于肉欲的满足。另外,他认为,人性自然向善,制度与社会环境造成了人性由善转向恶。因此,必须通过提高教养的感觉能力,增强人们的道德意识。

爱尔维修认为人的认识源于感觉,这种感觉一方面来源于外部事物所引起的物理感受;另一方面源于人的记忆,而思维的活动是感觉组合。他认为人的肉体感受性是人性的一个本质方面,人的自然感受本性决定人于肉体上"避苦趋乐""感官的痛苦和快乐致使人们行动和思想,它们是推动精神界的唯一砝码"[①]。感受性是人观念、思想与行动的唯一来源,人的感官的快乐是各个国家最有力的推动力。同时,他认为,"人是环境的产物",感观的快乐源于周围环境的和谐,而良好环境的创造源于法律与社会制度的改善,社会制度与法律是人的理性思维产物,只有良好的道德教育,才会改善人的理性,人才会制定合理的法律与社会制度,才会有天才人物的"意见支配世界"。爱尔维修没有把环境看作人物质活动的场所与结果,而是把法律制度等意识形态的东西看成是人周围的环境,因此,将改善社会环境的希望寄托于教育对人的思想改造,而没有看到人的社会实践与实际行动的价值,因此陷入人及其意见是社会环境的产物,而社会环境又是意见的产物的二律背反。马克思批评这种观点时表示这样的学说会将社会割裂为两个部分,其中一个部分高于现实社会之上,即思想道德维度的"社会"。因此,马克思指出:"环境的改变和人的活动的一致,只能被看作是并合地理解为革命的实践"[②]。实践使思维与存在达到统一。

近代认识论虽然结合了数学和自然科学的成果,发展了人的理性认识能力,但由于人类认识的主观性与价值维度的缺失,造成了认识论的抽象化、机械化、非现实化。尽管十八世纪的人学展现出人的现实社会起源的内容,向人的自我认识与人的解放迈进了一步。但它的主客对立,自然与精神对立的抽象人性论仍具有其

---

① 爱尔维修.葛利,译.论精神[M].北京:商务印书馆,1991:475.
② 马克思恩格斯选集(第1卷)[M].北京:人民出版社,1995:59.

片面性特点。因此,恩格斯说:"十八世纪并没有克服那种自古以来就有并和历史一同发展起来的巨大对立,即实体和主体,自然和精神,必然性和自由的对立;而是使这两个对立面发展到顶点并达到十分尖锐的程度,以致消灭这种对立成为必不可免的事"①。启蒙运动的"天赋人权"的历史基础仍然是唯心主义的,"劳动力的买和卖是在流通领域或商品交换领域的界限以内进行的,这个领域确实是天赋人权的真正乐园"②。启蒙思想家们所谓的人权不过是资产阶级的财产所有权,代表的是资产阶级的私人利益,对人性的判断也是带有阶级性的人性。同时,法国唯物主义者依据自然机械论,提出人的本性是自然属性,灵魂与肉体是同一的,社会性只是自然属性的延伸,只是制度改革的道德附属品,当抽象掉社会内容和社会关系再来看人时,人与人的平等与自由便成为毫无意义的空话,人道主义与人权表现为小写的人性解放,只是个性的解放。因此,社会历史领域的人性论依然是历史唯心主义的。马克思说人性是变化的,社会物质资料生产活动是其变化的动因,"整个历史也无非是人类本性的不断改变而已"③。法国唯物主义者所谓的人性,不过是以普遍的理论形式,关于资产阶级对人的要求的阐述而已。法国大革命用事实证明了法国启蒙思想和唯物主义人性论的破产。综上所述,德国古典哲学以前的哲学研究从认识活动、道德实践、意志能力等方面考察人的本质,但由于其形而上学机械论和唯心史观的束缚,对人性和人的本质思考依然属于抽象范畴,没有建立真正的以人为中心的哲学。

三、德国古典哲学时期人学思想

在人学发展史上,从18世纪末至19世纪初的德国古典哲学的人学研究,对人思考跃迁到体系化的、综合性反思的层次,突出体现了人的主体性。恩格斯说:"在法国发生革命的同时,德国发生了哲学革命。这个革命是由康德开始的。他推翻了前世纪末欧洲各大学所采用的陈旧的莱布尼茨的形而上学体系。费希特和谢林开始了哲学的改造工作,黑格尔完成了新的体系。"④德国古典哲学对人的反思具

---

① 马克思恩格斯全集(第1卷)[M].北京:人民出版社,1960:658.
② 马克思恩格斯选集(第2卷)[M].北京:人民出版社,1995:176.
③ 马克思恩格斯选集(第1卷)[M].北京:人民出版社,1995:172.
④ 马克思恩格斯全集(第3卷)[M].北京:人民出版社,2002:489.

有两个标志性的基本特征:其一,是对人主体性的反思与人类精神活动的强调;其二,人本主义的科学性回归。

(一)康德的理性实践人学

康德所处的年代是逻辑学动荡、英国功利主义伦理学兴盛的时期。作为德国古典哲学的奠基人,康德首先要解决的是"知识如何可能"的问题。因此,他以贝克莱所提出的个人心理意识的认识论为基础建构的哲学体系,具有明显的批判性与先验论特征。康德的先验思维方式降低了理性的崇高性,用以解决思维与存在的关系问题。但康德哲学对其之前哲学的颠覆性仍然表现在其认识论所强调的主体积极的实践创造作用,这种认识论在相当大的程度上决定着他关于人的哲学思考。他认为哲学不是别的,只是关于人的实践知识,是替一切人恢复其为人的共有的权利。康德的《纯粹理性批判》《实践理性批判》《判断力批判》三本著作,分别从人的认识、伦理、审美三个不同角度分析了人的主观能动作用,在《纯粹理性批判》中他提出了三个问题:"我能够知道什么?""我应该做什么?""我可以期望什么?",在其晚年的《实用人类学》中又概括性地提出"人是什么?"。在康德看来:"第一问由形而上学回答,第二问由道德回答,第三问由宗教回答,第四问由人类学回答,归根到底,所有这些可看作是人类学,因为前三问都与最后一问有关。"[①]因此,康德的批判哲学从本质上说就是以研究人为核心的哲学人类学,形而上知识的获得是人类的责任,道德规范的形成是人类行为的准则,人生目的的实现是人类理性的目标。因此,康德表达出的"人是自己的目的,决不能把人当作手段""理性是宇宙的立法者"等思想,充分体现了人的主体性与人类理性的目的性,是高扬了人类的价值与利益的"哥白尼式的革命"。康德具体分析了人的思维意识,将其分为感性、知性与理性,理性又分为理论理性和实践理性也可称之为理智与意志。由此,康德明确定义了自柏拉图以来含混不清的理性概念。以人的研究为中心的人本主义的哲学以振聋发聩的声势在德国打响。

1. 人存在的双重维度

康德对人的研究源于对以往认识论思想的前提性批判,康德认为,近代唯物论

[①] 康德.许景行,译.逻辑学讲义[M].北京:商务印书馆.2010:4.

没有对认识本身的形式加以反思就贸然断定思想的客观真理性,而近代的唯心论更是忽视客观世界的存在,单纯从思辨思维断定思想的客观性,这二者无疑都是"独断论"的代表。"哥白尼式的革命"发起的首要原因是为解决人类认识世界时思想的客观性问题。康德否定了亚里士多德以来的思维的"形式逻辑"与莱布尼茨的"数理逻辑",他依据休谟的"怀疑论"与自然科学研究的"假说法",提出了自己的"先验逻辑",他在其哲学中承诺了两种"本体",自然世界的"自在之物"与精神世界的"先验逻辑",一切知识来自于感官把握的"自在之物"的经验现象与先验逻辑的综合,即内容与形式的结合。因此,他意识到主体对客体的认识存在局限性:其一,客体世界的根本存在是"自在之物","自在之物"消极而被动地存在于人类的认识活动之中,是知识的感性来源;其二,人类思维所把握的世界是"现象界","自我"只是经验现象统一的根据,客观自然只是一切经验现象呈现的根据。人类意识如若把握作为意识之外的自在之物,就必须将自在之物作为认识内容纳入思维之中,而事实上人类先验地具有提供时空观念的感性形式和提供判断形式的知性范畴,认识是通过知性把自身的规律赋予现象世界,人为自然界立法。因此,人类认识所掌握的"信息",已经不是自在之物的本来面目,只是世界的"现象"存在。人类如果超越现象范畴把握真实世界,必然会陷入"二律背反",康德于是提出自在之物不可知,我们思维所把握的规律只是"主观逻辑",而非"存在规律","理性是宇宙的立法者"。由此,开启了康德对人类二重性存在的解释。

　　康德认为,人即是感性的存在又是理性的存在,即有自然的本质又有社会本质。人"既然是一个被造物,而且总是有待于外面的条件才能完全满意于自己的处境,所以他永远摆脱不了欲望和爱好"①。人与动物一样是感性的存在物,受生物条件的束缚,人摆脱不了机体欲望与感情的制约,体现了人的自然本质。同时,人超脱于现象界是拥有精神本体的意识存在物,人的先验逻辑使其成为理想存在物。人的理性分为理论理性与实践理性,人的实践理性所把握的世界是自为的属人世界,是自然本体与精神本体相统一的世界,在这一领域中人类会产生一种高于感官欲望的精神理想,绝对命令以其为依据把控所有伦理行为,人类道德出此生发,追求自由的生活目标在此实现,整个过程展现了人与人之间的伦理道德交往准则,体

---

① 康德.邓晓芒,译.实践理性批判[M].北京:人民出版社,2003:86.

现了人的社会精神本质。同时,康德认为,"假如一个人只是智性世界的一分子,他的一切行为一定会完全合乎意志的自律;假如他只是感觉世界的一部分,他必定被认为完全受制于欲望与爱好的自然律,即完全服从自然界的纪律"①。因此,人即服从于自律性,又受限于他律性。人作为现象界的成员,存在于时空之间,受自然因果律的支配,动物本能的行为符合其自然物的本性;同时,人又是精神世界的一分子,人在这一领域中人服从意志的"绝对命令",以伦理道德为行动准则。另外,康德并没有明确地规定人心本善,或者人心本恶,他不同意宗教的"原罪说",他认为人的善恶取舍不因自然遗传决定。心的善恶趋向源于道德维度对自由追求时的价值取舍。康德认为,"在其他一切自顾自的动物那里,每个个体都实现着他的整个规定性,但在人那里,只有类才可能是这样"②。社会性是人性的重要一面,人的本质的规定性只有在类中才可以展现,人类发展的历史也就是人类理性从潜在到成熟的发展过程,体现的是类的成长进步。于是,他表述:"人具有一种要使自己社会化的倾向;因为他要在这样一种状态里才会感到自己不止于是人而已"③。人没有停留在自然人维度,他给予感性世界以悟性世界的形式,在属人的社会中人的自然能力得到充分发展,人的实践理性所把控的"绝对命令"规范人类行为,决定意志对自由的合理化追求,它构成人向善的根据。同时,康德认为人具有非社会性的个体私欲倾向,人人都有按照自己个人意愿行事、展现自己个性的欲望,由此在交往中必然引起矛盾冲突。为了个人意愿的达成,完成个人自由的愿望,我们不得不谨小慎微,暗自竞争。猜忌心、虚荣心、权力欲、贪婪心是人心恶的表现,更是人非社会的本性。康德认为正是人的社会性所造成的社会矛盾与冲突才促进了社会的发展,使人从自然表象的祥和社会迷梦中清醒,为了寻求更多的发展可能,人类冲出野蛮寻找文明,克服懒惰奔向自由的征程,在此过程中,人类的心智得以发展,理性更加成熟。康德的这一思想无疑展现了辩证法的思维特性,"把粗糙的辨别道德的自然禀赋随着时间的推移而转化为确切的实践原则,从而把那种病态地被迫组成了社会的一致性终于转化为一个道德的整体"④。

---

① 康德.唐钺,译.道德形而上学探本[M].北京:商务印书馆,2012:67.
② 康德.邓晓芒,译.实用人类学[M].重庆:重庆出版社,1987:235.
③ 康德.何兆武,译.历史理性批判文集[M].北京:商务印书馆,1990:6.
④ 康德.何兆武,译.历史理性批判文集[M].北京:商务印书馆,1990:7.

2. 人是道德实践主体

人类"意识到自己是一个独立的实体,他有回忆过去、展望未来的能力,有用符号表示客体和行动的能力;他用理性规划并理解着世界"①。这种创造自身与创造生活的能力首先源于康德的先验认识论所强调抽象的认识主体的积极创造作用,人一方面是现象世界的立法者,另一方面,又是自由和价值的道德世界的立法者。科学认识的原则要服从道德上的必然性。康德把人的理论意识分为感性、知性和理性三个部分,这三个部分从不同层次展现了人的实践精神,开创了实践哲学发展的新时代。感性是具有时间和空间先天成分的思维形式,感性经验材料的获得源于时间与空间对感性内容的规定,通过表象直观到的感受。"自在之物"作用于人类的感官,引起人们的感觉,人们的感觉先天地赋予了直观材料以时间、空间的观念,进而形成感觉经验,感觉经验是获取知识以及构建现象界的基本材料。知性是一种思维的能动性,是思维感性直观的对象的能力。知性将感性素材作为自己的思维内容,获得经验素材的时间和空间意义,与超感性世界发生联系,构建现象世界。因此,知识是通过知性加工感性材料而获得的。理性是思维的最高形式,知识经过理性思维的加工形成理念。"人具有一种自己创造自己的特性,因为他有能力根据他自己所采取的目的来使自己完善化,他因此可以作为天赋有理性能力的动物而自己把自己造成为一个理性的动物。"②康德在哲学史上第一个研究了直观、范畴和观念的这些形式在人把握周围世界的过程中的作用。

康德在进一步分析人类认识世界的原理时,接触到了感性经验的社会历史制约性问题,与自然世界与精神世界的对立问题。于是,他在《纯粹理性批判》中指出,人类理性的立法有两个对象,即自然和自由,所以它一开始就不仅把自然法则,也把道德发展包含在两个特殊的哲学体系中,但最终是包含在一个唯一的哲学体系中。自然哲学针对的是一切存在之物;道德哲学则只针对那应当存有之物。康德把人类理性分为纯粹理性与实践理性,面对现象世界,人类受自然法则的支配,纯粹理性解决的是自然问题,而面对属人世界,人类受意志法则的约束,实践理性解决的是自由问题。实践理性所构建的属人道德世界,充分体现了人的精神实践

---

① 弗洛姆.孙依依,译.为自己的人[M].上海:生活、读书、新知三联书店,1988:55.
② 康德.邓晓芒,译.实用人类学[M].重庆:重庆出版社,1987:232.

能力，拓展了主体思域的价值维度，在这一领域中，人的真正自我是先验主体，人根据自我目的完善自我，创造自我，实现自然与精神的统一。康德把自然本体与精神本体的统一归于实践理性所构建的道德世界，自然哲学与道德哲学也最终统一在实践哲学之中。因此，康德的实践哲学就是广义的道德哲学。在属人的道德世界行为的人就是道德实践的主体，实践主体如何行使道德行为，在于道德上的实践法则的双重规定：其一，是理性先验命令所规定的先验道德原则，人按此规定行动，体现其义务行为特点；其二，是理性道德意志动机，即人是否本身具有道德感。人不仅受道德准则的约束。同时，主观意志层面人对自己有道德要求，人性中具有德性层次，人依此意志行动，体现其责任行为特点。按照道德自律行为的人，才是真正自由的人。

3. 人是目的，目的是自由

康德在《实践理性批判》中提出了"道德三律令"，他们分别是"普遍立法原则""人是目的""意志自律"，而"人是目的"是其中的核心体现了启蒙主义精神。康德说："你的行动，要把你自己人身中的人性，和其他人身中的人性，在任何时候都同样看作是目的，永远不能只看作是手段。"[①]英国的功利主义人学仅仅将人作为满足私欲，达到幸福目的的手段，而没有将人自身作为目的，因为他们脱离了人类生存的道德规范，隐蔽了作为人的尊严。康德认为，一方面，每个人都是精神存在体，是有自我的独立人格，在道德原则上人要彼此尊重，对待他人都要以目的维度加以审视，而不是仅仅把别人当成实现自己目的的工具，对待自己同样要目的化而非工具化。另一方面，康德在《实践理性批判》中指出"人性对人来说却必然是神圣的。在全部造物中，人们所想要的和能够支配的一切也都只能作为手段来运用，只有人及连同人在内所有的有理性的造物才是自在的目的本身。因为他凭借其自由的自律而那本身神圣的道德的主体"[②]。意志自律的人遵循绝对律令来行动，人在自我行动中并不是道德律令驱使的工具，而是自我意志规范的目的，这种客观目的来源于人的理性，具有决定价值，是一切主观目的的最高制约条件。康德的人学思想主张德性至上，推崇卢梭的人性自由观点。因此，"人是目的"的核心问题是人的自

---

① 康德.苗力田,译.道德形而上学原理[M].上海:上海人民出版社,2012:81.
② 康德.邓晓芒,译.实践理性批判[M].北京:人民出版社,2003:119.

由,自由是意志的自律,是人的类本质。自由是理性意志所固有的性质,当人按照意志自律行动时,人才会有自我决定、自我选择的自由,而意志自律是理性道德维度的规定。因此,人类自由的实现就是道德领域人的自我实现。只有把人当作目的,人才拥有绝对权利与绝对尊严实现自己的自由,人如果为了某些个人利益而行使丧失人格的行为,那他实际上就是受"他物"的控制,失去理性的意志自律,将目的移出自身,把自己当作了谋取物质利益的工具,从而也就丧失了做人的自由。以马克思的观点分析,"人是目的"就是人要真正占有自己的本质,把握思想自由的选择权利,而不是成为物的奴隶,成为异化的存在。"自由"是尊重自己与他人的前提条件,是"人是目的"的价值保障,是康德哲学思想的核心。

康德的整个哲学研究都是围绕着解决"人是什么?"的问题而展开的,康德最终回答了他所提出的问题"人是什么?""人是目的"。因此,"人是目的"这一答案在哲学发展史上,特别是人学问题上具有深远意义。一方面,"人是目的"开启了以人为本的思维方式。以人为目的的思维方式,将人置于哲学研究的中心,立足于人考察其他一切事物,康德以其人学视角解读了人的丰富内涵,解答了本体视域中人应该知道什么?在人类道德实践中人应该做些什么?在理想信仰里人能够期待什么?康德称自己的哲学掀起了一场"哥白尼式的革命",这就表明,哲学从以往的以神为本的思维转换为以人为本的思维,将人作为社会的主体,彻底否定了人是工具和手段的思想,这是人道主义的回归,启蒙思想的又一次复苏。自古希腊哲学以来,哲学的研究首先是着眼于自然的自然哲学,随着苏格拉底"认识你自己"的提出,哲学的眼光第一次正式地落在人的身上,人成为自然与社会的主人,但是中世纪的宗教风暴掩盖了人的一切价值,人学研究从此也尘封起来,神学一统天下,神本学成为哲学的主题。人成为上帝之子,是上帝于尘世的生产工具,是实现上帝目的的手段,人们成了宗教的奴隶,在教会的压迫下苦不堪言。此后的西方哲学研究都是以抛弃宗教神学、提升人的主体价值为主题的。因此,文艺复兴运动,掀起了人道主义风潮,是人本学的第一次复归,它提升了人的价值与社会地位,肯定了人的权利与尊严。17、18世纪的启蒙运动正式确立了人的中心地位,自古就倡导的理性主义再一次占据哲学的中心,启蒙思想家们批判封建专制制度,否定宗教神学,倡导"天赋人权",以自由、平等的态度处理人与人之间的关系,这无疑是人道主义的又一次深化。因此,当康德正式地提出"人是什么?"的问题时,我们仿佛看到了近代哲学的苏格拉底,有所不同的是康德给出了人们明确的答案"人是目的",不是工具,彻底扬弃了统治人们思想数千年的神本目的论,上帝是目的,人是工具的思想。正如尼采所说:在康德的"人"面前,"上帝死了"。同时,康德的人本学思想不仅否定了古代与中世纪"人是工具"的思想,同时也颠覆了近代早期所提出的"人是机器"的思想,近代受科技发展的影响,哲学再一次带有自然科学的特征,这为"人是机器"的提出奠定了科学理论基础。"人是机器"那么科学与哲学的目的自然在人之外,人仍然带有工具特性,人的主观能动性被忽视,取而代之的是客观物质世界的被动驱使,人成为自己所创有的私欲与利益的奴隶,自由的人性被否定,寻求解放的思想被麻醉。康德的实践理性与理论理性的分野使我们看清了人与客观世界在属人世界里统一的希望,"人的理性为自己立法",意志的自律才是人真正的价值准则,自由才是人的本质,康德开拓了人精神领域的实践沃土,为"人是目的"而非机器带去理论根基,突出了人的主体能动性。纵观人学发展史,"人是目的"的提出是一个人性辩证发展的过程。另一方面,康德"人是目的"的思想拓展了人学研究的价值维度,是道德领域人文主义关怀的体现。人与其他动物的不同主要表现在主体的价值要求,康德认为:"如果没有人,就根本没有什么具有绝对价值的东西了"[①]。哲学对人的本质的研究,从传统的本体论发展到近代的认识论,一直高扬人的理性主义原则,但直到康德提出的"实践理性"才真正地把人的主观能动性正式的以系统的理论形式提出,他认为只有从主体出发的意志自律行为,才是具有道德意蕴的人的价值的体现。"人是目的"作为一种道德准绳,归正人之思想,规范人之行为,使道德价值的根据从上帝那里回到人自身。因而,"人是目的"是人们一切活动的出发点和归宿。康德所提出的"目的国"就是倡导建立以人为目的,具有人文关怀、从人的需要出发的国家和社会。具有人文主义终极关怀,以"人是目的"的国家才可以实现长治久安的目的。康德敬畏道德,崇尚自律,向往自由。因此,他说:"有两样东西,人们越是经常持久地对之凝神思索,它们就越是使内心充满常新而日增的惊奇和敬畏:我头上的星空和我心中的道德律"[②]。

---

① 北京大学哲学系编,译.西方哲学原著选读(下卷)[M].北京:商务印书馆,2007:317.
② 康德.邓晓芒,译.实践理性批判[M].北京:人民出版社,2003:220.

康德较之以前的哲学家对人的思考的深刻之处在于,没有仅仅关注单个个人而是直观到人的主体性存在,并把实践思想引入到哲学思考之中。主体主观的能动作用与主导地位被确立,因此,德性的人不仅具有义务,更多地体现了责任,"人是目的"的提出标志着近代人学的一次重大飞跃。然而,我们还必须看到,康德秉承传统本体论哲学的思维方式从客观主义走向主观主义,黑格尔批评康德哲学仅仅反对"客观的独断论",而保留了"主观的独断论",现象世界的一切都可以从"先验综合判断"得到说明,认识的根据完全存在于主体之中,破坏了知识的客观根基,否定了世界自身的逻辑。由于这种知性思维方式,康德实质上割裂了感性与理性、现象与本质的关系,他没有从对自然因果律认识的角度来探讨人是如何获得自由的,超人性的纯粹理性是不受人摆布的先验逻辑,"自由"与"必然"二律背反只有在道德领域才得以解决,致使人的自由只能体现在有限的范围之内,离开社会历史的存在去探讨人性,简单地从双重世界去推演人的双重本性,将人割裂为认识主体与实践主体,就很难揭示复杂的人性,确证人的本质。因此,他对人的本质的判断无论是理性的,还是自由的都是停留在思辨的维度上论断。同时,"物自体"的超感性世界与具有先验逻辑的"精神本体"感性世界是对立的,主体的积极能力是和客体相对立的,实践思想的提出也只是作为理性思维的一个侧面,没有深入到人的现实生活,展现在人的实践行为上。因此,马克思说:"康德'只是用抽象的思维活动伴随了现代各国的发展',而没有真正地参加这种发展的实际斗争"[1]。因此,康德没有实现主体与客体、人与世界、"自由"与"必然"的真正的统一,人的自由本质也只是一个空虚的抽象。

(二)费希特的自由人本观

康德以后,唯心主义成为近代西方哲学的主流。费希特的哲学在德国古典哲学的发展过程中具有极为重要的过渡性作用。费希特继承发展了康德的先验论思想,同时延续了哲学的人学研究中心,费希特曾表明:学者的使命,就是要提供关于人的知识。他所建构的知识学的首要观点是"若要担保人的全部天资得到同等的发展,首先就要有关于人的全部天资的知识,要有关于人的全部意向和需求的科

---

[1] 马克思恩格斯选集(第1卷)[M].北京:人民出版社,1995:11.

学,要对人的整个本质有一个全面的估量"①。他以主观唯心主义的精神使具有先验的和普遍的主观性的主体获得了客观性的功能,彻底地抛弃了康德所构建的"自在之物"。康德是在道德领域解决将主体与客体统一在一起的,而费希特认为感觉材料是人先验意识的产物,认识的主体"自我"创造了"非我",因此"自我"源于"非我",客体的形式与内容都来自主体的创建,均属于意识范畴,对象世界不具有任何意义。特别要提出的是费希特的哲学将社会与历史问题归入到人学问题的研究当中,他认为:"人注定是过社会生活的,他应该过社会生活,如果他与世隔绝,离群索居,他就不是完整的,完善的人,而且会自相矛盾"②。费希特通过"自我"而设定了"非我",通过"我"而设定了"他",从理性层面解释,人与人的社会交往,相互关联就是一种"互相承认"的过程,是"我"与"他"在自我意识中的对立与统一。另外,他认为人的知识分为需求知识与手段知识,"头一种知识是根据纯粹理性原则提出的,因而是哲学的;第二种知识部分地是建立在经验基础上的,因而是历史哲学的"③。需求是人的本性,是源于人类的灵魂的精神与物质渴望,因此它必须遵循人的纯粹理性原则,手段知识是一种实用性知识,依赖于人的实践理性,展现知识的实践的过程是一种道德活动,因此,哲学的研究视野必须扩大到历史事件,并观察周围发生的事件与人的变化,因为这类知识必须在一定社会环境之中才可以获得并得到应用,它是纯粹历史性的存在。

费希特推崇康德的实践理性,提出实践优先原则,他高扬人这一精神主体的主观能动性,认为人从绝对自我出发,最终回归到绝对自我,是认识事物、获取知识、行使道德义务、承担道德责任的根本途径。"行动的需要是在先的,对于世界的意识则不是在先的,而是派生的。并不是因为我们要认识,我们才行动,而是因为我们注定要行动,我们才认识。实践理性是一切理性的根基。……我们只有靠我们的道德活动,才能使我们出乎这种虚无境地而挺立起来,面临这种虚无境地而保存下来。"④绝对的自我最为精神道德的主体在"创世"的过程中追求绝对的自由,从而达到"至善"的目的。因此,费希特认为人的本质是人的自由,他受康德从纯粹

---

① 费希特.梁志学、沈真,译.论学者的使命·人的使命[M].北京:商务印书馆,2008:38.
② 费希特.梁志学、沈真,译.论学者的使命·人的使命[M].北京:商务印书馆,2008:18.
③ 费希特.梁志学、沈真,译.论学者的使命·人的使命[M].北京:商务印书馆,2008:39.
④ 费希特.梁志学、沈真,译.论学者的使命·人的使命[M].北京:商务印书馆,2008:162.

理性出发确立自由意志的理性主义思想的影响,认为人的自我设定与自由的行动都是因为人具有理性,因此,依据其研究视角的不同他将自由分为先验的自由、宇宙的自由和政治的自由。费希特分析知识的来源时他提出先验的自由,是由绝对自我设定的行动自由,它使它为一切经验知识提供前提条件。正是人的精神所具有的这种绝对的自由,人才可以自由地设定"自我"与"非我",并驾驭一切非理性的东西。费希特在研究伦理学过程中提出他的宇宙自由理论。宇宙自由是绝对的意志自由,它是道德行为的最终目的。现实中的经验自我作为有限的而非绝对的理性存在物,同时还具有感性,因此人们受自然规律和他人条件的约束,按照自然冲动意识原则决定行动取舍,因此人们只能获得有限相对的形式自由,人只有运用自己的实践理性,即对自由的意识上升到道德范畴,按照绝对自由的原则干预自然冲动,通过"行动"不断克服自然对自我的局限,人们才可以获得绝对实质的自由。而"行动"的最重要的手段便是"文化",费希特说:"我们之所以获得这种技能,一方面是为了抑制和消灭在我们的理性和我们的主动感觉醒以前产生的我们固有的错误意向,一方面是为了改变我们之外的事物的形态,按照我们的概念变更它们。依我看,获得这种技能就叫做文化,获得一定程度的这种技能同样也叫做文化"①。相对自由是一切自由的源泉,追求绝对自由是一个无休止奋斗的历史过程,这一过程是理性不断进展的历史过程,理性从理性本能阶段逐步发展到理性权威阶段、理性解放阶段、理性知识阶段,最后到理性艺术阶段的"至善完成"。费希特认为,人永无休止地接近那个可望而不可即的自由,只有绝对的自由才是精神实体的规律、理性的实在表现,提高了人的地位,展现人的价值与尊严。人们在奋斗追求过程中无限接近绝对自由,因此每一次的进步都带有绝对自由的成分,费希特的这一思想无疑带有辩证法的思维特点。费希特在讨论国家问题时,提出了政治自由的思想。费希特认为人的社会生活是一种"相互作用、相互影响、相互取予、相互受授,并不是纯粹的因果性,不是纯粹的能动性"②。人与人的交往基于平等、关爱,能动性的行使也是自由意志的道德关怀、现实活动的平等协作,每个人都是目的,而不是别人实现自由的手段。进而形成了一种符合概念需求的相互作用,一种"合目的的共

---

① 费希特.梁志学、沈真,译.论学者的使命·人的使命[M].北京:商务印书馆,2008:10.
② 费希特.梁志学、沈真,译.论学者的使命·人的使命[M].北京:商务印书馆,2008:21-22.

同体"——"社会"。而国家是一种仅仅在一定条件下产生的、用以创立完善社会的手段。国家既然成为人们为了建立合目的社会手段,那么人们在国家中所拥有的政治自由必然是相对的自由,任何以私欲或阶段性利益为目的的自由均是形式化的相对自由,只有以"至善"为目的的意志道德维度的自由才是实质性的绝对自由。

黑格尔认为费希特的主要贡献在于它的知识学,他阐发的有关人的自由本质构成其知识学的核心。他批判唯物论为"独断论",并从主观唯心主义出发解释人如何从"表象"把握"物"的"行动优先"思想。费希特深化了康德的人本主义思想,通过解析思想的"设定"过程与绝对自由的辩证"行动"路径,现实地将实践理性从空洞的思维思辨上升到具体的精神实践,完成了人类精神领域的历史与逻辑的统一。

(三)谢林的客观精神人学

康德以属人世界的道德界定解决了自然本体与精神本体的统一问题,费希特则以主体意识的主观设定实现了主客统一愿望,谢林试图克服康德的折中主义提出了主观与客观的原初的自我意识的"绝对同一性"的概念,实现了人类精神、自然与社会的统一。谢林认为,矗立于全部存在、客观与主观,自然与精神之上的是绝对统一性的存在(上帝),自然只不过是无意识的理智的表现,是人类精神的自我决定过程,有其内在的理性目的,最终发展为人类可见的精神。绝对精神并不是逐步生成的,他是以一种先验的结构、现成的形式而存在,精神在发展的过程中分化成为主体与客体,人类社会的历史发展是精神发展的一个环节,是有意识的理智的实践过程。人类的认识活动是自我意识内在发生同一,相对的对立统一的过程,没有人的存在,精神无法完成至善,而没有精神,人的存在也就没有根基。因此,精神所具有的预定和谐的先验状态解决了观念世界与现实世界的矛盾。谢林关于人的表达全部蕴藏在他的历史哲学分析之中。他认为历史的必然性与偶然性可以通过历史内容与历史生成两方面加以解答,一方面,是人类社会整体观点的必然性与单个个人观点的偶然性。他说:"历史既不能与绝对规律性相容,也不能与绝对的自由相容。而仅仅存在于这样一种地方,在这种地方,唯一的理想实现于无穷多的偏离活动之中,结果个别历史事件虽然不符合这个理想,但全部历史事件都符合这个理想。"①他对个别历史事件与整体历史观的看法类似于伊壁鸠鲁的原子偏斜运动的偶然性自由与必然性统一思想,他认为,人类历史既不是绝对规律的决定论的也不是绝对自由的非决定论的,而是围绕着绝对精神发展的偶性事件的综合。人类的历史是一个统一的整体过程,人的活动展现了历史的必然性与偶然性。必然性这一规律恰恰是通过整个人类意识活动展现的,而偶然性是通过每个个体的意识活动所体现,这是整个历史链条的各个环节的间断与连续性的统一。另一方面,从整个历史生成过程分析的必然性与偶然性之辨,即自由与规律性如何在行动中达到统一。现存的事物与人类社会的发展是通过人的意识活动建立和推动的,而有意识的创造过程首先源于人自我意识的活动,经过理论活动和精神世界活动,最终上升到理智对"绝对统一性"的直观。由于每个人都按照自己的自由意志而行动,因此,这一过程逐步呈现出主体与客体的对立,认识过程与实际行动的矛盾,但这一自由中现实地包含着对必然的理解,"实现自由所必要的一个前提是:人虽然在行动本身是自由的,但在其行动的最后结局方面却取决于一种必然性,这种必然性凌驾于人之上,甚至操纵着人的自由表演"②。肯定的"必然"却作为否定的元素在"自由"中发挥着对抗矛盾的作用,这一必然的规律对自由的约束就指导人解决各种对立与矛盾,规范着人的行动方式,是人创造与行动的前提,人与历史在冲突与生成中辩证发展。另外要提到的是,谢林认为,自然界与法律制度属于绝对精神客体之外的第二客体,是人类自由意志追求"至善"过程中的偶然事件,客观世界是无意识活动的结果,是有意识活动的伴生物,因此,尽管从人的精神活动出发,历史是人的一系列自由意识活动,而从现实的客体出发,人类历史是一系列无意识发生的事件,一个是主观意识领域的自由,一个是客观现实领域的偶然。规律性与必然性蕴藏在整个无意识活动与有意识活动的对峙生成历史进程之中,而这背后的秘密最终依然归结到绝对统一性的存在(上帝)。

谢林认为人是精神发展过程中遵循同一性原则指导的客体,是依照其自由意志活动的能动主体,是实践活动中实现自由和必然统一的实体,是人类历史发展的绝对自我综合体。谢林的客观唯心主义忽视了主客分化的内在动力与人的实现行

---

① 谢林.梁志学、石泉,译.先验唯心论体系[M].北京:商务印书馆,2011:240.
② 谢林.梁志学、石泉,译.先验唯心论体系[M].北京:商务印书馆,2011:245.

为对理性发展的生成性作用。将客观现实视作信仰把握道德对象,而不是精神的对象,他的学说最终陷入了以上帝作为价值尺度和追求目标的"神学目的论"。

(四)黑格尔的绝对精神思想

黑格尔是德国古典哲学的佼佼者,是西方哲学史上人学思想的集大成者。尽管黑格尔秉承理论哲学的思辨思维方式,但黑格尔在多方面思想上依然具有其独特的超越性。所有的这些超越性都集中地体现在其对思维与存在统一性解读过程中的辩证思想。为了整体地认识黑格尔的人学思想,以及其辩证的思维特点,首先必须澄清黑格尔哲学的"逻辑先在原则"。黑格尔以前的哲学都是把思维和存在割裂后再找到一种将其统一的合理形式。例如,康德的本体二元论使主客对立起来,而二者的融合只有在属人世界中得以实现,即道德规范下的矛盾消解。费希特通过精神的"自我"对"非我"的设定,以牺牲客体实现了主客的统一。谢林则以"绝对同一"的概念,与上帝目的论的复归实现了主客融合。哲学家把哲学研究分为研究世界本原的本体论,研究人类思维认识的认识论与分析思维形式的逻辑学。黑格尔试图通过绝对精神的思想将这三者的研究统一在人类思维运动的逻辑之中。黑格尔认为思维与存在,主体与客体首先是自在统一的,然后才能自为的统一,自在的统一是人类理论思维的前提性要求。黑格尔批判康德的不可知论,康德预设的"先验逻辑"与"自在之物"的分裂思想使其从批判认识角度认为人所掌握的只是主观的逻辑,人类的思维是不可以把握客观存在的规律的,人自身的个别的、具体的、个人的东西只是先验逻辑过程中暂时的因素。康德是从人的认识能力出发判断思维与存在问题的,而黑格尔与康德正相反,他以客观唯心主义神学观点认为,思维是可以把握存在的逻辑的,思维不仅具有主观逻辑意义,而且具有客观逻辑意义,因此思维与存在服从同一的逻辑,同一的逻辑就是"绝对精神"。黑格尔认为"绝对精神"是先于一切事物而存在的,是自我意识,又可以对象化为非人的并具有能动性的存在,它是人以及一切事物的本质。"对我们来说,精神以自然为前提,而精神则是自然的真理,因而是自然的绝对第一性的东西"[1],自然和人类思维中的精神是超脱于人类自觉之外自在的,绝对精神为自然与人立法,这就是绝

---

① 黑格尔.杨祖陶,译.精神哲学[M].北京:人民出版社,2006:10.

对精神的逻辑先在性,是黑格尔哲学的本体论承诺。黑格尔以先在的逻辑将思维与存在统一在潜在的自为逻辑之中。因此,当思维有意识地,自为地把握存在时,就可以现实地延续其统一性。

黑格尔对人的精神现象做了全面系统的研究,他认为人是绝对精神自在自为过程中的一个环节,人是绝对精神的体现。因此,他对人的本质的探讨,蕴藏在他对绝对精神哲学的构建与研究之中,那么以绝对精神作为实体的辩证的人学定义具有以下几方面内容,它们分别是人的本质的三个方面与人自身的两重存在。

1. 人的本质的三个方面

第一,理性与精神是人的本质。黑格尔表示:"理性是世界的灵魂,理性居住在世界中,理性构成了世界内在的、故有的、深邃的本质,或者说理性是世界的共性。"①在黑格尔的思想中,理性分为客观存在的理性与主观存在的理性,主观理性受控于客观理性,即人的理性受绝对精神的制约。黑格尔在《历史哲学》中山常常提出"人的本质是精神","人是理性,是精神"。马克思在《神圣家族》中明确表示,黑格尔的"绝对精神"不过是"形而上学地改了装的""现实的人和现实的人类"②。人的理性被无限放大,人成为精神化的抽象人类,只有这样的人可以蕴含在绝对精神之中,并具有承载绝对精神的功能。一方面,人类以外在的世界为认识对象,由于逻辑的先在性,事物的规定自觉为思维的规定;另一方面,为了把握思维本身的规定,通过反省、自为的方式达成思维与事物规定的一致性。黑格尔指出,绝对精神的辩证发展本身包含了三个阶段,逻辑阶段即主观精神阶段,是人类思维自在的肯定时期,外化阶段即客观精神阶段,是"现实的人和现实的人类"社会生活的精神化社会现实生活表达与精神阶段即绝对精神阶段,绝对精神自为过程中把握自身实体的展现,是人神合一的体现。"主观精神是个人内在的、尚未社会化的精神。客观精神是人把自己体现为外在的表现为社会法律、道德和社会政治制度等的存在。而绝对精神则是人的精神本质和自由本质的完全实现"③。绝对精神只有在人类思维的反思中才能被自觉到,人自我意识的精神是自为的,从自在到自为是精神能动的发展过程,自然与人都是绝对精神发展的一个环节。黑格尔把绝对精神

---

① 黑格尔.贺麟,译.小逻辑[M].北京:商务印书馆,2004:80.
② 马克思恩格斯全集(第2卷)[M].北京:人民出版社.1957:177.
③ 黑格尔.王造时,译.历史哲学[M].上海:上海书店出版社,2010:56.

视为人类思想运动的逻辑,正是因为人类思维的反思使绝对理念的自觉成为可能。黑格尔的这种思想是逻辑学的本体论与概念发展的辩证法的结合。列宁对其有一则非常经典的表述:"黑格尔则要求这样的逻辑:其中形式是富有内容的形式,是活生生的,是在的内容的形式,是和内容不可分离地联系着的形式"①。但值得我们注意的是,黑格尔将现实的人抽象化为理性的存在,他所谓的人类思维构建与反思的辩证统一过程被神秘化为"无人身的理性"概念的自我运动与自我发展,展现了一个概念"自己构成自己"的历史与逻辑统一的辩证生成道路。"主体性就是精神之光。自然的光只能照耀到一个对象,而精神之光却以它本身为对象或照耀的领域,使它认识到它本身。这种绝对的内在主体性在它的实际存在中表现为人。"②

第二,劳动是人的本质。黑格尔在《精神现象学》等著作中阐述了他的劳动是人的本质的思想,他把劳动看作是自我确证的本质。一方面,黑格尔表示绝对精神是人类思想运动的逻辑。因此,人类思维自觉、反思的过程就是绝对精神自我实现的否定之否定过程,绝对精神的运动生成特性是思维劳动的展现。这一思维劳动的展现体现在思维如何现实地把握和解释思维与存在的统一性问题,正如前面所述,思维与存在的统一性首源于绝对精神的逻辑先在原则。那么,思维与存在的真正统一表现为绝对精神从自在到自为过程。黑格尔提出,"让概念流动起来"的哲学思辨思维方式,即把"自由"融入"概念"、把"形式"融入"内容",让"概念"按照自己的本性而自由运动。之于人类思维就是一种反思的活动,在反思活动中,绝对精神既是主体又是客体。黑格尔认为"实体即主体",先在的逻辑实体化后变身为实践着的主体,主体通过概念的运动把自己外化为客观实在,再通过等级序列概念化的自然界推演出经过扬弃后的主体逻辑,从而又一次从实体升华为精神主体,马克思说:"把实体了解为主体,了解为内部的过程,了解为绝对的人格。这种了解方式就是黑格尔方法的基本特征"③。人格的人并非自然的人,他是被规定了的人,享有物权与法律权利的人,拥有道德准则的具体的主体。而人格则是绝对精神内容与形式、过程与逻辑的统一。因此,绝对精神的自在自为过程就是人格化的人将绝对人格展现出来的过程。外部客观世界对人思维的生成,使外部世界主观化。

---

① 列宁全集(第55卷)[M].北京:人民出版社,1990:77.
② 黑格尔.朱光潜,译.美学(第2卷)[M].北京:商务印书馆2012:278.
③ 马克思恩格斯全集(第2卷)[M].北京:人民出版社,1957:75.

同时,由于人的参与使精神世界干扰到外部世界的生存,使主观世界客观化,生成过程完成了主观与客观的统一、外部世界与精神世界的统一。真理就是绝对精神辩证运动,自我发展回归自身的过程。另一方面,黑格尔在《法哲学》中分析了劳动对于人的形成的影响,他利用威廉·配第的商品价值劳动与亚当·斯密的一般社会劳动的思想提出自己对人类劳动的定义,他把人看成自我劳动的结果,劳动不仅具有满足个体本能需要的功能,而且还具有社会性,因此劳动才可以规定人的本质。马克思说:"黑格尔把人的自我产生看作一个过程,把对象化看作失去对象,看作外化和这种外化的扬弃;因而,他抓住了劳动的本质,把对象性的人、现实的因而是真正的人理解为他自己的劳动的果实"①。人通过劳动外化自己的本质,从而生成对象化的世界,这其中就包括现实的人本身。现实的人在自我扬弃中又回到"绝对精神"之中。整个的辩证过程是理性的抽象劳动,绝对精神的自为运动。劳动是人类利用自然界作为手段进行生产,从而满足自身需要,是克服主体与自然界分离,达到主观世界与客观世界统一的中介,是人的本质特征的体现。黑格尔所谓的劳动实质是人的精神劳动,是绝对精神形成过程中的外化环节,人类的需求使主观的欲求变成一种外化的力量,创造了一个认识的新的对象,而对象的矛盾内在规定性是推动精神发展的动力,"是一切运动和生命的根源;事物只因为具有矛盾,它才会运动,才具有动力和活动"②。黑格尔称劳动为"精神的样式",是理性实现自身的手段。他抽象地发展了人的能动性,把人的物质生产实践视为理性的外化活动,从根本上歪曲了劳动的性质。同时,他把人看作绝对精神从主观精神到客观精神,再到绝对精神的由低到高的漫长发展过程的产物,劳动与人的本质的链接在客观唯心主义立场上构建起来。

第三,自由是人的本质。黑格尔说:"人之所以为人的本质是自由的"③。笛卡尔、康德、费希特与谢林等人都提到人的自由本质问题,黑格尔认为,笛卡尔的自由是指人主观的自由,人的灵魂是思维意志的载体,意志是不受约束的。因此,人是自由的。但他一方面强调思维的自由;另一方面在神学领域又阐释人的有限性,否定人理性的自由本质。两种相悖的结论,表明笛卡尔自由理论的不彻底性。同样

---

① 马克思.1844年经济学哲学手稿[M].北京:人民出版社,2010:101.
② 黑格尔.杨一之,译.逻辑学(下卷)[M].北京:商务印书馆 1996:66.
③ 黑格尔.王造时,译.历史哲学[M].上海:上海书店出版社,2010:56.

斯宾诺莎的"实体"淹没了人的自由。康德规定了道德自由律,强调了理性的自由本质,但康德的自由仅仅拥有价值维度的规定,而缺乏真理维度的解说。费希特与谢林的自由都是片面的,是外界赋予的自由,缺乏自律性。在神的面前,人的自由都变成有限的自由。黑格尔将康德的道德自由与费希特的法则自由统一起来,依据绝对精神发展的辩证特点系统地却提出了他的自律与他律相结合的人的自由本质观。首先,从知识层面来说,黑格尔认为人的生成是由自然属性的自然人发展到精神自由的人格人的生长过程,自然的人受自然的约束、感性的支配,人格的人受道德的引领、理性的支配。"人作为人,作为这种普遍的自我,作为理性的自我意识,是有权自由的。"①这是人格对人的自由的要求。同时,作为普遍的自我自然追求普遍的利益,这是个人利益中所蕴含的最根本的价值意蕴。价值的普遍性与个体性的统一是普遍价值的冲动所要达到的目标,这一目标的实现才是真正自由的体现。其次,从外化层面来说,黑格尔在《法哲学原理》中表示,法律的本质是使人达到真正的自由,这所谓的真正的自由是法律对人的行为所做的社会合理化规范下的自由。因此,"有限"的自由才是真正的自由。自由的体现在人在国家之中对普遍化价值目标的追求,表现在法对人权利的三点规定上:其一,人的所有权是人作为独立自由的法权人格的最好证明;其二,人的主观道德是人作为主观意志自由责任人的有力体现;其三,人所组成的家庭、市民社会和国家作为基本伦理实体,是人自由现实化根本载体,但在社会与国家之中,劳动异化使人失去自由的本质。因此,为了扬弃异化,使自由的人性得到复归,人类必须摆脱束缚,追求精神的最高境界,从而建立真正的人的社会。最后,绝对精神是自由的终极体现,在绝对精神辩证地实现自我的过程之中,自由沉入内容,于是内容按照自己的本性而自由地行动。绝对精神是现实世界的概念化,是现实的人的逻辑学部分,"概念是自由的原则",而自由是一切生命的原则。艺术、宗教和哲学作为人们为追求自由的现实化手段,成为绝对精神的主要表现形式。艺术是人表现理性、超越现实的美的追求,是主体价值的最有力表达方式,但艺术来源于现实的规定性要求,使其所表达的内容仍然受自然与社会的约束,自由因此而受限。在黑格尔的思想中,绝对精神的终极体现就是上帝。因此,宗教就是精神自由的绝对化、神圣化。只不过上帝是为人

---

① 黑格尔.杨祖陶,译.精神哲学[M].北京:人民出版社,2006:1.

而存在的,是人理性思维的最高追求,是人生最高价值的体现。宗教的目的是人,人是思维过程的逻辑,是内容与过程的统一。因此,人具有绝对精神的普遍意义,又是追求上帝过程的一个环节,宗教实现了人与上帝的统一,人的自由、伦理与法的统一在宗教中得到了真正实现。黑格尔的哲学成为宗教思想的理论依托,哲学本身对全部自由性的追求,从对自在的外部世界与抽象的内心世界的关注,转移到既使外部世界逻辑化,又使内心世界具体化的人类思维运动上来,最终转移到绝对精神(上帝)上来。

2. 人的两重存在

第一,人是社会性存在。人类的社会性体现在人类理性对现实的要求。黑格尔的伟大之处还在于他所研究的对象不是单个的个人,而是作为整体化存在的人类。黑格尔说:"人的真正的存在就是他的行为;在行为里,个体性是现实的。"[1]劳动是人本质的现实体现,那么人类的劳动只有在社会中实现才具有现实性,因此人类是社会化的存在。以劳动为中介,人与人之间体现了市民社会关系,黑格尔表述:"在劳动和满足需要的上述依赖性和相互关系中,主观的利己心转化为对其他一切人的需要得到满足是有帮助的东西,即通过普遍物而转化为特殊物的中介。这是一种辩证运动。其结果,每个人在为自己取得,生产和享受的同时,也正为了其他一切人的享受而生产和取得"[2]。人的需要是主观的,而满足是客观性的,因此人的需要与被满足要求人与人之间彼此以来,相互帮助,劳动成为整个过程的中介。个体的劳动成果成为自己与他人共同的满足物,变相地将人的普遍私欲转化为特殊的责任,个人只有在社会联系中,以及与他人共同的劳动中,在社会大家庭中,在国家中才能实现其自身。"国家是有自我意识的伦理实体,家庭原则和市民社会原则的结合;在家庭里作为爱的、情感的这同一个统一性就是国家的本质。"[3]国家是人类社会性的政治诉求,是人类理性价值维度的现实规定就是国家,由此可见,改造自然和社会的实践是人的理性有目的活动,由于人类实践活动具有社会性。因此,人的社会性就成为理性实现的根本标志。

第二,人是历史性的存在。黑格尔具有伟大的历史感,这种历史感集中体现在

---

[1] 黑格尔.精神现象学(上卷)[M].北京:商务印书馆,1979:213.
[2] 黑格尔.范扬、张企泰,译.法哲学原理[M].北京:商务印书馆.2010:210.
[3] 黑格尔.杨祖陶,译.精神哲学[M].北京:人民出版社,2006:1.

他的辩证思想之中。他利用辩证法思考人的思想、历史观念以及分析历史动因,将历史的内容与逻辑相结合,形成了一个不同以往仅仅把历史视为偶然事件堆积的全新历史哲学体系。黑格尔是"第一个想证明历史中有一种发展,有一种内在联系的人"[1]。他"第一个全面地、有意识地叙述了辩证法的一般运动形式"[2]。整个的辩证运动过程是历史的发生过程。黑格尔认为人类的历史是有规律的发展过程,是理性与思想的"交往"史,其本质是绝对精神按照自己所固有的规律而不断发展的逻辑过程,每个民族都是特殊理念的实现,是绝对精神的发展阶段。黑格尔哲学的"一个伟大的基本思想,即认为世界不是一成不变的事物的集合体,而是过程的集合体,其中各个似乎稳定的事物以及它们在我们头脑中的思想印象即概念,都处在生成和灭亡的不断变化中",生成是历史的目的与结果,展现在辩证的过程之中,因此历史是辩证的过程,辩证是历史的本性。[3] 黑格尔认为人类社会是一个有机的整体。首先,他表明,孟德斯鸠的地理环境决定论中的地理因素只不过是"历史的地理基础",是整体社会生成历史进程中"促成民族精神产生的那种自然联系"。其次,他认为,国家是人类历史的开端,是抑制为实现自己的理性力量的根据,是绝对精神的最高体现。国家政体的更替展现了人类社会有低级到高级的发展历史,国家决定一切社会现象。这种思想无疑是违背经济与市民社会绝对国家的唯物史观的。最后,黑格尔认为,世界历史是绝对精神回归自身的演绎舞台,理性自身是历史发展的内在动因,劳动是历史发展的现实表现,而劳动从本质上说就是抽象的精神活动,因此"理性统治世界,也同样地统治世界历史"[4]。在黑格尔的思想中,人在理性狡计的作用下异化为精神的傀儡,他否定了人民群众对历史的推动作用。但值得肯定的是,除劳动之外,黑格尔将人们"强烈的意愿"视为历史发展的第二动因,"假如没有热情,世界上一切伟大的事业都不会成功"[5]。人们的需要而产生的行动热情以及强烈满足需要的意愿是历史活动的动力。由于人的异化,历史中人的欲望往往表现为道德层次的"恶"。恩格斯说:"在黑格尔那里,恶是历史发展

---

[1] 马克思恩格斯选集(第2卷)[M].北京:人民出版社,1995:42.
[2] 马克思恩格斯全集(第44卷)[M].北京:人民出版社,2002:22.
[3] 马克思恩格斯选集(第4卷)[M].北京:人民出版社,1995:244.
[4] 黑格尔.王造时,译.历史哲学[M].上海:上海书店出版社,2010:64.
[5] 黑格尔.王造时,译.历史哲学[M].上海:上海书店出版社,2010:62.

的动力借以表现出来的形式。……贪欲和权势欲成为历史发展的杠杆"①。这个观点有力地证明了封建制度以及资产阶级发展的一般的、异化的动力。

黑格尔是西方人学思想真正继承者,他集人类认识史理性主义思想之大成。他总结哲学史上两种思维方式——外物客体尺度的表象思维和精神主体尺度的形象思维,表象思维是自在的全体外物,无法实现思维的全体性自由,形象思维是自在地表现着自由,但与必然相脱节,因而实现不了真正的自由。黑格尔提出辩证的思辨思维方式,哲学的视角转为人类的自我认识。一方面,黑格尔以发展的观点取代哲学中静止、机械的形而上学观点。人类认识所具有的客体性原则被主体性原则所代替,思维与存在的统一被思维的内容与形式、活动与过程的统一所取代,他把哲学的主体定位为人类的思维而不是个体化的思维,而客体则定位为人类思维运动的逻辑,用以取代自在的外部世界与抽象的精神活动,即以整体人类的思维普遍性来代替个人思维的特殊性,以人类思维逻辑、自为的精神活动代替客观世界和精神世界及其他们的抽象活动,于是整个哲学的目的就成为对思维本性的自觉反省,即思维按自我本性把握精神活动与概念世界,从而展现了思维的能动性本质。另一方面,他将绝对精神作为整个哲学活动的核心,是人的思维内在的逻辑,是世界的客观精神,即是主体,又是客体,即是形式,又是内容,是流动起来的"概念"。关于人的论述上,他运用辩证法思想与"绝对精神"的观点充分肯定了人的精神及自由的实质等相关的人学研究问题。从整体上看,人的社会性、历史性、自由、能动的本质都是源于人是理性、是精神的存在。人的所有本质都可以在分析绝对精神的自我追求的过程当中得到解答。虽然黑格尔所表述的人并不是真正现实的人,只是绝对精神的自我意识,是绝对精神实现自我过程中的一个环节,但"绝对精神"的运动历程就是人征服矛盾、寻求自由,从而达到主客统一、人与物融合、合规律性与合目的性统一的过程。

马克思说黑格尔的哲学是"儿子生出母亲,精神产生自然界,基督教产生非基督教,结果产生起源",是一种颠倒了的哲学。② 黑格尔对人的客观唯心论的理解,大大降低其人学思想的价值,从本质上说,他的哲学是思维统摄了存在,主体性统

---

① 马克思恩格斯全集(第 21 卷)[M].北京:人民出版社,1962:330.
② 马克思恩格斯全集(第 2 卷)[M].北京:人民出版社,1957:214.

摄了客体性。并将在消极的意义上削减辩证法的作用。尽管如此,黑格尔运用辩证法确认了人的主体性和自由,人的价值和尊严。黑格尔通过思维与意志的联系来理解人的存在。他认为人的精神、思维和意志是统一的,意志是为了达到某种定在的冲动性思维,人根据思维的目的性通过实践外化为客观存在。尽管动物也是绝对精神外化的存在,但它们不具有人类意志,没有思维的目标对象,因此,人与动物的本质区别在于人能思维。因此,黑格尔哲学的形式上是唯心主义的,但内容是实在论的。他的辩证法是马克思实践批判辩证法的理论前导,他的人学思想与历史观为马克思的人学思想与马克思主义唯物史观的创立提供了理论前提。

(五)费尔巴哈的自然主义人本学

黑格尔哲学的内在矛盾在阶级斗志尖锐化的年代导致了本身的分化与解体,面对新政权的伪善与封建专制,青年黑格尔派一反传统的对反封建、反宗教的超然态度,将消灭传统宗教与现存国家的封建体制作为自己的哲学研究目标,费尔巴哈首先认识到黑格尔将主观世界与客观世界颠倒的思维错误,发现了两个世界对立的荒谬性。因此,他要求从"绝对精神"世界回归到人类现实世界,从天上回到人间。费尔巴哈试图建立以"人"为基础的"人本学"唯物主义理论,以现实的感性的人为基础解决思维与存在的统一问题,用以克服黑格尔哲学的矛盾性与抽象性。费尔巴哈总结道:"我的第一个思想是上帝,第二个是理性,第三个也是最后一个是人。"[①]但遗憾的是,费尔巴哈的哲学没有继承黑格尔哲学体系的辩证思维方式,他仅仅从人的感觉论,以直观的形而上学方法作为其哲学研究的思考方式,无疑断送了其实践思想的时间性与历史维度。尽管"实践"落入尘世,但"实践"却成为单个人固有的抽象物,进而遗失了对人的本质的科学把握。

费尔巴哈是人本主义的唯物主义者,人本主义从亚里士多德确立以来,经过文艺复兴时期的第一次复归,费尔巴哈对人的重视使人本主义完成了第二次复归。费尔巴哈唯物主义人学的建立与人的本质思想的确证源于他对黑格尔客观唯心主义思辨哲学的清算和批判。

1.人学本体论

黑格尔认为:"精神是从自然界发展出来的。自然界的目标就是毁灭自己,并

[①] 费尔巴哈.荣震华、李金山,译.费尔巴哈哲学著作选集(上卷)[M].北京:商务印书馆.1984:247.

打破自己的直接的东西和感情的东西的外壳,像芬尼克斯那样毁灭自己,以便作为精神从这种得到更新的外在性中涌现出来。"①黑格尔哲学中的人源于自然界,但终究会打破自然规律的束缚,完成自我。人的自然存在是绝对精神的客观存在,人的精神性存在是自然的主观性存在。费尔巴哈认为,黑格尔的人学思想仍然没有逃出宗教思想的束缚,没有彻底地认清宗教的本质。先于世界而存在的"绝对精神"的"逻辑先定性"只不过是人类对超感性世界神的信仰的观念残余。而人类所归属的现实物质世界才是唯一真实的存在,人的意识仅仅是作为物质性存在的人脑的产物,"脑壳和脑髓是从哪里来的,精神也就是从哪里来的,因为二者是不可以分开的。倘若脑壳和脑髓是出于自然界,是自然界的一个产物,那么精神也就是这样"②。因此,黑格尔的思想禁锢在上帝创世的思维枷锁之中,而没有认识到宗教实质是人的本质的异化。因此,他的绝对精神最后化身为上帝,而人成为追寻上帝过程中的一个环节,成为宗教的信徒、附属品与牺牲品。人的客观实在性消解于自我思辨活动的宗教迷途中。费尔巴哈曾说:"我的学说或观点可以用两个词来概括,这就是自然界和人。"③因此他倡导说:"观察自然、观察人吧!在这里你们可以看到哲学的秘密。"④费尔巴哈传承斯宾诺莎以来的唯物主义传统,认为人与自然不是精神的产物,而精神却是物质的最高产物。因此人作为自然的存在物,其赖以生存的物质生活资料来源于自然,自然界的物质转化为人之肉身,成为人的第二个自我存在,自然使人成为客观实在,人是自然的生成物,"在我看来,自然界这个无意识的实体,是非发生的永恒的实体,是第一性的实体"⑤。自然界是自己之因,有时间与空间的维度,因此人也是自我之因,人的本质在于人本身。

2. 人学认识论

黑格尔的思维方式是思辨的客体唯心主义思维方式,他认为思维与存在的统一源于"逻辑的先在性",也就是说绝对精神的思维逻辑预先存在于人类思维与客观存在之中,因此他们从认识的开端就已经拥有统一的基本条件,人类对绝对精神的把握过程就是自我内在思想的反省过程,人类的认识是一个螺旋上升的圆圈,因

---

① 黑格尔.梁志学、薛华、钱广华、沈真,译.自然哲学[M].北京:商务印书馆,2015:617.
② 费尔巴哈.荣震华、李金山,译.费尔巴哈哲学著作选集(下卷)[M].北京:商务印书馆.1984:656.
③ 费尔巴哈.荣震华、李金山,译.费尔巴哈哲学著作选集(下卷)[M].北京:商务印书馆.1984:523.
④ 费尔巴哈.荣震华、李金山,译.费尔巴哈哲学著作选集(上卷)[M].北京:商务印书馆.1984:145.
⑤ 费尔巴哈.荣震华、李金山,译.费尔巴哈哲学著作选集(下卷)[M].北京:商务印书馆.1984:523.

此思维与存在的统一是在认识的过程中逐步走向完美的。概念的流动展现的就是思维与存在的辩证统一过程。费尔巴哈认为,黑格尔哲学最根本的错误就是颠倒了思维与存在的关系。黑格尔将绝对精神这一人类思维的一般抽象物作为人与自然的客观本质,凌驾于人与其他一切存在物之上,存在是思维的外化,思维是存在的本质,思维与存在统一于绝对精神。而绝对精神实质是人之外的人的本质,是人本质的异化。费尔巴哈的认识论是感性直观唯物主义认识论。他说:"我的'方法'是什么呢?是借助人,把一切超自然的东西归结为自然,又借助自然,把一切超人的东西归结为人。"①他认为人是感性的存在物,人对事物的把握首先源于人的感性直观,哲学应该抛掉思辨性的思维方式,从而把人的本质作为自己的原则。"人在世界上之最初的出现,只归于感性的自然界。"②因此,人是思维与存在统一的基础,思维与存在统一的前提必然是人与自然的统一,而这种统一首先源于自然与人的客观物质实在性。费尔巴哈说:"肉体本身就是客观世界,在肉体中存在,也就意味着在世界中存在"③。人自然地生存在宇宙之中,是自然的一分子,是一种作为肉体形态的客体实在,因此,人有自然的机能和本能的需要,体现着人类自然的、感性的本质。同时,人又是自然与存在统一的主体,人是肉体与精神的统一体,人精神方面的各个因素都依附于肉体而存在,其中人的感官是把握事物的首要渠道,感官是人感性的载体,世界的实在性必须通过人的感性直观而把握,认识来源于客观世界,是客观世界的反映。人本主义的逻辑前提被归结为自然主义,而自然主义的思想前提又取决于人本主义,这种思维方式是他全部哲学的立足点、目的和最后归宿。

3. 人学历史观

马克思和恩格斯指出:"当费尔巴哈是一个唯物主义者的时候,历史在他的视野之外;当他去探讨历史的时候,他绝不是一个唯物主义者。在他那里,唯物主义和历史是彼此完全脱离的。"④费尔巴哈对待历史的错误源于他在解读人与世界的关系时的感觉论的、直观的形而上学方法,他全盘地否定了黑格尔的哲学,没有把

---

① 费尔巴哈.荣震华、李金山,译.费尔巴哈哲学著作选集(上卷)[M].北京:商务印书馆.1984:249.
② 费尔巴哈.荣震华、李金山,译.费尔巴哈哲学著作选集(上卷)[M].北京:商务印书馆.1984:214.
③ 费尔巴哈.荣震华、李金山,译.费尔巴哈哲学著作选集(上卷)[M].北京:商务印书馆.1984:92.
④ 马克思恩格斯选集(第1卷)[M].北京:人民出版社,1995:78.

握着黑格尔哲学所构建的辩证思维模式与思维的能动性和实践性思想，因此，他也就不能自觉地运用黑格尔哲学的辩证的思维方法。黑格尔把绝对精神的自我实现、人类思维的内在逻辑思辨活动看作是一个辩证发展的过程，每个发展环节都含有绝对精神的普遍性与发展过程不可避免的特殊性，特殊性向更高级别转化的过程，向普遍精神归一的过程是一个否定之否定的过程。费尔巴哈的感性直观认识，忽视了对整体历史事件的辩证性考察，他对现实的人的本质的分析，仅从生物学的角度揭示人的共性，忽略了人的社会属性。同时，费尔巴哈在批判黑格尔哲学思想时，将哲学批判与宗教批判紧密结合。因此，他系统地考察了宗教的历史，认为宗教的变迁形成人类历史的不同阶段，每个时代的宗教教义就代表当时的文化形式。费尔巴哈认为完善的人是理性、意志、心的统一的人，心的功能是去爱，爱连接人与人之间的各种现实的关系，宗教的错误就是把人与人之间的"爱"，变成对自然神以及上帝的爱，使人的爱变成虚妄的爱，因此，应该将人视为上帝，"人对人的爱的宗教"才能解决世间的苦难，使人奔向自由。费尔巴哈对宗教的批判仍然没有超出唯心史观的狭隘视界，费尔巴哈的人从"绝对精神"的枷锁中解脱出来，又不幸落入"爱的宗教"，人始终是宗教哲学中的那个抽象的人，人的异化问题没有得到切实地解决，对人所生活的现实世界引起足够的重视，最为重要的是黑格尔所提出的"实践"观点没有被利用到分析人的本质问题中来。

黑格尔的"实践"讲的是思维的能动性所引导的思想实践，他强调意志、实践活动是人之为人的根本的东西，人的能动的、自由的精神运动是绝对精神自我运动的外化，人通过精神自省不断认识无限的绝对精神，而现实生活中作为主体的人，通过劳动不断把自己的本质外化，从而产生一个现实化的世界，与一个对象化了的现实的人，现实人本身又在不断的自我扬弃中，最终回到人的最高本质"绝对精神"之中，人的本质得到自我确证。整个辩证"实践"过程是绝对精神的自为运动，是理性的、对象性的抽象的劳动活动，而劳动活动是绝对精神运动的外化形式。费尔巴哈说认为理论所不能解决的那些疑难，实践会给你解决。他看到了认识与实践的某种联系，但他不懂得何为人的真正的社会性，什么是社会实践的意义，他仅仅把握住人的感性主观，而没有抓住人的感性活动，实践被归为一个个体与另一个个体为满足彼此生物性需要而形成的生活关系，最终费尔巴哈陷入通过观念解释实践的唯心史观。

4. 感性直观人的本质观

费尔巴哈认为:"从无理智进到理智,乃是到人生哲学的途径,从理智进到无理智,则是到神学疯人院去的大路。"①费尔巴哈利用感觉论和直观经验驳斥黑格尔的抽象理性的思辨,他认为真理来源于感性直观,单纯理性的抽象思辨作用只是神学的臆断。黑格尔的精神现象学只不过是抽象的概念体系,是现象学的逻辑分析,"绝对精神"与现实存在是对立的,其并不具备感性确定性。因此他认为,感官的认识也可以升华到思辨的形而上层面,现象也可以具有本质的意义,这种形而上学的思维方法,消解了感性认识在人类认识过程中的价值,使感性认识变得抽象而空洞,本质失去了规律、必然性的意义,与存在的属性混为一谈。在他关于"人的本质"的许多论述当中,大部分讲的其实是人存在的属性。以此,依据以上哲学思维特点,我们将费尔巴哈人的本质判断可以具体到以下几个方面:

(1) 人是人的最高本质

费尔巴哈对"人是人的最高本质"的判断首先源于他对人感性存在的理解,费尔巴哈认为"感性"并非仅仅属于认识论范畴,"感性"还应该包含本体论维度,"人的本质是感性"②。首先,感性的存在是身心统一的存在,正如前文所提的,费尔巴哈的人本学是建立在自然主义基础之上的,他说:"人产生自自然界这一问题,对于每一个稍微了解自然界的人来说,都是显而易见的,并且,都是直接可靠的"③。人的自然属性决定人即是感性的主体,又是感觉的对象,意识和理智的光辉只有通过人照射到自然界,包括同属于自然的人本身时,人才可以和其他事物区别开来。康德把人分割为身体与灵魂,把世界分解为自然本体世界与精神本体世界是不科学的,大脑是人精神的工厂,精神是大脑的产物。人的大脑是肉体的存在,是自然界的一部分,因此人的精神从本质上来看是人所有固定的、特殊的感觉的综合与统一,是一切实在的总和。因此感性所蕴含的各种特殊精神都熔于全体精神之中,全体的精神是超于感觉的局限性的,精神是既非感性又超感性的感觉实质。感性同属于自然是本体性的存在,既然精神联系于感官、头脑、肉体上的一般器官,是一种肉体的活动,精神与肉体不可分,精神只能源于自然的本质,那么自然的本质也就

---

① 费尔巴哈.荣震华、李金山,译.费尔巴哈哲学著作选集(下卷)[M].北京:商务印书馆.1984:447.
② 费尔巴哈.荣震华、李金山,译.费尔巴哈哲学著作选集(上卷)[M].北京:商务印书馆.1984:213.
③ 费尔巴哈.荣震华、李金山,译.费尔巴哈哲学著作选集(上卷)[M].北京:商务印书馆.1984:355.

变成了我们的感性本质,因此人的本质就在人本身。其次,费尔巴哈认为:"直接从自然界产生的人,只是纯粹自然的本质,而不是人。人是人的作品,是文化、历史的产物"①。人来源于自然,是自然的有机组成部分,因此自然人展现了人的自然属性,体现的是纯粹自然的本质,而人才是人的最高本质,人是人自己的作品。"感官是人和动物共通的,但只有在人身上,感官的感觉从相对的、从属于较低的生活目的的本质成为绝对的本质、自我目的、自我享受。"②费尔巴哈正视人的自然实体性的存在,根本源于他对人感性认识的确证,但也不得不承认的是费尔巴哈否认了人的感性认识的相对性和表面性,局限地用感觉本身来说明感觉的差别,把人的理性思维与人的思想意志变成感性的东西。因此,他认为人的感觉带有思想性,传承文化与历史的内容,它们不同于动物的感觉,而成为人区别于其他动物的本质。但这里要强调的是,费尔巴哈的感性本体论的思维方式,把人的感觉当作人的本质,混淆了人的存在与人的本质的概念,人的肉体的功能性只是人的属性,而并非人的本质。最后,感觉论者不仅强调感官作用的同时也在强调人的内部感性即知、情、意的同一。费尔巴哈说:"人的最内秘的本质不表现在'我思故我在'的命题中,而表现在'我欲故我在'的命题中。"③人的自然属性决定人具有一种"对生命的爱,对自我保存的愿望,对幸福的追求"的本能的欲望,这种内感的欲望不仅存在于人自身也存在于动物之中,是一切生物"基本的和原始的追求",因此人不仅是认知的主体,更是内在欲望与意志的载体,意志是感性欲望的体现。在康德哲学中的意志属于理性范畴,在费尔巴哈的思想中,意志既不可以界定为理性,也不可以界定为非理性,作为本体而存在的感性规定意志就是感性本身,因此,"我欲故我在"就可以解释为"我感故我在",感性存在才是现实的存在,具有经验的自明性与确定性,"生就是活着、感觉着、表露着感觉。而你的感觉越强,就越需要表露;总之,你的感觉和情绪越真实、越强烈,越是本质的,他便越表示为外部的、感性的。诚然,你在感性上未曾表现出来的你,便不算是你"④。只有在感觉之中,在人与人之间的爱中,人才具有绝对的价值,才具有人之为人的本质。

---

① 费尔巴哈. 荣震华、李金山,译. 费尔巴哈哲学著作选集(上卷)[M].北京:商务印书馆.1984:247.
② 费尔巴哈. 荣震华、李金山,译. 费尔巴哈哲学著作选集(上卷)[M].北京:商务印书馆.1984:212.
③ 费尔巴哈. 荣震华、李金山,译. 费尔巴哈哲学著作选集(下卷)[M].北京:商务印书馆.1984:591.
④ 费尔巴哈. 荣震华、李金山,译. 费尔巴哈哲学著作选集(上卷)[M].北京:商务印书馆.1984:208.

(2)爱是人的类本质

费尔巴哈认为,对人的本质的界定不可以以个体为出发点,人的本质是以"类",从整体社会维度出发,对人的一种"完整性"界定。费尔巴哈从生物学的视角对"类"这一概念有过多种界定,但总结起来,他认为"类"是在世界历史中实现的对有限个体的一种抽象性概括。"在类中一切人都是共同一致的,他们的种族、部族和民族的差别都消失了。"①因此,费尔巴哈的"类"并不具有现实性,它仅仅是人不可感知的一般抽象,因此,马克思说:费尔巴哈的"类"是"一种内在的、无声的、把许多个人纯粹自然地联系起来的共同性。"②这是一种以感觉论出发的,生物性"类"的划分,"类"现实的社会学意义因此被屏蔽了。费尔巴哈通过分析人与动物的不同而规划人"类"的范畴,界定人与动物的类意识、类本能和类关系之间的差别。通过表象的特殊、零碎的特征把握人的"个别性"。他认为人与动物的主要区别在于人有"意识",人可以把自己的本质、自己的类作为意识的对象,进而区分其他的事物与存在,并认清他们的类特性与本质。动物没有"类"意识,它们只有生存的本能感觉,仅仅将维持生命的事物当作对象。因此,动物只有单一的生存生命,但人却有双重的生活,多元的生命,是价值的主体。动物的生活是本能的生活,而人的生活是外在的感性生活与内在的感情生活的统一。人的感情生活是人与人的交互关系的体现,人对他的类发生关系的生活,"人是两个人生的,肉体上的人是如此,精神上的人也是如此"③。人是关系的存在物,在人与人发生关系时,是人的内在生活进行时。他说:"人的内在生活是与他的类、他的本质相联系的生活,人思想,也就是说,同自己交谈、说话。动物如果没有自己以外的另一个个体,就不能行使类的职能,而人却能够不要另一个个体而行使着思维和语言的类的职能。"④例如:人们之间的交谈,是人把自己的类作为思维的对象,同时也是一种自我与自我的对话,体现的是"自我意识"的功能。自我意识正是"把自己的本质当作对象来看待"的那种意识,是人与动物区别的人的"类本质"。那么,人的自我意识将"类"作为自己的对象,得出"一个完善的人,必定具备思维能力、意志和心力。思维力是

---

① 费尔巴哈.荣震华、李金山,译.费尔巴哈哲学著作选集(下卷)[M].北京:商务印书馆.1984:519.
② 马克思恩格斯选集(第1卷)[M].北京:人民出版社,1995:56.
③ 费尔巴哈.荣震华、李金山,译.费尔巴哈哲学著作选集(上卷)[M].北京:商务印书馆.1984:127.
④ 费尔巴哈.荣震华、李金山,译.费尔巴哈哲学著作选集(上卷)[M].北京:商务印书馆.1984:27.

认识之光,意志力是品性之能量,心力是爱。理性、爱、意志力,这就是完善性,这就是最高的力,这就是作为人的绝对本质,就是人生的目的"①。人作为完整性的存在,具有多层次的属性,人的本质完整地体现在人的多重属性之中,是一个"系统化"的存在。费尔巴哈作为一个人本主义感觉论者,不懂得感性活动的重要性。因此,他对人的本质的综合判断出现了人和自己本质的分裂现象。他一方面忽视理性的作用,认为人的本质是感性,意志力是人自我保存欲望的表现,从生物角度定为的爱与利己主义的爱,仅仅是人追求幸福的狭隘途径,为了生命的延续"爱"被狭隘化为人的性爱;另一方面他又强调理性、爱、意志力是人的绝对本质,这种观念性的"绝对本质"又仿佛与人的现实物质生活脱节,人完全成了一种超脱物质生存的理性存在,意志力成为人类道德能力,并企图以爱的宗教来代替神的宗教,用宗教式的爱来弥合人的分裂。费尔巴哈也清楚地意识他理论的矛盾之处,试图填补由人的自然主义基础过渡到人的精神属性的空白。他总是强调自然主义基础,把理性看作是感性,这就抹杀了人的类本质;当他解说人的类本质时,又失去了唯物主义的基础。费尔巴哈把"庸俗唯物主义"与"历史唯心主义"的结合使他的理论陷入不可解脱的恶循环。

费尔巴哈自然主义人本观的人的本质就在于人本身,他通过对人的生物学与心理学的综合分析,以人与动物的区别提出了人的类本质。但费尔巴哈没有真正地认识到人的现实生存是以人的感性活动为基础的。因此,他没有提出人的社会本质,而仅仅通过感性直观的庸俗的唯物主义视角分析了人的社会性问题。费尔巴哈认为人与人之间感觉上的相同性是他们交往的基础,这种交往仅仅是自然生物基础的交往,形成的是一种生物关系,而非社会关系,例如:血缘交往与两性交往。费尔巴哈认为,人与人之间的感性直观的现实需要促成人的社会性,"只有社会的人才是人"。人与人基于"利己主义"的需要使人的"友爱"实存于生物需要的满足与种的延续上,"道德性之基础,就是性别",就是利己主义。② 他能够合理解说的人与人之间的关系除了性爱没有其他任何关系。当谈到人与人之间除了性关系以外的关系时,由于他没有进入到人的生活世界,没有认识到生产劳动活动才是

---

① 费尔巴哈.荣震华、李金山,译.费尔巴哈哲学著作选集(下卷)[M].北京:商务印书馆.1984:28.
② 费尔巴哈.荣震华、李金山,译.费尔巴哈哲学著作选集(上卷)[M].北京:商务印书馆.1984:124.

人与人之间互相依存的基本形式,于是人被狭隘为宗教哲学中出现的那种抽象的人,他所谓的"爱"最后沦落为无现实意义的道德说教。但马克思认为,由于费尔巴哈把人人之间的社会性也作为其感性理论的基本原则。因此,费尔巴哈的主要贡献在于为真正的、唯物主义和现实的科学奠定了坚实的理论基础。费尔巴哈站在唯物主义的立场上,以自然主义的观点按照自然与人的本来的面目认识人。因此,费尔巴哈的人的本质观也是直观的、抽象的,排除历史、阶级以及现实社会关系的空洞的判断。

德国古典哲学秉承了传统西方哲学以先验、思辨为特征的思维范式,整个西方近代人学的根本问题,是理性思维发展问题。对人本质的追问从"人之所以为人"的人之外源性追问回归到人自身,着眼于人理性思维的发展与人的自由意识问题。但是,德国古典哲学以前的西方近代哲学,无论是经验论还是唯理论,是法国启蒙思想还是唯物论,都是从个人具有的某种认识能力出发的。他们对人的判断反映在他们如何处理"理性"与"实体"的关系问题上。其一,实体就是自然,理性思维只是自然实体的一种属性。他们强调科学在认识中的作用。例如:经验论者强调人的感觉能力,肯定知识的来源,认为知识来源于人的感官对实体的感觉经验。人作为自然的存在物,被动地感受着自然的存在,而人同时作为理性的动物,通过直观后对经验的理性加工认识实体,从而实现理性与实体的统一。人们对理性思维作用的弱化,忽视了主体的能动性,过分强调人及其理性对自然的依赖性。其二,实体就是理性,自然存在知识理性实体的一种属性,思维的规律就是存在的规律。例如:唯理论者强调人的思维能力,肯定认识主体的能动作用,认为知识源于人的"天赋观念",否定理性知识的经验性来源,忽视主体的感性因素在形成知识中的作用。理性作为自为的能动性主体,它通过自我认识和自我反思达到理性与实体的统一。

由于上述两种理解方式的对立,早期近代哲学在人的主体性问题上都是脱离了人类社会与历史的个人认识主体,随着人类认识自然的深化与认识能力的发展,德国古典哲学深入实践层面把握人类精神活动,逐步颠覆了上帝本体论的自然与精神的双重维度,批判了宗教神学与唯心主义,恢复了唯物主义的权威与人本思想的科学性。18世纪—19世纪的德国哲学家们都是理性主义者和自由意识倡导者。作为近代德国古典哲学的奠基人,康德的"哥白尼式革命"实现了德国古典哲学的认识论转向,对人的研究深入到实践层面,深化了对哲学中主体问题的认识,提高了人的主体地位,同时,他们认为对于宗教神学的理论清算,必然在辩证的维度上延续和推进哲学对于人自身的反思,用人的理性考察世界,以人的精神判断世界,深入论证人的理性的无限至上性与能动性,从而扩展了人主宰世界的意识。

本 章 小 结

传统本体论哲学最早发端于古希腊哲学。黑格尔在《哲学史讲演录》中写道:"本体论论述各种抽象的、完全普遍的哲学范畴,如'是'以及'是'之成为善,在这个抽象的形而上学中进一步产生出偶性,实体,因果,现象等范畴。"从这一基本特点出发来理解人,他们必然要把人看作是本质前定的,人只能从本体世界中赋予自身以性质,人成为缺乏能动性的僵化的存在。这种思维方式就是传统本体论的追求本质既成的思维方式,即从一元化的、非历史的终极存在来把握人与世界的一种思维方式。在这种思维方式的支配下,必然会把人的某一属性或自然界的某一物质确立为人的本质。第一,人的本质与自然的属性等同起来,人的社会属性表现为次要的从属因素,并受自然属性的支配。第二,人的本质等同于人的理性、自由意识、爱等思想性因素。强调人的主体性,夸大理性与意志的作用。第三,把人的本质与人性等同起来。把人的本质理解为既成性的、永恒不变的、不受社会历史发展影响的人性。传统本体论在人的本质问题上的失误,源于他们没有把握人对实践的依赖性关系,以及实践作为人之存在的根本性、原发性地位。他们从孤立的、静止的、片面化的角度认识人的本质、研究人的本质,同时他们没有正确地理解物质与意识、精神与存在之间的关系,最终导致人被"禁锢""肢解""遗忘"与"悬置"。

第三章　马克思实践生成思维演进与人的本质的揭示

恩格斯说:"每一个时代的理论思维,从而我们时代的理论思维,都是历史的产物,它在不同的时代具有完全不同的形式,同时具有完全不同的内容。"①人类思维发展的历程记录了人类自我认识的发展轨迹。从古希腊罗马时期,哲人们就已经开始了对人的本质的追问。文艺复兴以来,在人的本质观上发生过两次思想的转向:从神本主义转向人道主义,又从人道主义转向唯物史观的人本主义。近代以理性主义为主轴的人的本质思想更加注重人的价值。但他们的人的本质思想都是传统本体论思维模式下的既成性的人的本质观。马克思实现了哲学的伟大革命,在人的本质思想上也形成了以实践为基础、人类历史为基本视域的实践生成人的本质观,成功地解开了斯芬克斯之谜,真正实现了对人的本质的科学认识。

第一节　马克思人的本质思想研究的历史背景和理论铺垫

马克思人的本质思想的形成是一个批判继承和自我创新的过程,这个过程与唯物主义历史观的形成相一致。哲学是时代精神的精华,是历史的产物,马克思人的本质思想的形成与发展有其特有的历史背景。卢梭曾说:"必须通过人去研究社会,通过社会去研究人。"②而社会是人的社会,人不能脱离社会关系与社会环境而

---

① 马克思恩格斯选集(第4卷)[M].北京:人民出版社,1995:284.
② 卢梭.李平沤,译.爱弥儿(上卷)[M].北京:商务印书馆.2016:96页

生存。因此,研究人的本质必然离不开分析社会背景与社会历史,人总是社会的人,历史的人。另外,关于人的本质思想的主要理论渊源是康德、黑格尔的思辨唯心主义人的本质思想、费尔巴哈的感性人本主义思想以及关于人的学说的政治经济学、法学理论。马克思对人的本质的探讨经历了一个从唯心到唯物,逐步深入和科学化的过程,表现为人的本质思想的"哥白尼式的革命"。

一、马克思人的本质思想研究的历史背景

马克思在人的本质思想的发展史上能够实现一场伟大的思维范式的革命,有其深刻的历史背景。

(一)自由资本主义的发展

自十六世纪以来,人类社会发生了翻天覆地的变化。一方面资产阶级革命在各国的胜利,推翻了长久束缚人类自由发展的封建制度;另一方面,人文主义思想所倡导的人道主义精神,使自由、平等、民主自治的理想扎根于人们的思想当中,使人们认清了宗教神学的本来面目,人们要求人的本质的复归,希望过上有意义、有价值的生活。封建与宗教的意识形态被资产阶级的资本主义商业观念的意识形态所取代,以发展社会生产力为社会生活目标的人生观推动人类发展进入崭新的时代。资本主义的经济形式主要是市场经济,资本来源于商业资本,市场经济的发展取决于商品的需求,因此商品与劳动力的自由买卖成为经济效益获得的主要手段。公平买卖的价值要求体现了独立人格的自由与平等。自由的产生要求人们突破宗教以及封建体制的束缚,使自己获得独立自主的权利,人们必须对自己所拥有的商品具有绝对的支配权利,这一切体现人的主体性价值的提升。平等表现在商品交易过程中商品与一般等价物的交换,更表现为人与人之间在经济关系中所处的同等地位,是一种人权的体现。近代以来所倡导的天赋人权思想,要求人们要重视自己的主体地位,人与人之间要彼此尊重,自由而平等的进行交往。人权是相对于神权而言的,强调人权必定否定神权,人的理性至上必定降低信仰的地位。资本主义的天赋人权思想给宗教神学以致命的打击,反过来又促进了资本主义的快速发展。

但随着资本主义的兴盛,市场经济的快速发展,资本主义制度所隐藏的矛盾逐步的显露出来,主要表现为生产的社会化和生产资料资本主义私人占有的矛盾。

科技的进步使人们的生产能力逐步的提高,作为人本质对象化的存在物,生产的资料与产品却被少数的资产阶级个人所占有。对生产资料与产品的所有权的丢失说明了他人对劳动自主权的剥夺,从本质上讲是人类本质的异化表现。资本主义私有制,加深了资产阶级与无产阶级的矛盾,社会革命蓄势待发。政治革命的本质是经济的冲突发展,对利益的争夺必然导致政治的变革,这是人类发展史的自然规律和必然结果。同时,经济的矛盾与政治的冲突必然会颠覆人类的精神家园的伦理道德主旨。自文艺复兴以来,人们对自由、平等、爱的信仰式膜拜,转向了对经济利益无限贪婪的追求与占有,人类失去了自我本质,失去了自己的精神家园。"人权"被政治家们作为实现本阶级利益的意识形态,被贬低为少数人的私人权利。在一百多年的资本主义商品经济的笼罩下,"物"使人成为异化的人。对经济的"自由"追求印证了人现实生活的"非自由",对利益的"平等"实现证明了阶级之间的"不平等",对"博爱"的倡导掩盖了残酷的人吃人的社会现实。以思想文化堕落为代价的经济发展,以剥削他人利益为条件的财富增长,必然形成人类发展进程中的巨大沟壑。如何冲破桎梏,跨越沟壑,实现人类的真正解放为马克思哲学拯救人类命运,从而使人类重新占有自我本质提出了理论要求。

(二)传统本体论思维下的人学困境

传统本体论哲学被称之为形而上学,之所以是形而上自然是高于一切现实领域内"有形"的理论学说,是理论之理论,是对理论结论的反省式思考,能够最大限度地体现人类的理性思维能力。但传统哲学的本体论思维范式却是桎梏人类思想发展的元凶,对"本原"或"始基"的追求规定了传统本体论哲学"本体"规范的实体化、先验化、独断化的特点,体现为一种一元化、固化和还原性的思维逻辑。随着人类思维的发展,主体意识的提高,人道主义根深蒂固地扎根于人的自我意识之中。近代,人成了自相矛盾的产物,一方面,文艺复兴提高了人的地位,以人道代替了神道;另一方面,人成为人类理性的工具,自缚于自身的建构之中。由于理性逐渐成为传统本体论哲学中的那个"实体",对理性的迷信,使人成为片面化与异化的存在。人的自由受到理性的制约,人的主体性消解于人所创造的理性世界的思辨体系之中。康德哲学实现了人的"以头立地",黑格尔最大限度地发展了人的理性,说明了人类意识的生成发展逻辑,费尔巴哈强调现实世界的自然属性以及人的感性存在,通过与动物的对比提出了人的"类本质"思想。但费尔巴哈眼中的人只是作为自然化、既成性存在的生物人,他没有注意到人类的实践活动对人自身的构建与对人类历史的创造性作用。

马克思的哲学革命可以称之为人学革命,其理论贡献在于他所实现的人类思维方式的变革。传统哲学限于在思维内部构建概念体系,而马克思反对把人的本质思想固化为概念范畴,认定任何哲学范畴"充其量不过是从对人类历史发展的考察中抽象出来的最一般的结果的概括。这些抽象本身离开了现实的历史就没有任何价值"[1]。他哲学的本真功能在于他把逻辑视点转向了哲学的外部,探讨的是哲学如何能够影响人类世界的问题。人的理性由此突破高于人的"神性"定位,回归到人类思维的功能性界定。实践的逻辑具有开放性与辩证性的特点,实践哲学研究的出发点在于现实的人以及现实世界人的生活,关注人现实的生存与发展,关注人自身的实践生成与人类历史进程,人的本质最终回归到人本身。

(三)人道主义精神的指引

文艺复兴以来,随着科学的发展,技术的进步,人类生产力也因此得到大幅度提高,增强了人类改造自然的力量。近代,人类试图用科学化的归纳与总结方式认识事物,对人的定位也表现为"人是机器"的"技术理性主义"的结构性判断。工业文明逐渐取代了人文主义精神,加速了人类个体的分化。技术理性主义与人类中心主义导致了人道主义思想的人文精神的危机,并体现为人的本质的普遍异化。人的主体性与创造性以"神化"的理性形式展现出来。人类过度开发利用自然资源,从而导致了生态危机与人类自身的生存环境的严重恶化。从暂时利益角度看,这种综合性的危机带来了人类财富的积累,但是从长远发展利益看,它却阻碍了人类文明的进程,以牺牲人类可持续发展的条件换取少数人的利益。人类以一种得不偿失的方式占有历史性的资源,体现了人的普遍异化状态。人类异化活动所导致的人类文化的沦陷与道德的丧失是人类理性发展的自缚表现,当人类认识发展到自觉阶段,人类不再一门心思地发展生产力、提高经济效益;当人类有意识地反思人类生存的文化价值时,此时的人类文明必定已经遇到了不可避免的麻烦,必定

---

[1] 马克思恩格斯选集(第1卷)[M].北京:人民出版社,1995:73-74.

严重阻碍了人类发展的道路。传统哲学关于人的思考并没有使人类摆脱非人道的危机,人们渴望通过新的理论重塑人类价值体系,重现人类文明结构。

虽然说马克思哲学并不是人道主义哲学,但是马克思思想却传承文艺复兴以来的人道主义精神的人文关怀。马克思分析了人类历史发展进程中人与自然、人与社会以及人与自身的关系,并通过对人类现实社会生活的把握,重新建构了科学的人道主义理想。马克思发现在资本主义制度下,异化的人是非自由的,异化的劳动是非自愿的,因此在"被迫"劳动的情况下,人类并没有融入劳动之中,人类是以一个外在的状态与自己的劳动发生着关系,在这种情况下人的劳动缺少对"美"的把握,是缺乏创造性的。劳动所丢失的文化意义必然导致生活缺失人文精神。马克思认为资产阶级所倡导的自由、平等、博爱走向了他的反面,人的权利被狭隘为只是少数人的私有财产权。因此,为了人类文明的复兴,人道主义精神的复归,我们必须要推翻资产阶级统治,消灭私有制,实现共产主义伟大理想。因为"共产主义,作为完成了的自然主义等于人道主义,而作为完成了的人道主义等于自然主义,它是人和自然之间、人和人之间的矛盾的真正解决,是存在和本质、对象化和自我确证、自由和必然、个体和类之间的斗争的真正解决。它是历史之谜的答案,而且知道自己就是这种解答"①。

(四)人性发展的旨归

马克思认为需要即是人的本性,人类历史是以实践为基础,人的需要为内驱力的人的否定之否定的生成发展过程。"历史不过是追求着自己目的的人的活动而已。"②人类生命活动的目的是人需要本性表现,集中体现在人的价值追求活动之中,具有超越以往旧的事物的生成论意义。因此,任何理论的发展都与人类认识能力的发展、人类思维的进展有着不可分割的必然联系,哲学是人类思想的结晶,是人类思维发展的最高理论成果,人类思维的发展是人类需要本性的一种表现形式,因此在人类需要本性的规定下,"发展"体现为人类理论建构的逻辑必然。

哲学就是人学,人的发展本质决定哲学体现为一种流动的理论发展过程,是人对自我本质的不断超越。因此,这种超越性决定了对传统哲学的扬弃,以及新哲学

---

① 马克思.1844 年经济学哲学手稿[M].北京:人民出版社,2010:81.
② 马克思恩格斯全集(第 2 卷)[M].北京:人民出版社,1957:119.

的创生。传统本体论哲学造成了人的失落,人的精神世界与现实生活世界的分野。马克思的实践人学的诞生是人学发展的必然结果,符合人需要的本性,印证人发展的本质,展现了人学发展的必然逻辑。马克思人的本质思想的逻辑建构是内史与外史共同作用的结果,内史是以人的本质为研究为对象的思想发展史,外史是把人作为社会发展的一个组成部分,研究他与其他社会部分之间的相互关系,"凡是有某种关系的地方,这种关系都是为我而存在的"①,人类因需要而产生与他物的关系,与他物的关系确证了人的本质,需要是推动历史的内驱力。因此他通过对以往思辨人学的批判,阐明了传统哲学对人思维发展的束缚,对人需要本性的违背。他直面现实生活世界,发现了"实践"的秘密,解决了以往人学所没能解决的思维与存在的对立问题。马克思通过对人及其人的生存历史境遇的把握,构建了人的本质思想的历史架构与科学的人学体系,是遵循理论发展逻辑的必然结果。

(五)人类解放的价值追求

马克思从一开始就从人的解放这一历史任务出发,研究人的本质,科学地认识人自身的内在矛盾和人与外部世界的矛盾,探索资本主义时代人所陷入的困境,为人类及其个体的进步和发展找到一条现实的道路。马克思的思想在不断变化,但他的人类解放的基本思想没变,因此他就要剖析人类现实生存困境的成因,寻找人类进步和解放的出路。马克思批判性地继承了传统人学思想,逐步形成了以实践为基础的唯物史观,并在政治经济学批判的基础上揭露了资本主义社会奴役人、压迫人的社会现实,找到了导致人性扭曲的社会政治与经济根源,制定了人的彻底解放和全面发展的科学社会主义学说。

马克思关于人的本质的理论是贯穿整个马克思主义的一条红线,这一问题是一个系统的研究域,通过阐释马克思如何提出人的本质问题,如何批判评价历史上各种人的本质理论,论述马克思以实践生成论为基础的人的本质理论的内涵和结构,从而论证人道主义是共产主义的内在规定,是马克思主义的理论核心。马克思的哲学、经济学与科学社会主义,三个问题解决的是同一个问题,即人类解放问题。人类解放是与社会进步问题紧密相连的,社会的每一次现实意义上的进步都是人

---

① 马克思恩格斯选集(第1卷)[M].北京:人民出版社,1995:81页

类解放程度的一次加深,而社会的进步直接表现为社会关系的发展,作为"一切社会关系总和"的人的社会本质也必然得到发展。因此,人的解放和社会进步必然会反映到人的本质的实践生成的历史过程中来。经过现实的经济学实证研究,人的解放问题最后得出科学社会主义的政治结论,马克思最终实现了自己的历史任务,找到了人类解放道路,发现了人之为人的根本途径。

(六)社会现实的呼唤

社会是人的社会。但在资本主义私有制下,人的生命活动不在于人本身,它成为自己所造成的各种异己力量的实现手段,无产阶级劳动者不能成为自己的主人,不能自由地决定自己的劳动时间与劳动形式,更不能自由地支配自己的劳动成果。因此在资本主义制度下的人是本质异化的人。人作为生产的工具,毫无目的地生活,无奈地将自己奉献给统治自己的异己力量。在颠倒的社会中,人是没有可能成为自己的目的的,人的本质从自身中转移出去,成为外化的物的存在,人成为没有"灵魂"的肉体躯壳。

十八世纪末、十九世纪初由法国学者圣西门、傅立叶和欧文将空想社会主义理论推向巅峰,他们揭露了资产阶级理性社会的实质。资本主义的生产方式是造成现实人们贫穷与苦难的根本原因。人们在摆脱了长达一千多年的宗教统治之后,又重新走进了资产阶级设下的陷阱,成为资本主义制度的新的奴隶。他们指出,私有制代表了利益的私有化,是阶级矛盾的根源,是资本主义罪恶的源泉。同时,他们规划了未来理想社会蓝图,提出人类社会文明与社会长久利益的持续性发展必须建立在消灭私有制的基础之上,人类社会才可以从资本主义这个疯人院变成理智的世界。但空想社会主义学者没能突破历史局限与启蒙运动所造成的理性主义思想束缚,"它不能说明这个生产方式,因而也就制服不了这个生产方式;它只能简单地把它当作坏东西抛弃掉"[1]。因此他们对社会主义的规划思想也仅仅局限于理性空想的范畴,并没有指出现实的革命方式。

法国的七月革命激化了无产阶级与资产阶级的矛盾,到了十九世纪初"生产资料的集中和劳动的社会化,达到了同它们的资本主义外壳不能相容的地步"[2],在

---

[1] 马克思恩格斯选集(第1卷)[M].北京:人民出版社,1995:365-366.
[2] 马克思恩格斯选集(第1卷)[M].北京:人民出版社,1995:269页

无产阶级逐渐壮大的前提下,人们企图通过无产阶级革命切断生产资料的私有化、劳动力的社会化进程,通过革命打破资本主义制度,使人复归于自己,人成为自己的主人、劳动的主宰者,并将生产资料实现社会共有,人们渴望将社会主义理想变为社会现实。因此各国发起工人运动,但空想社会主义思想并没有给工人运动提供现实的革命理论,人们没有掌握强而有力的"批判的武器",更不具有将理论转化为"武器的批判"的历史和现实条件。工人阶级以血的代价探索正确解放的道路。因此,只有清晰地剖析阶级矛盾的内在本质,人的本质异化的原因,以及人类扬弃异化实现自由与解放的途径,才能够为无产阶级革命奠定理论基础,指导现实的解放斗争。马克思适应时代的要求,实现了哲学思维方式的转换,他所建构的唯物史观理论为无产阶级革命运动提供了科学的理论依据。

二、马克思人的本质思想研究的理论铺垫

马克思人的本质思想的理论直接来源是德国古典哲学的人学思想。德国古典哲学的人学思想集传统本体论人学思想之大成,马克思通过对其人学思想的批判性继承完成了哲学的革命性变革,建构了自己的实践人学理论。随着黑格尔思辨人学的解体,青年黑格尔派的很多学者通过对黑格尔哲学的批判,提出了自己关于人学研究的观点。以下,我们将通过分析青年黑格尔派的主要学者的人学观点,从而更加现实地把握马克思思维逻辑的转变与他的人的本质思想建构的理论基础。

(一)黑格尔哲学的悖论与解体

黑格尔哲学是传统本体论理性主义哲学的巅峰理论,他从客观唯心主义世界观出发,把人的本质归结为自我意识,对象化为非人的具有创造力的绝对精神。黑格尔认为人的本质并不是一个永恒不变的东西,绝对精神的自为过程也就是自我意识逐渐完善的过程,自我意识只有通过一系列异化形式,才能实现自己。黑格尔在其哲学体系准备性基础论著《精神现象学》中就提出:"科学赖以存在的东西是概念的自身运动"[①]。思辨的思维在绝对知识中扬弃了存在与知识的对立,知识就是真理的绝对形式。黑格尔以实体化的绝对精神把思维与存在通过思辨地形式统

---

① 黑格尔.贺麟,王玖兴,译.精神现象学(上卷)[M].北京:商务印书馆,1979:48.

一在一起。实体就是以主体形式存在的绝对精神,他的存在是纯粹的活动、无限的活动,是自身创生与发展的活动,体现了主体的能动性与自发性。因此,人类社会发展史就是绝对精神发展的第二阶段,人类现实社会的矛盾冲突是绝对精神内部概念矛盾的外化表现。黑格尔将人定位为自由的存在,劳动是争取自由的手段,因此人的本质是思辨式的劳动,人是自己劳动的结果。"黑格尔唯一知道并承认的劳动是抽象的精神的劳动"[①]。人仅仅是自我意识的化身,他的思想逻辑体现的是传统本体论哲学的思辨思维形式。

黑格尔关于宗教与哲学统一的观点,导致了其哲学体系内部的悖论,为他哲学的解体、绝对精神的瓦解埋下了伏笔。他认为实体与自我意识是由宗教而达到的精神,绝对精神在发展过程中通过外化的形式成为自我意识与普遍的自我,这与上帝化身为现实的肉身是一致的。在绝对精神发展的最后阶段,精神完成了自我认识,是理性与信仰的结合,宗教与意识结合为一体。"这样把哲学同宗教相提并论,使黑格尔不得不从宗教中排除神秘论和纯粹的教义论,而把宗教教条变成哲学的象征。……因此,黑格尔必然会既受到正统基督教徒的批判,也受到理性主义者的批判,因为这两种人不能统一用理性来论证信仰,或用信仰来论证理性。"[②]因此,当社会生活的现实矛盾通过德意志理性主义思维方式汇聚到宗教主题时,分裂和对立便开始产生。这种分裂与对立首先促成的是青年黑格尔派的诞生,青年黑格尔派的学者不同意老年黑格尔派所支持的黑格尔哲学与宗教的统一的观点,认为那只是维护国家专制的借口。他们认为黑格尔的哲学成就在于他所建构的辩证法,黑格尔将哲学与宗教的统一,使绝对精神具有"完满""至上"的本质,而这一终极的思想与他辩证否定之否定的思维形式是相互违背的,矛盾的绝对性与绝对精神的完善性互相证伪。青年黑格尔学派通过对哲学与宗教关系的分析,形成了关于实体与自我意识的分裂与对立的不同理解。两派之间的论战直接加速了黑格尔哲学的解体。

(二)施特劳斯与鲍威尔对黑格尔哲学的批判

施特劳斯以历史批判的方式实现了对黑格尔哲学的批判。他认为,黑格尔的

---

① 马克思.1844年经济学哲学手稿[M].北京:人民出版社,2010:101.
② 科尔纽.马克思恩格斯传(第1卷)[M].北京:三联书店,1963:148页

辩证法是逻辑与历史的统一,即知识与自我意识的生成表现为不断发展的辩证历史过程。黑格尔把宗教的教条归结为概念,并表示科学的概念是具有绝对真理性特点的。黑格尔又表示基督教只是上帝与世界之间的中介,是上帝的外化表现,是上帝把握自己本质历史进程中的一个环节。因此,宗教又有其特殊的性质,不完全表现为逻辑的普遍性。黑格尔宗教观的悖论表现为对宗教的绝对性与特殊性的矛盾性判断。施特劳斯进而分析:历史的现实是指人的发展,人的本质并不在于绝对精神,绝对精神所表现出的神圣启示只是在整个人类发展过程中人类意识宇宙所具有的神性,他的意义通过基督的肉身形象在人类历史当中得以表达,圣意是一种实体性的存在。因此,基督教并不具有绝对的价值,哲学表现为一种人文主义的泛神论。

马克思说:"施特劳斯和鲍威尔两个人十分彻底地把黑格尔的体系应用于神学。前者以斯宾诺莎主义为出发点,后者则以费希特主义为出发点。"[①]在马克思看来,施特劳斯与鲍威尔将黑格尔哲学体系分为实体与自我意识,施特劳斯把握了"实体"观点,而鲍威尔理解了"自我意识"的观点,他们通过批判黑格尔哲学将二者统一所造成的各因素的歪曲,而全面地发展了自己的观点。鲍威尔反对施特劳斯将基督视为历史性的实体存在,他认为基督教义都是人类杜撰的结果,是人类自我意识的能动性表现。基督教也只是人类自为意识的一种暂时的形式。因此,他认为人的本质就是自我意识,他赞同黑格尔所提出的意识的能动性与辩证发展的观点。但同时,他反对黑格尔将自我意识的发展禁锢在绝对精神的实体之中,他否认以任何实体、任何历史的形式作为自我意识发展的终点,发展是无限性的,启示只是暂时的相对环节。鲍威尔认为自我意识在创立世界、创立差别时,也在它所在创造的东西里面创造了自己本身。自我意识是自因的,也是自为的,他的本质在于自我的能动性,因此创造世界的逻辑不在于在人之上的某一"实体"的尺度,而在于人自身的尺度。鲍威尔高扬了人的主体性,把最高的神性赋予了人的自我意识。他的批判哲学依照自我意识的批判性瓦解了绝对精神所代表的形而上学固化思维模式。但鲍威尔的批判只表现为"批判家"们精神的批判,它的理论不能够解释现实生活的革命意义,更不能够为现实革命提供行而有效的"批判的武器"。鲍威尔

---

① 马克思恩格斯全集(第2卷)[M].北京:人民出版社,1957:177.

没能完成关于现实的人与现实世界的理解,因此,把人的本质归结为自我意识是离开现实主体,对概念化的人的唯心主义抽象化概括。

(三)费尔巴哈对黑格尔哲学的批判

施特劳斯是通过"实体"实现的对神学的历史性批判,鲍威尔是以其"自我意识"开展的无神论批判,而费尔巴哈对宗教的批判却始于对思辨哲学的超越,对黑格尔整体哲学体系的批判。费尔巴哈毕生都致力于把哲学从黑格尔的思辨唯心主义体系中解放出来,他力图恢复唯物主义的权威,他关注人的感性现实存在,声称"新的哲学是光明正大的感性哲学"。他认为,黑格尔哲学是"神学最后的避难所和最后的理性支柱"。黑格尔在使宗教教条变成哲学象征的同时,也使哲学变成了宗教的理性支撑,是"理性的神秘主义",是"思辨的宗教神学"。费尔巴哈在《黑格尔哲学批判》中表示,黑格尔的哲学是思辨哲学的完成式,是"逻辑学上的精神",涵盖了思辨哲学的理论实质。黑格尔把他的哲学称为"历史哲学",而这一"历史"是抛弃了空间形式,只有时间维度的历史,因此作为空间自由主义与时间专制主义结合体的自然就必然地抛弃了"现实的自然"形态,"自然"在黑格尔哲学当中成了抽象的概念形式。因此,他所把握的生命也只能是生命的摹本,是以绝对精神出现的人类自我意识的概念化抽象。费尔巴哈剖析了黑格尔思辨哲学内部的矛盾,他认为黑格尔"绝对"的历史,是对历史的先验性判断,"先验"本身就是反"时间"的思维形式,人与自然作为"绝对"历史中的一个环节,点滴而继续地存在于绝对阶段之中,"绝对"的封闭性以一种历史的阶段性出现在发展的进程之中,看似合理,仔细分析就会发现"绝对"已经以一种特殊的形式打破了普遍性成了"非绝对"。"随着上帝在一个一定的时间内以一个一定的形象显现,时间和空间本身也就已经消失了,因此也就别无他望,只能等待世界的真正终结。这样,历史是再也无法设想的:他是无目的、无意义的。上帝化身和历史是彼此绝对不相容的。"[1]黑格尔的思辨的哲学体系,是以逻辑化的理念的存在为基础,以一种完全没有内容的抽象形式构成了一个概念的反思的封闭的圆圈,意识通过纯粹抽象的思维形式或逻辑范畴在其内部循环运动,形成自身。

---

[1] 费尔巴哈.荣震华、李金山,译.费尔巴哈哲学著作选集(上卷)[M].北京:商务印书馆.1984:48 – 49.

费尔巴哈对黑格尔的批判是全面而深刻的,这其中涵盖了他反对黑格尔将人的本质定义为绝对精神的观点,他通过对思辨哲学体系的批判,提出了自己的哲学理论观点与对人的本质的认识。费尔巴哈哲学是以现实的人作为着眼点的感性直观人本学。他认为"哲学上最高的东西是人的本质。哲学是关于整个现实界的科学,而现实的总和就是自然"。在对人的理解上,费尔巴哈说:"新哲学把人,包括作为人之基础的自然界,变为唯一的、包罗万象的和最高的哲学对象,从而把人类学,其中也包括生理学,变为包罗万象的科学。"①他以现实的自然界为基础,认为人是自然的一个组成部分,精神不是独立存在的实体,而是肉体的一个属性,不能离开肉体而存在,肉体的灭亡伴随着精神的消失。既然人是自然感性的存在,那么作为生物存在的人与动物到底有什么区别呢?在《基督教的本质》第一章"概论人的本质"中,费尔巴哈通过分析人与动物的本质区别,以"类"的形式定义了人的本质。他认为人与动物的本质区别是宗教产生的根源,动物过着单一的生活,只有本能的需要,因此他们不需要精神的寄托"宗教",而人既有外在的生活,又有内在的生活,有对他的类本质发生关系的生活,人的类本质就是人的意识。宗教是人对自己的无限的本质的意识,是人精神的寄托。"理性、爱、意志力,这就是完善性,这就是最高的力,这就是作为人的绝对本质,就是人生存的目的。"②费尔巴哈的"类"是对黑格尔"类"的超越,黑格尔的"类"是一种"普遍性"。黑格尔认为:人"并不仅是因为他们有某些共同的东西,而且是因为他们同属一类或具有共性。要是这些个体的人没有类或共性,则他们会全部失掉其存在了。"③因此,"类"是存在于个体的人身上的共性东西,这种共性包含着一切特殊性,是人存在的根据,上文已经提到这一"类"的存在就是以绝对精神实体化存在的人的自我意识。费尔巴哈批判黑格尔的绝对精神实体存在的"类",他批判先于个体存在的"类",他强调人的生物性。因此,"类"也是区别于动物的生物性的"类"。他说:"孤立的、个别的人,不管是作为道德实体或者作为思维实体,都未具备人的本质。人的本质只是包含在团体之中,包含在人与人的统一之中,但是整个统一只是建立在'自我'和'你'的区

---

① 费尔巴哈.荣震华、李金山,译.费尔巴哈哲学著作选集(上卷)[M].北京:商务印书馆.1984:202.
② 费尔巴哈.荣震华、李金山,译.费尔巴哈哲学著作选集(下卷)[M].北京:商务印书馆.1984:27.
③ 黑格尔.贺麟,译.小逻辑[M]北京:商务印书馆,2004:350.

别的实在性上面的。"①在这里费尔巴哈提出了"自我"与"你"的关系,即人的社会性本质,"社会"是被自然关系联系起来的人"类"的群体,社会的生活、集体的生活是'我'与'你'之间的秘密,也就是理性、爱、意志力三位一体的秘密,是人与人之间相互关系的生活,因此"类"的概念不是"实体"的概念,而是"关系"的概念。费尔巴哈从感性存在与超感性的意识统一中,从人与人的社会关系中认识人的本质,而人对"类"的"爱"转移到对"上帝"的"爱",是人本质的异化表现。因此,马克思说费尔巴哈创立了真正的唯物主义和现实的科学。只不过费尔巴哈对人"类"本质的认识,对社会的理解还停留在感性直观的层面。

(四)施蒂纳对黑格尔哲学的批判

在对待黑格尔思辨哲学的问题上,施蒂纳与费尔巴哈一样企图反转黑格尔哲学思想,他们的批判观点有着相同与不同之处。相同之处就是,他们都是唯物主义者,认为人与世界是现实存在的实体。费尔巴哈通过对现实生活世界的关注,认为人是物质性的感性存在,精神并不能够以实体的形态出现在现实生活之中,他只是肉体的一个属性。施蒂纳的出发点也是现实感性存在的人。但与费尔巴哈观点的不同之处就是,费尔巴哈的哲学是"类"哲学,他通过分析人与动物的不同,确证人的类本质,而施蒂纳着重通过分析一般与个别的关系来批判黑格尔哲学的思辨特点,他所谓的感性的人是现实存在的感性的"个人"。黑格尔注重事物的普遍性特点,特殊性只是普遍性展开过程中的一个阶段性特点,特殊性中包含着普遍性的意义,但最终都会归复普遍性之中,这一过程就是抽象绝对精神的思辨自为过程。费尔巴哈认为"类"才可以体现普遍性特点,通过对不同"类"的对比,才可以现实地反映人的本质,而个体存在的人更多地显现的是人的个性,个性不具有普遍性的意义,因此无法通过人的个体特点来给人的本质下定义。在施蒂纳看来,现实存在的感性的人只能是个别的存在,对于人的一般性以及共性的判断只是人们的主观臆断,对于他来这说就是属于人存在的教条式前提,人只有摆脱了对教条式前提的幻想,才可以科学地与现实世界发生关系。因此,无论是黑格尔的绝对精神,还是费尔巴哈的自我意识都是他所反对的普遍性的东西。施蒂纳根据费尔巴哈《基督教

---

① 费尔巴哈. 荣震华、李金山,译. 费尔巴哈哲学著作选集(上卷)[M].北京:商务印书馆.1984:48.

的本质》的论著的结构,将人分为现实的人与"我"。他认为费尔巴哈所谓"类"的人仍然是"神"的人化,是对现实生活的人的一种精神上的统治与压迫,他认为应该将人理解为"我",也就是"唯一者"。因此,不可以预设一个先定的、抽象的"类"的人先于"我"的本质而存在。"我并不以我为前提,因为我每一时刻均在首先确立和创造自己,而只是由于我并非是被作为前提而被确立,而且只是我在确立我自己的那一刻被确立,我才存在着,这就是我集创造者与被创造者于一身。"①我对我的创造逻辑展现了极端利己主义思维模式,施蒂纳用"我"这个现实的个体来反对费尔巴哈抽象的概念的"人"与人的"类本质"。

施蒂纳的哲学是"唯一者哲学",他认为个别的东西,即自我或个人是唯一的主宰者,他强调事物的特殊性与个性的决定性作用。在现实的生活之中"唯一者"就是以个体形式存在的现实的自我,是脆弱的、时刻面对死亡的单个个体,"死亡"意味着"空无",表征着"无意义""非普遍",他把"无"当作自己哲学思想的基础。个人的现实生活过程就是一个辩证的创造的过程,创造的主体以一种"唯一性"的我的形象从"无"中创造着现实的存在。因此,马克思在批判施蒂纳的"唯一者"哲学观时说:"他的这个现实的我处在对这个现实的我来说是存在着的外部世界的现实关系中。这样他就摆脱了一切教条式的前提,然而他摆脱教条式前提之日正是他开始有现实的前提之时。这些现实的前提也是他教条式的前提"②。马克思认为对于概念和思维而言,现实的世界是具有逻辑先在性的,并不是没有普遍意义的存在,对抽象概念的把握也是以现实世界的存在为前提的。施蒂纳极端利己主义下的"唯一者"虽然高扬了人的个性,赞美了人的创造力,但是他也不了解现实生活中人与人之间的真正关系,把国家、财产、道德等对"唯一者"压抑的东西予以否定,化作虚无,在幻想中完成了对"我"的认识。可以说,《唯一者及其所有物》的问世,激发了马克思等哲学家重新思考现实的个人问题,对马克思实践哲学的构建以及对人、社会本质的判断具有启发的作用。

青年黑格尔派的哲学是"批判哲学",他们批判宗教,批判普鲁士国家制度。他们的哲学批判运动从黑格尔出发,从鲍威尔对"自我意识"的宣扬到施蒂纳对

---

① 施蒂纳.金海民,译.唯一者及其所有物[M].北京:商务印书馆,1997.164.
② 马克思恩格斯全集(第3卷)[M].北京:人民出版社,1960:510.

"唯一者"的崇拜,展现了哲学从客观唯心主义到主观唯心主义、无政府主义和个人主义的过程。费尔巴哈走向了唯物主义,但是他在自然观上所表现的唯物主义观点,却没能应用于解释历史的问题上,在历史观上费尔巴哈仍然是唯心主义的。值得庆幸的是,青年黑格尔派"这个派别主要是同马克思的名字联系在一起"。[①]年轻的马克思走向了历史的舞台。

第二节 马克思实践生成思维演进与人的本质思想的发展轨迹

马克思哲学革命的实质是思维范式的变革,理论内容是人学的革命。马克思人的本质思想的生成与逐步完善是与马克思思维范式的逐渐形成同步的过程,表现为历史观与人学的统一。对人的本质的研究促进了马克思实践观与唯物史观的形成,而实践观与唯物史观又使马克思对人的本质的了解更加深入化、科学化。马克思关于完整人的生成、人类自由解放的追求和共产主义的实现的理解就是人与历史实践生成的全部内容。马克思的实践生成思维方式的形成主要经过了唯心主义阶段、感性阶段与成熟阶段。人的本质的思想的形成大致经历了人学的启蒙、人学的发展、人学的成熟与人学的完善四个发展阶段。马克思秉承了青年黑格尔学派的批判传统,通过彻底地批判传统本体论思维,进而批判性地继承了德国古典人学,并通过对法国社会主义理论的把握与英国政治经济学与法学关于人的理论借鉴,逐步建立了自己的哲学体系,形成了以实践生成为思维方式的人的本质观。

一、理性主义与人学启蒙

青少年时期的马克思由于受到康德、费希特自由观的影响,自由主义启蒙精神在他的思想中埋下了自由生成论的种子,他在其中学毕业论文《青年在选择职业时的考虑》中就曾表示:"自然本身给动物规定了它应该遵循的活动范围,动物也就安分地在这个范围内运动,不试图超出这个范围,甚至不考虑其他什么范围存

---

① 马克思恩格斯选集(第4卷)[M].北京:人民出版社,1995:242.

在"①。而人却"趋于高尚",人"不是作为奴隶般的工具,而是在自己的领域内独立地进行创造"②。动物与人的区别就在于动物没有自由选择生活的意识,它们完全依赖自然而活,生命对于动物来说是既定的。但是人类可以根据自己的爱好,自由地选择自己喜欢的劳动,因此人在自由选择与创造中逐渐生成自己。超越与创造意味着对已成事物的重塑,生成不是无中生有,而是于先在性"存在"的基础上的生成。因此,先在性的"存在"是对人超越本质的一种限制,人的生成过程也是表现为一种从外界束缚中解脱出来的过程。同时,马克思也表明,人的自由是受一定自然物质条件与社会关系限制的自由,人的生成也会受到一定自然、社会因素与自身能力的限制。可见,马克思中学时代的思想已经包含关于人的主观能动性和客观制约性,个体与社会的逻辑冲突,冲突即是否定,即是批判,即是辩证生成的基础。

(一)博士论文时期——思辨生成与自我意识的契合

1935年青年马克思进入波恩大学学习法律。此时的马克思并没有完全脱离宗教思想与神学话语的束缚。由于对康德与费希特思想的痴迷,马克思思想中充满了主体意识与浪漫主义的冲动。马克思形成自己独立的哲学思维逻辑是从强调主观能动性的康德、费希特转向客观的黑格尔开始的。此时,马克思的人学思想已经涉及人发展的价值维度。他发现:"我的天国、我的艺术同我的爱情一样都变成了某种非常遥远的彼岸的东西"③,这与"地面上遇到的日常事物"表现为"应该"与"存在"的对立④,他试图找到理想与现实的结合点,从而使人性的冲动得以释放。马克思通过研读黑格尔的全部著作"发现了最崇高的智谋,领会了它深邃的奥秘"。马克思所发现的正是思考问题的辩证方法,这种方法"它好像是表示过去一段时期结束的界标,但同时又明确地指出了生活的新方向"⑤。他找到了从现实本身实现理想的方法。但以观念吞噬现实的客观辩证法主要强调了绝对精神的辩证生成过程,马克思不是要掌握黑格尔思辨的"剑术",而是要检验精神本性的"珍珠

---

① 马克思恩格斯全集(第40卷)[M].北京:人民出版社,1982:3.
② 马克思恩格斯全集(第40卷)[M].北京:人民出版社,1982:6.
③ 马克思恩格斯全集(第40卷)[M].北京:人民出版社,1982:9.
④ 马克思恩格斯全集(第40卷)[M].北京:人民出版社,1982:652.
⑤ 马克思恩格斯全集(第40卷)[M].北京:人民出版社,1982:8.

的成色","这就是要证实,精神本性也和物质本性一样是必要的、具体的,并且具有同样严格形式"①。

马克思所生活的时代正是自然科学取得突破性进展,也是自由资本主义迅猛发展的时代。由黑格尔学派分化出来的青年黑格尔学派的关注点不在于黑格尔思辨体系的单向构建,他们高举人的自我意识的大旗,强调人的主体能动性,分析如何通过精神、意志与现实世界的互动,使思想变为感性现实,为资产阶级提供理性前提。马克思参加了青年黑格尔派的"博士俱乐部",对黑格尔的批判性理解与马克思的民主主义情怀促成了马克思《伊壁鸠鲁自然哲学与德谟克利特自然哲学的差别》的博士论文的写作。在马克思的博士论文之中,他通过分析伊壁鸠鲁所提出的原子的偏斜运动,说明了自我意识的能动性特点,及其在创造世界过程中的所发挥的作用。马克思通过对比的方式,说明了主体性哲学与实体性哲学的差别,这一思想暗含了马克思对传统本体论思维方式的变革,他认为,"排斥是自我意识的最初形式"②。生成过程表现为一种原子偶性自由运动的过程,引申开来就是自我意识的自由生成过程,体现了意志的自由性。这一过程具有两个特点:必然性特点和能动性特点。其一,原子的运动是一种自我规定性的必然运动,内在的必然性矛盾是其运动的主要原因,同时他与其他原子之间的碰撞也是其运动分裂的必然原因,这一条件的产生源于原子的偏斜运动。当原子偏斜运动产生彼此之间的碰撞之后,原子分裂,新的原子产生,新的世界也由此生成。因此,生成不仅是必然的结果,也是偶然因素作用的成绩,涵盖了自由理性的精神意蕴,这一思想运用到人的自我意识生成中就是意识的个体性自由生成表达过程。但马克思并不仅仅将生成思想局限于自我意识的偶性自由,在他早期的思想中已经蕴含了关于人与对象相互作用的自由生成的新的含义。其二,青年马克思思想仍然带有黑格尔主观唯心主义思想的特点,认为人类精神超越性的社会历史发展,是与实体自然历史发展对峙的过程。人类智慧可以在没有自然规定性的地方发生作用,精神可以脱离受自然制约的生活,主体的能动性表现在对自然实体的加工改造。马克思认为生成在于把握对象本身,而"事物本身的理性在这里应当作为一种自身矛盾的东西展开,

---

① 马克思1837年11月10日致父亲的信,载《科学社会主义史教学参考资料》,北京:中国人民大学出版社,1980:1.
② 马克思恩格斯全集(第40卷)[M].北京:人民出版社,1982:216.

并且在自身求得自己的统一"①。因此,理性作为一种具有内在矛盾可以展开的东西,是生成的根源所在,理性中矛盾的相互作用使事物得以产生出现。意志的这一能动性是抽象存在的绝对精神能动性的体现,在马克思看来"只要作为原子和现象的自然是在表示着个别的自我意识和它的矛盾,则自我意识的主观性就只能以物质自身的形式出现"②。马克思基于黑格尔逻辑框架说明了自我意识通过异化实现自身的过程。黑格尔将人类历史的发展归结为绝对精神的外化发展阶段,其本质是绝对精神的自为过程。与黑格尔不同,马克思则强调哲学批判对现实的干预作用。他从人的活动中探求历史发展的动力,从理性出发批判不合理现实,尽管这种批判仍然表现为精神的实践,但马克思打破了唯心主义神学目的论"命运的束缚"思想,高度赞扬了人的主体能动性。理性的辩证法与现实之间的矛盾使马克思意识到不应该仅仅从思辨的角度解决问题,而是应该通过分析现存的社会关系解决社会问题。生成不仅仅是思想领域的生成而且是现实社会实践的生成,当辩证的思想融入人类现实生活,那么辩证生成性就表现为革命性和批判性。

　　由于这一时期,马克思受到黑格尔绝对精神思想的影响,在人的本质观上,马克思将人的本质定位为人的"自我意识"。对人的本质的精神维度的判断具有其理论的超越性也有其不足。其一,他认为"人的自我意识具有最高的神性,不应该有任何神同人的自我意识相并列"③,以此颠倒神和人的关系,他批判一切宗教的思想,否认上帝的存在,为无神论做了思想的论证,把人从神的统治下解放出来。马克思认为上帝的本质归根结底是人的本质的异化,"对神的存在的证明不外是对人的本质的自我意识存在的证明,对自我意识存在的逻辑说明",真正的"存在"不是上帝,而是人的自我意识。马克思指出,哲学的目的不是解释世界,而是要用自由的精神征服世界,对"神"的批判源于人的自我意识对神的否定。自我意识转化为人的意志,对非理性现实进行批判,使"世界哲学化和哲学世界化",进而消除宗教神学对人本性与精神自由的扼杀。"对宗教的批判是其他一切批判的前提。"④其二,原子的偏斜运动的不规则性体现了原子运动在必然之中存在的偶然,是自由

---

① 马克思恩格斯全集(第40卷)[M].北京:人民出版社,1982:11.
② 马克思恩格斯全集(第40卷)[M].北京:人民出版社,1982:241.
③ 马克思恩格斯全集(第40卷)[M].北京:人民出版社,1982:189-190.
④ 马克思恩格斯选集(第1卷)[M].北京:人民出版社,1995:1.

的象征。原子的偏斜象征的个人意识也就有追求自由的精神特点。但自由的确立是有条件的,只有脱离了世界,个人意识才能确立自己的自由。也就是说,人是自然物,但作为人的本质的自我意识的独立才是一个人成为自由人的标志,人的精神观念可以作为独立的存在在加工现实生活世界,自我意识和世界现实的关系实质上就是理论和实践之间的关系。从另一方面说,马克思从自由出发,提出了人只有结成一定"关系"才有可能冲破自然对人的局限,实现自由的精神本质。马克思强调了精神才是自由的原因,人的自然性象征的是欲念的力量。只有打破定在的自然属性,才能成为真正的人。可见青年马克思对人的本质的自我意识的判断仍然具有主观唯心主义的特点,但是他从人与人之间相互作用形成的社会关系入手探讨人的本质表征了唯物主义思想的萌芽。

前《莱茵报》期间的马克思哲学思想主要展现了一个从康德主义转向黑格尔主义,从神学转向主观唯心主义,从解释性思维转向思辨性思维的发展过程。人的本质的自我意识所展现出的人的自由价值特点引申出人与人的"关系"思想和人的观念对世界改造思想为马克思实践哲学革命作了理论铺垫,为进一步分析人的本质思想的现实性奠定了基础。这是马克思人的本质思想实践生成的重要一步。

(二)莱茵报时期——思辨生成与理性自由的矛盾

马克思博士论文所表达的对人理性与自我意识的崇拜,以及希望通过人类的理想信念改变世界的思想,无处不表达着对自由的向往。同时,马克思的民主主义思想间接地暗含了马克思试图打破德国的封建专制统治束缚的政治观点。1841年底马克思撰文《评普鲁士最近的书报检查令》,试图通过说明政府对言论自由的压制,揭露普鲁士专制制度以及当权者的反动实质。他说:"把人兽化,已经成了政府的信仰和政府的原则。"①1842 年的 4 月马克思正式为《莱茵报》撰文,并成为其主编。他反对封建专制制度,为贫苦人民说话,与普鲁士统治者针锋相对,以革命民主主义者的姿态投入到了现实政治生活当中。《莱茵报》时期,马克思坚持思辨生成的思维模式,进一步贯彻了他的自我意识原则。正是这一时期的现实革命工作加速了马克思哲学思维变革的进度。马克思的哲学思维从大学时期就表现出理

---

① 马克思恩格斯全集(第 27 卷)[M].北京:人民出版社,1972:422 页

论与现实双向互动的生成性思维模式,"哲学上的实践本身就是理论的。实践是一种批判,他从本质上来衡量个别存在,从理论上来衡量特殊现实"①,因此如果以纯粹单向的思辨式思维解决问题,一旦遇到理性辩证法与现实的矛盾,理论的批判不能解决现实问题时,自觉反省式的思想必然会通过生成超越性的新的思维方式解决这种矛盾。马克思实际的"革命工作"恰恰"践行"了这种动态、开放性的立场方法。马克思在革命初期还没有摆脱思辨哲学的立场,他在批判普鲁士专制制度对出版自由的压制时表明"精神的实质就是真理本身",普遍理性的解释效力禁锢在抽象的思辨领域,经验现实不足以作为衡量事物真理性的标准,而人的内在的理性尺度才具有真正的价值。现实的客观世界处处表现出反动的特征,无论是制度还是法律都是压迫人的手段,没有体现出资产阶级所主张的平等与公正。由此可见,马克思解决问题的理论基础,仍然局限于人类的客观精神和"自上而下"的思辨理性。随着进一步辩论的开展,马克思发现普鲁士国家的统治者只是按照私有制的性质来行动,而没有依循人类理性的自然规律而行动。国家表现为剥削群众的物质利益,为私人利益而服务。马克思发现,人们的意识不是按照自为的手段,朝着绝对的理性而生成,人们的意识被利益所控制,现实的社会生活精神本质的异化表现为令人反感的卑劣意识的物质化。封建制度把人们生活的现实世界降低为"精神的动物世界",人所要求的理性完善的价值追求被贬低为与动物无异的本能欲望,马克思把这种物化的力量称之为下流的唯物主义和黄金拜物教。他竭力地保护政治上和社会上备受压迫的贫苦群众的利益,从而区分了私人利益与社会利益。他不再把人类现实生活看作是人类理性实现过程中的外化阶段,而是把现实社会的物质化的实在看作是精神的异化。马克思对"物化"的发现也使他重新认识了人类历史发展过程中社会与自然的关系,并在理论与现实的矛盾中逐渐发现了思辨生成的思想逻辑弊端。人类主体现实生成逻辑初露端倪。

此时,马克思更加强调人的本质是理性和自由。他认为自由表现为人类全部精神的类本质,任何个人都有追求自由的权利。因此,出版的自由权是人的类本质的体现。政府对人们出版自由的限制是违背人性的专制制度的体现,人们应该反对一切专制特权,追求公民平等自由的权利。马克思以理性的自由规定人的本质,

---

① 马克思恩格斯全集(第40卷)[M].北京:人民出版社,1982:210.

但这里所提到的人不具有真正的现实性,他是以"类"存在的人的抽象的理性,因此"自由"也就没有具体的内容,它只表明人以理性思考批判现实社会制度的一般性和普遍性原则。随着马克思思想的发展,对自由的规定逐渐从理性意志的决定作用转向现实的、客观的社会关系的干预作用,这些关系不以人的意志为转移,人的社会本质被逐步挖掘出来,意志力量与人的抽象化的类本质的式微正是马克思批判观。实现社会制度,追求人类自由过程中思想变革的必然结果,这预示着马克思将从唯心主义到唯物主义,从民主主义者到社会主义者的转向。

二、人本主义与人学的发展

随着越来越多地接触物质利益问题,马克思深感"思有同一"说法的矛盾性,他认为思辨生成的思维形式并不能解释物质利益与理论原则之间的关系。此时马克思亟待生成新的思想,从而能够科学地揭露思辨的伪善性,剥去黑格尔预成论的"外衣",1841年费尔巴哈发表了《基督教的本质》,并在1842年的《轶文集》上发表了关于《哲学改造的预拟提纲》的论文,他猛烈地抨击了黑格尔思辨唯心主义哲学体系,主张哲学应该回归现实生活世界,他强调人的感性实在,认为人的本质在于人本身,宗教只不过是人本质的异化表现,他的人本学唯物主义思想使马克思受到极大的启发。尽管受费尔巴哈人本哲学影响阶段的马克思生成思想并不成熟,带有费尔巴哈的感性直观主义色彩,但是马克思将黑格尔的思辨转为现实生活的辩证生成印证了马克思思想的跨越性发展。此时马克思彻底从黑格尔的唯心主义转向费尔巴哈的自然唯物主义,但是他并没有放弃哲学思考的辩证生成思想,不过是从自我意识的观念辩证法转到了以人的抽象本质为核心的人本主义感性生成辩证法。这一时期马克思对人的认识与感性生成的思想同步发展,马克思的感性生成观主要表现在他对人生成的说明上,对人的本质的剖析也以他感性生成的思想作为解释范式。

(一)《黑格尔法哲学批判》时期——感性生成与人的本质的社会特质

马克思于1843年在克罗茨纳赫写下了《黑格尔法哲学批判》一文,在文中马克思集中批判了黑格尔唯心主义思辨体系,他说:"观念反而成了主体;各种差别及各种差别的现实性被设定为观念的发展,观念的产物其实恰好相反,观念应当从现实的差别中产生"①。马克思通过研究现实的人提出了关于国家与市民社会的关系以及人真正的本质的思想,这标志着青年马克思思想逻辑的一次重要转变,他通过对人类社会历史的研究,把认识的目标从人的理性规律领域转向社会现实客观存在。这标志着青年马克思从此正式地走上了唯物主义道路。

马克思批判黑格尔颠倒了精神与物质、主体与客体的"主谓关系"。黑格尔的哲学体系是一个思辨的逻辑哲学体系。一方面表现为概念生成的知识结构,另一方面表现为观念主体的精神发展结构。整个逻辑体系表现为范畴和观念的预设、推演与生成。自然界是其外化生成的表现,通过扬弃外化的自然界,最终把握绝对精神,这是自我意识的自为辩证过程。马克思认为黑格尔哲学颠倒了精神与物质,主体与客体的"主谓关系"。这种思维方式是传统本体论思维的体现,他把人类的超验的观念作为主体,人类感性经验作为客体,按照费尔巴哈的观点,主体意志成了概念性的主语,现实的主体成了抽象的"谓语"。"主谓关系"决定了行为目的的性质,黑格尔的"主谓关系"由于缺乏现实经验意义上的行动,因此他的行为目的必定是一般抽象性的。正如黑格尔圆圈式的思维逻辑,他思维结构的目的必定是主语的完成形式,回到自为的绝对精神。马克思认为"使自在和自为互相分离、使实体和主体互相分离,这是抽象的神秘主义"②。人类的意志是对自我的规定,并不具有主体的行动性,意志的观念如果要行动,也只能是抽象神秘的行动,因为具有意义的行动一定是具有人类活动特殊性目的的行动,而追求普遍目的的观念的行动,一定没有现实意义。马克思受费尔巴哈哲学的影响,关注人的现实生活世界,关注人的感性存在。他通过批判黑格尔形而上学的逻辑体系,实现了主体由观念向现实行动的人的转变,隐约地发现了人类现实生活特殊性行动的秘密,思维逻辑从思辨生成转向感性生成。

在《黑格尔法哲学批判》中,马克思在人的本质观上一方面吸收了费尔巴哈人本主义的养分,在其启迪下批判了黑格尔的自我意识理论,把人的本质的着眼点置于现实的人;另一方面马克思也不完全赞同费尔巴哈的观点,在一些具体问题上超越了费尔巴哈。

---

① 马克思恩格斯全集(第3卷)[M].北京:人民出版社,2002:15.
② 马克思恩格斯全集(第3卷)[M].北京:人民出版社,2002:79.

第一，马克思认为人是自然的产物。自然存在的人是现实的人。人是物质性的存在，精神只是肉体的属性。马克思批判黑格尔时说：黑格尔"想使人的本质作为某种想象中的单一性来单独活动，而不是使人在其现实的人的存在中活动"①。黑格尔的人是理念化的人，人的生成也是人格的实现，是自我意识的自为。而现实的人是活生生实体性存在的人，是以自然为基础的物质的人。

第二，人是"类存在物"，具有社会特质。马克思接受费尔巴哈提出的人是"类存在物"和"社会的人"的观点，但对"类"与"社会"概念的理解上，他与费尔巴哈的观点有所区别，费尔巴哈强调人的"类"本质，这种本质是通过动物的"类"与人的"类"的区别而体现出来的，在费尔巴哈看来人的"类"本质是人的意识，费尔巴哈的"类"强调的是"一种内在的、无声的、把许多个人纯粹自然地联系起来的共同性"②。而马克思的"类"强调的是"类"所表征的群体性的现实内容。马克思认为黑格尔所谓的法人与社会团体并不是抽象的理念，"正是现实的人借以实现其现实内容的一些类形式"③。马克思认为人只有作为"类"与"社会"的一员才能实现其现实性。马克思说：人"的本质不是人的胡子血液抽象的肉体的本性，而是人的社会特质"④。"人的社会特质"是马克思对人的社会性最初的、不太确切的表达，但马克思对人本质的社会性判断已经超越了费尔巴哈人的本质的抽象共同性的"类"的维度，但是他还没有具体的说明社会本质所表现出的人的生产关系与交往关系的内涵，只是在辨析市民社会与国家之间关系时的概念性的判断。

通过对人是社会存在物的理解以及对人社会特质的把握，马克思在对《黑格尔法哲学》作批判性分析时得出两个比较重要的结论。一方面，人是本质性与非本质性的二重化存在。马克思接受了费尔巴哈关于上帝是人的本质的异化的观点，但是马克思却没有明确地使用"异化"的概念。为了说明他的观点，他进一步分析资本主义社会中人的本质的"社会特质"，他认为人的现实生活被分为人的国家的政治生活与市民社会生活，因此人即作为国家的公民而存在，又作为市民社会的成员而存在。资本主义市民社会是物质利益以及与之相关的社会关系领域，人的私人

---

① 马克思恩格斯全集(第1卷)[M].北京:人民出版社,1960:292.
② 马克思恩格斯选集(第1卷)[M].北京:人民出版社,1995:56.
③ 马克思恩格斯全集(第1卷)[M].北京:人民出版社,1960:278.
④ 马克思恩格斯全集(第1卷)[M].北京:人民出版社,1960:270.

利益导致了人与人之间的不平等关系,决定了社会的价值倾向性制度。这种社会的规定,"对于人,对于个人,都表现为非本质的外在规定"①。也就是说,人在市民社会中并没有实现自己的本质,而人在合理体制的政治生活中,人员才获得人的意义,才成为他的人的规定。也就是说,国家的生活才是符合人的本质的生活,能够体现人与人之间平等关系,但是马克思进一步指出,国家就有如宗教一样,政治生活是高于人现实市民社会生活的虚幻,人的本质在现实性上并没有得到确证。市民社会与国家分裂了人的现实存在,对人本质的二重化规定均是人的本质的异化体现。现实的人的"应该"仍然是与异化了的"存在"相对立的。另一方面,马克思发现黑格尔颠倒了家庭、国家与市民社会的决定关系。他提出人是现实的人,社会也是现实的社会,家庭、市民社会、国家是人的本质的客体化形式,人的存在形式决定社会形式。黑格尔以思辨的思维方式把理念变成了独立的主体。同时,黑格尔为了维护普鲁士国家统治,为封建专制制度辩护,他把国家视为普遍性的存在,家庭与市民社会视为个别特殊性的存在,根据黑格尔思辨的逻辑结构,以及他所强调的普遍优先的逻辑原则,作为批判观念的国家决定家庭与市民社会,家庭与市民社会不过是国家发展过程中的阶段性分化形式,最终国家通过扬弃异在的形式回到自身。马克思说黑格尔把观念变成了主体,而把现实的主体,如:市民社会、家庭变成观念的非现实的、另有含义的客观因素。他认为不是国家决定了家庭、市民社会,而是家庭、市民社会决定了国家。这是未来新的历史观革命在旧框架中以一种总体否定性的形式的展现,形成了思维革命的逻辑生长点。马克思在之后的《〈黑格尔法哲学批判〉导言》中明确表示:"如果在阐述家庭、市民社会、国家等等时把人的这些社会存在方式看作人的本质的实现,看作人的本质的客体化,那么家庭等等就表现为主体所固有的特质。人始终是这一切实体性东西的本质,但这些实体性东西也表现为人的现实普遍性,因而也就是一切人共有的东西。"②人的本质在于他的社会性,国家的职能只不过是人的社会特质的存在和活动的方式。国家只是人类发展到一定阶段的社会性产物,是人本质异化的表现,现实的家庭生活与市民社会的经济活动才是决定国家形式的现实因素。

---

① 马克思恩格斯全集(第1卷)[M].北京:人民出版社,1960:345.
② 马克思恩格斯全集(第3卷)[M].北京:人民出版社,2002:51.

(二)《德法年鉴》时期——感性生成与人的抽象本质

1843年马克思与卢格等几位共产主义学者共同筹办了《德法年鉴》,构筑了一个批判普鲁士国家封建统治,反对封建专制制度的思想言论碉堡。马克思认为德国的专制统治"轻视人,蔑视人,使人不成其为人"①。他通过分析这种社会制度,提出了发动政治革命,寻求人类解放的必要性。他反对空想社会主义,认为任何教条主义的预言都不能现实地实现社会体制与国家制度的变革。他主张"对现存的一切进行无情的批判"②"在批判旧世界中发现新世界"③。批判的目的在于革命,而革命的手段在于"实践"。在这一时期,马克思虽然第一次提出了"实践",但是还没有形成具体的实践观,他极少使用"实践"表述他的思想。但他的"生产劳动""对象化活动"等表述标志着马克思以实践为基础的生成性思维方式的萌芽。同时,在《德法年鉴》时期,马克思仍然站在费尔巴哈人本主义立场说明人的本质问题,他把现实中的一切都归结到人的本质的意义上来理解,从人的本质出发来说明人的感性存在。基于以上观点,马克思这一时期的论著从三个方面说明了人的现实存在与人的本质:一是从人的类本质与人的感性存在的对立说明人类解放问题,二是从理性批判分析人的本质异化,三是从分析人与周围现实的关系,说明人的本质的社会性。

1844年初马克思在《德法年鉴》上发表了针对黑格尔《法哲学原理》的批判性研究成果《论犹太人问题》和《〈黑格尔法哲学〉批判导言》两篇文章。文中马克思与费尔巴哈关于现实的人的本质的分歧在扩大,马克思思想的超越性更加突出地显露出来。

1.《论犹太人问题》——人本质的异化

在《论犹太人问题》中,马克思公开批判鲍威尔把"犹太人的观念的抽象的本质,即他的宗教,看作他的全部本质"④。鲍威尔以青年黑格尔派的立场,表明犹太人的宗教信仰使他们与整个社会不能完全相容,生存态度与社会制度彼此对立,因此他们自己把自己排除与整个人类社会之外。一方面,马克思认为犹太人的本质

---

① 马克思恩格斯全集(第1卷)[M].北京:人民出版社,1960:411.
② 马克思恩格斯全集(第1卷)[M].北京:人民出版社,1960:416.
③ 马克思恩格斯全集(第1卷)[M].北京:人民出版社,1960:415.
④ 马克思恩格斯全集(第1卷)[M].北京:人民出版社,1960:445.

是高度经验本质。基于对人的本质的新的理解,深化了宗教异化的理论,明确了政治解放对于宗教批判的意义。另一方面,马克思从人的本质的异化与人的感性存在的对立说明人类解放问题。马克思接受了费尔巴哈关于人的本质异化的观点,并通过分析政治解放与人类解放的关系问题,将异化思想从理论领域转移到社会范畴,发现了市民社会的"利己主义"原则,为他发现资产阶级私有制的秘密,实现对资本主义制度的现实把握奠定了基础。

第一,关于犹太人的本质是高度经验本质。针对国家与犹太教矛盾的问题,鲍威尔认为,犹太人只有放弃自己的宗教信仰才能获得政治解放。马克思从现实的人出发,从市民社会与宗教的关系中分析宗教,他认为宗教的异化并不在于宗教本身,而是市民社会本身的异化,宗教对人的束缚仅仅是市民社会对人禁锢的反映,犹太人的政治问题并不是神学的问题,而是世俗的问题。对宗教的批判使马克思认识了人的本质的现实性,为进一步政治批判提供理论前提。马克思认为废除人们的宗教信仰并不能够获得政治解放,宗教与政治并不表现为因果关系,"政治革命是市民社会革命"①。也就是说政治解放实际是资产阶级革命。在许多政治解放的资产阶级国家,宗教表现出旺盛的生命力。马克思认为宗教不是世俗局限性的原因,这种局限的根源在于国家自身的局限。因此,一旦世俗的局限被消除了,就能够消除宗教的局限性。马克思认为人在市民社会中的生活"把人和社会连接起来的唯一纽带是天然必然性,是需要和私人利益,是对他们财产和利己主义个人的保护"②。人被非人的关系所控制,出于利己的目的,彼此排斥,从根本上讲,市民社会的人还没有成为"类"生活的存在物。犹太人的生活是市民社会生活的放大,他们善于生意、精于算计,马克思认为现代犹太人的本质不是抽象的本质,而是高度的经验本质,也就是说他们的自私自利源于感性存在的人实际经济生活的世俗化、经验化,这从根本上异化了他们的本质。他从政治经济学角度分析得出犹太人问题是国家与特定世俗要素的矛盾问题,对宗教的批判揭示的是现实的人的矛盾,宗教的异化仅表示的是人本质的异化,但是如果仅仅停留在反宗教斗争中,是不能够根本解决人的本质异化问题的,反宗教斗争是政治斗争的前导,"人的自

---

① 马克思恩格斯全集(第1卷)[M].北京:人民出版社,1960:441.
② 马克思恩格斯全集(第1卷)[M].北京:人民出版社,1960:436.

我异化的神圣形象被揭穿以后,揭露非神圣形象中的自我异化,就成为历史服务的哲学的迫切任务。也是对天国的批判就变成对尘世的批判,对宗教的批判就变成对法的批判,对神学的批判就变成对政治的批判。"①因此,只有通过政治批判把人从经济的束缚下解脱出来,消除市民与公民的对立,才可以消除人的自我异化,实现人类解放。

第二,关于人的本质与人的感性存在的对立。此时马克思虽然接受了费尔巴哈的人的本质的异化的思想,但是他却没有全面的利用异化的范畴,而是通过人的本质与人的感性存在的对立的思想表达与异化同义的思想。马克思批判鲍威尔混淆了"政治解放"与"人类解放"的关系,他认为"政治解放"只是实现"人类解放"的前提,"人类解放"高于"政治解放"。马克思认为,政治革命推翻了封建专制制度,等级制度与社会特权,同时也使国家从宗教的束缚中解脱出来,使人们获得更多自由的权利。因此,政治解放实现了国家的政治民主化,公民实现法律平等,人成为独立人格的人。但政治的解放并不是人类解放,他只是资产阶级内部所实现的阶级性"人类解放",人们所获得的权利只是阶级性的权利,它没有超出利己主义,没有超出作为市民社会成员的人。从本质上说,在资产阶级内部的经济对立实际是人的本质与人的感性存在的对立。马克思在此前的《黑格尔法哲学批判》中曾表示,国家与市民社会使人成为政治的人与经济的人,人现实生活的二重化,正是人本质"异化"的现实体现。政治的解放使人脱离宗教的束缚与封建体制的禁锢,使人成为公民,获得了司法权力,但并没有确证人的本质,资产阶级的市民社会生活的经济化体制反而加深了人的本质的异化现象,市民社会的一部分人获得了普遍的控制权利,即翻身为主的资产阶级,他们打着解放人类的旗号解放的其实是他们自己,是"利己主义的人",是异化存在的人。而加深的根源就是私有制。马克思说:"自由这一人权的实际应用就是私有财产这一人权"②。所谓私有财产的权利就是人可以无所顾忌地占有和使用自己财产的权利,而这种权欲正是违背人类本性的本能欲望的体现,是人现实的异化存在与人类真正本质的对立,就是自私自利的权利。这种狭隘的自由构成了资本主义社会的价值基础。因此,马克思说:

---

① 马克思恩格斯全集(第1卷)[M].北京:人民出版社,1960:453.
② 马克思恩格斯全集(第1卷)[M].北京:人民出版社,1960:438.

"政治解放本身还不是人类解放"①。人类的解放就是要消除作为"公民"的人的类本质与作为市民的异化存在的对立,就是要消灭人类自我异化的极端表现,就是要彻底地推翻使人受压迫、受奴役的一切关系。人类的解放挣脱了市民社会经济的人的局限,表现为一切社会成员的解放,只有当现实的个人成为类存在物的时候,人的解放才能完成。也就是说在人彻底扬弃了自我本质的异化,并使本质复归到人自身的现实存在时,人类才会得到真正的解放。因此解决犹太人的问题的根本途径就是打破他们把金钱视为世俗上帝的观念,消除犹太人世俗化的经验本质,人的个体感性存在和类存在的矛盾从此消失,从而使犹太人获得真正的解放。同时我们应该注意到的是,由于马克思此时还没有详细地研究政治经济学理论,因此他还没有发现市民社会的根本矛盾在于私有制,也就不能明确指出推翻资本主义制度,使人类获得解放的力量与途径,但他所提出的"原有力量"已经暗含着无产阶级的革命的实践力量的意义,暗含着消灭阶级压迫,崇尚实践创造的革命思想。

2.《〈黑格尔法哲学批判〉导言》——人是人的最高本质

在《〈黑格尔法哲学批判〉导言》中,马克思通过对黑格尔唯心体系的进一步批判,提出:"你们不使哲学成为现实,就不能够消灭哲学"的实践哲学转向的标志性理论。② 马克思所谓的"消灭哲学",就是对传统形而上学的思辨体系的批判,象征着马克思实践生成思维方式的初步展现。"现实"的立足点自然是"现实的人","此岸世界"就表征着人的"生活世界",历史是现实世界生活的人的历史,历史的任务自然从批判宗教化的人的本质异化转向批判现实社会生活的人的本质的异化。人创造了宗教,宗教中苦难的实质是人的现实生活苦难的表现,是麻醉人们的鸦片,是人在幻想中的一种苦难宣泄,为了人类从现实苦难中获得解脱,得到真正的自由,就要通过批判宗教转向对人类社会的批判,因为人类自己制造的矛盾与不公才是人类苦难的根源。马克思说:"真理的彼岸世界消逝以后,历史的任务就是确立此岸世界的真理。人的自我异化的神圣形象被揭穿以后,揭穿具有非神圣形象的自我异化,就成了历史服务的哲学的迫切任务。于是,对天国的批判变成对尘世的批判,对宗教的批判变成对法的批判,对神学的批判变成对政治的批判。"③

---

① 马克思恩格斯全集(第1卷)[M].北京.人民出版社,1960:435.
② 马克思恩格斯选集(第1卷)[M].北京:人民出版社,1995:8.
③ 马克思恩格斯选集(第1卷)[M].北京:人民出版社,1995:2.

"批判"就要找到矛盾的根源,找到一切不合理的关系。通过对人类解放思想地深入分析,马克思找到了实现人类解放的途径和决定力量,提出了无产阶级历史使命——共产主义革命。马克思进而分析了"批判的武器"与"武器的批判"的关系,对精神与物质、理论与实践的分析超越了哲学纯粹的理论思辨,突破了费尔巴哈人本主义的感性直观的局限,已经暗含了有关革命"实践"在社会体制变革与人类本质确证中的意义。他认为哲学作为无产阶级的精神武器在无产阶级革命中具有理论指导的意义,而无产阶级作为现实的物质力量在革命斗争中又具有实现革命的现实价值。"批判的武器当然不能代替武器的批判,物质的力量只能用物质力量来摧毁;但理论一经掌握群众,也会变成物质力量。"①马克思多次强调"物质力量"就是看到了"物质力量"在现实革命当中的决定性作用,这里已经含有他哲学革命变革的理论解说,哲学不在于解释世界,而是在于改变世界,思维与存在的现实统一在于革命"实践"。从理论的批判到现实革命的倡导标志着马克思生成思维的进步。

为了进一步解答人类解放的理论根源与现实途径,马克思站在人本主义的生成论总体逻辑上对人的本质问题做了以下标志性地分析:

第一,人是人的最高本质,人的本质在于人本身。由于受到费尔巴哈的人的本质思想的影响,马克思在1843年末的《〈黑格尔法哲学批判〉导言》中提出的系列命题都含有费尔巴哈人本主义色彩。他说:"对宗教的批判最后归结为人是人的最高本质这样一个学说"②"所谓彻底,就是抓只事物的根本。但是人的根本就是人本身"③。把人的世界和人的关系还给人自己,从人自身寻找人的本质是对传统人的本质外化的彻底否定。传统唯物主义者从自然界中寻找世界的本源,他们混淆了人的本质与人性的概念,错把人的自然属性视为人的本质。因此,他们认为人作为自然界一部分,其本质也必然表现为自然的物质性的机能与本质。即使近代的唯物主义者强调人的主体地位,把人的本质归结为人的理性与自由,但他们对人的本质的判断仍然存有自然特质的直观片面性。宗教神学主张人是上帝创造的,人的本质固然是由神的本质派生出来的,是上帝本质的分化。随着人类认识的发展,

---

① 马克思恩格斯选集(第1卷)[M].北京:人民出版社,1995:9.
② 马克思恩格斯选集(第1卷)[M].北京:人民出版社,1995:10.
③ 马克思恩格斯选集(第1卷)[M].北京:人民出版社,1995:10.

主观唯心主义者完全抛弃人与世界的客观实在性,把人归结为纯粹精神性的本体,世界只是人类思想的外化。人的精神的绝对作用被夸张为万物的尺度,对世界以及人本身具有绝对的控制权与选择权,这无疑是对人类意识与理性的一种宗教式的"神圣化"误判。当学者们通过认识论的矛盾逐渐发现自己的悖论时,为了平衡"存在"与"思维"的关系,他们不得不提出作为实体性存在的精神本体。无论是旧唯物主义者,还是唯心主义者都从自然界或源于人却高于人的精神世界寻找人的本质。人类生而对自然的崇拜与人类认识的反省机制,必然导致人类本体论的思维模式,人类企图找到可以依赖的本体,渴望找到一劳永逸的方式使自己摆脱生存的危机与对未知的惶恐。人类逃避"本质的确证",以外化的方式追认自我本质。

　　费尔巴哈对人的本质的判断深深地影响了马克思的人的本质观。所谓人的本质的外化就是人的本质的异化。他深刻地剖析了人的本质异化的原因,通过宗教的批判表述了他对人的本质的科学认识。费尔巴哈把人看成是生物学上的实体,因此人是感性的存在,他认为宗教的心理根源是人的依赖感,人对强大的外物首先存在畏惧心理,当人得到外物的支持,从而达到内心的满足时,这种畏惧就转化为爱和感恩,这就是自然宗教产生的原因,也就是人类试图从自然界找寻自己本质的原因。人通过想象把自己本质附着于自然物上,人类所想象的精神实体与自然实体天然地统一在一起,自然也就有了拟人化的神力,由于自然的神的主客统一性,人的本质的异化只是部分的异化。随着人类的成熟,人们试图摆脱对自然的依赖,从而获得自身的解放,人类通过自身本质的异化形成了神的宗教。可见人类肉体的脆弱性使人类渴求宗教的精神慰藉,而这又变相地表明了人类自身的利己主义本性,企图通过宗教摆脱束缚的目的。在基督教中,人的本质并不依附于任何附着物,它成为一种自为的精神理念,成为外在于世界、超于世界的存在者,是人的本质的完全异化。神的本质是有人的本质分裂出来的精神本质。"人的绝对本质、上帝,其实就是他自己的本质。"[①]人本打算通过宗教摆脱束缚、获得解脱,但事与愿违。人自己所创造的虚幻的精神本体,成为人的异己力量,控制人、束缚人。费尔巴哈对宗教的批判,完全建立在他对现实的人与世界的理解之上,人是感性的、物质性的存在,人可以现实地把握对客观世界的认识,因此人具有对外部世界来说具

---

① 费尔巴哈.荣震华、李金山,译.费尔巴哈哲学著作选集(下卷)[M].北京:商务印书馆.1984:30.

体性的地位,他认为应该"借助人,把一切超自然的东西归结为自然,又借助自然把一切超人的东西归结为人"①。通过对感性的人的说明,打破自然神的信仰,将部分异化的人的本质复归到人本身,超自然的东西的本质就是自然本身,同时通过对自然物质性的理解,对神的宗教进行无情的批判,扬弃人的本质的异化,超人的东西的本质就是人的本质,"人所认为的绝对本质,就是人自己"②。

马克思对宗教的批判是建立在费尔巴哈感性人学的立场之上的,马克思从人的自然属性出发,提出"人是人的最高本质",剥离一切超人的东西,从人自身的范围内,探寻人的本质。因此对宗教的批判就是人对自我现实性的把握,是人从神性迷梦中的解脱,是人的本质的真正的复归,高扬了人的主体地位,唤醒了人以往沉睡于人自身内部的全部本质力量,确立了人之为人的自然价值与社会价值。但当时,马克思人的本质观并不彻底,仍然存有费尔巴哈的思想遗迹。他过多地强调人的自然属性,由于缺乏对资本主义社会内在本质矛盾的认识、对革命动力与现实力量的分析,因此在人的本质的判断上仍然停留在感性直观的维度,仍然从人道主义原则分析资本主义人的本质的异化理论,带有空想社会主义色彩。

第二,无产阶级革命:人的本质异化的扬弃方式。马克思认为资产阶级的政治革命二重化了人类的现实存在,一方面人成为自私自利的市民,另一方面人成为国家的公民,从本质上讲,这根本导致了人自身的分裂与人的本质的异化。因此,看似理想的资本主义王国仍然"表现了人的完全丧失,并因而只有通过人的完全恢复才能恢复自己"③。那么,如何恢复人类自身?如何扬弃人类本质的异化?马克思提出,无产阶级革命是推翻资本主义统治,消灭阶级,扬弃人的本质异化,从而使人类获得解放的根本途径。马克思从此站在无产阶级的立场上,实现了对资本主义的直接批判。

随着封建社会的解体与中等经济结构的破产,无产阶级队伍迅速地壮大起来。在资本主义国家,无产阶级与资产阶级矛盾的根源在于资产阶级占有大量的私有财产。国家大部分的经济财产掌握在少数人的手中,而无产阶级由于占有较少的经济资本,因此总是处于受压迫、受剥削的地位。消灭私有财产并不意味着使所有

---

① 费尔巴哈.荣震华、李金山,译.费尔巴哈哲学著作选集(上卷)[M].北京:商务印书馆.1984:249.
② 费尔巴哈.荣震华、李金山,译.费尔巴哈哲学著作选集(下卷)[M].北京:商务印书馆.1984:555.
③ 马克思恩格斯全集(第1卷)[M].北京:人民出版社,1960:486.

人都变成无产阶级,他的真正含义在于消灭由于阶级的分化所导致的经济不平等的现象,使财产普遍化、公有化,而不是特殊化、私有化,使经济异化的人找到自己的本质。马克思此时已经发现了无产阶级解放与人类解放的关系,无产阶级"若不从其他一切社会领域解放出来并同时解放其他一切社会领域,就不能解放自己的领域"。无产阶级革命,推翻资产阶级统治是无产阶级获得自身解放的途径,更是消灭一切阶级,使人类本质复归、人类解放的根本途径。因为"任何一种解放都是把人的世界和人的关系还给人自己。"①

尽管这一时期的马克思的人的本质观沿用了费尔巴哈的"人是人的最高本质"的思想,充满了感性人本主义特点,但马克思人的本质观较之费尔巴哈的人的本质思想仍然体现了其超越性的一面。他强调了人的资本主义社会的人的自我分裂,世俗的社会关系对人的压迫以及无产阶级革命的思想所暗含的人的"实践"对变革社会制度,实现了人类解放的意义。但此时的马克思并没有从资本主义社会历史运动的客观必然性分析无产阶级革命的内在依据,没有从社会的经济现实去分析人类社会发展。因此,他哲学批判逻辑的起点仍然是市民社会中抽象的人。

三、实践启蒙与人学的成熟

由于马克思与卢格思想观念的分歧,《德法年鉴》只发表了一期就停刊了。但这一时期,马克思通过对市民社会与人类解放关系的分析,以及巴黎现实的革命运动对马克思的思想冲击,促使马克思完成了思想上的两个转变:即从民主主义立场转到无产阶级立场,从对封建专制的批判转到对资本主义的直接批判。马克思发现如果想要了解资本主义社会矛盾的内在根据以及现实地为革命运动提供合理的理论支持,就必须要对经济问题做进一步的了解与分析。因此,在此后的一段时间里,马克思阅读了大量的关于经济学与社会学的论著与相关文献,这其中就包括恩格斯的《政治经济学大纲》、赫斯的《来自瑞士的二十一印张》的其中几篇、舒尔赫的《生产运动》以及古典政治经济学家们的思想著作,这些论著的思想对马克思革命思想的发展起到了巨大的启示性作用。恩格斯的社会经济关系的历史性论断,促使马克思从资本主义制度内部矛盾分析阶级斗争问题,从而提出了无产阶级革

---

① 马克思恩格斯全集(第1卷)[M].北京:人民出版社,1960:443

命必将胜利,资产阶级社会必将灭亡的口号。赫斯的具体的人的自由活动对人自我意识形成的决定性作用以及只有消灭利己主义和私有制才可以实现人的自我意识的自由活动的思想,为马克思提出劳动对历史的推动作用以及对劳动异化的资本主义社会特质的确证具有启发作用。同时马克思也发展了舒尔赫关于需要的扩大与分工决定着社会形态更替的思想。但我们还要关注的是,此时对马克思思想起到决定性影响的仍然是费尔巴哈的人本主义思想。这一时期,马克思把劳动异化与人的本质作为中心理论阐发自己的学说,并在其论著中多处沿用费尔巴哈哲学的专业词汇。基于对以上思想的沿用与发展,马克思实践生成的思维方式逐渐形成,人的本质思想逐渐走向科学维度。

(一)《1844年经济学哲学手稿》——劳动生成与人的多维本质

在《1844年经济学哲学手稿》中,马克思虽然没有使用"实践"范畴,但劳动的观点已经发挥了"实践"的功能,通过对劳动以及人之生成的分析,表达了自己以劳动为基础的生成性原则,深化了对人的本质的认识。

马克思的劳动生成观主要表现在对人的生成的说明上。马克思认为人的劳动的原初意义是人的生命活动,是人最基本的现实活动,"劳动是人在外化范围内或者作为外化的人的自为的生成"[1]。而人的类本质是人自由自觉的活动,这种活动集中表现为现实生活中人的劳动。因此,劳动是人的本质的内在规定。生成性是人的本性,人的本质生成的过程就是一个本质异化的扬弃过程。而人的自然属性与社会属性就决定了人的生成的多维角度,人既是自然的生成物,又是社会的生成物,更是历史的生成物。整个生成过程表现为对象化的辩证生成过程。

受费尔巴哈感性人学的影响,马克思认为人是自然的存在物,那么他就是感性的存在,"说一个东西是感性的,就是指它是受动的"[2]。受动的生成是人自我生成的一个自在的过程,而真正的自为过程表现在劳动所展现的人的能动性生成过程,人的受动性是相对于主动的生成而言的。真正人格形成的过程主要体现的仍然是人的能动性劳动过程。另外人与世界的自然属性决定了这种活动的对象性特点,

---

[1] 马克思.1844年经济学哲学手稿[M].北京:人民出版社,2010:101.
[2] 马克思.1844年经济学哲学手稿[M].北京:人民出版社,2010:107.

"也就是说,他的欲望的对象是作为不依赖于他的对象而存在于他之外的"①。对象性的存在才可以体现人类劳动所具有目标性,人的生命的表达才有承载物,而对象性的活动才能表现活动的互动性与互为性,能够在生成他物的同时,反作用式的生成自身,确证本质。个人是社会存在物。"社会是人同自然界的完成了的本质的统一,是自然界的真正复活,是人的实现了的自然主义和自然界的实现了的人道主义。"②也就是说,对人来说社会才是人的自然界,社会中的生命活动与交往行为才是人的生命展现与生成的活动。社会生活中人与人的交往才可以完成人与自然现实的对象性生成与统一,社会是人道主义的自然,自然才是人的自然。进而我们会发现社会中生活的人是历史性的生成物,整个社会的历史就是人的历史,"整个所谓世界历史不外是人通过人的劳动而诞生的过程,是自然界对人说来的生成过程,所以,关于他通过自身而诞生、关于他的产生过程,他有直观的、无可辩驳的证明"③。人的生成表现为历史的全部运动,是历史的价值与意义所在,表现为人类意识的现实化过程与人类经验的积累过程,既然人是历史的人,人的生成本性也证明了历史是真正意义上的生成性范畴。马克思认为,人类历史的生成过程就是一个辩证的否定之否定的过程。人类社会历史的发展并不是一个自在自为的过程,而现实地表现为人类克服异化的现实生成过程。人类社会发展的各个时期都有各阶段典型的特点与矛盾,资本主义社会的主要矛盾的根源在于私有制,资本主义的工人劳动是异化的劳动,他是违背人的"类本质"自由自觉意愿的劳动形式,是人的本质与人的生存的对立,共产主义扬弃异化劳动,消灭私有财产是人道主义和自然主义的生成。"它们倒是人的本质的或作为某种现实东西的人的本质的现实的生成。"④人真正成了人。在这一时期,马克思的劳动思想与对象化活动生成思想已经清晰地表明了他实践生成思维逻辑的理论实质,他认为共产主义就是人的本质的真正地实现,真正的人的生成,进一步明确了他的实践生成观点。

1. 人的类本质:自由有意识的活动

可以说《1844年经济学哲学手稿》是马克思早期人的本质思想发展中的一部

---

① 马克思.1844年经济学哲学手稿[M].北京:人民出版社,2010:105.
② 马克思.1844年经济学哲学手稿[M].北京:人民出版社,2010:83.
③ 马克思.1844年经济学哲学手稿[M].北京:人民出版社,2010:92.
④ 马克思.1844年经济学哲学手稿[M].北京:人民出版社,2010:113.

重要的著作,马克思通过分析人的生成与劳动的关系,系统地表述了他对人的本质的认识。马克思高度赞扬费尔巴哈人本主义思想。他认为"只是从费尔巴哈才开始了实证的人道主义的和自然主义的批判"①。费尔巴哈说"艺术上最高的东西是人的形象。哲学上最高的东西是人的本质"②。在这样的思想影响下,马克思继续发扬了对人的本质高度关注的哲学传统。费尔巴哈关注人的感性存在,通过"类"把人与动物区别开来。马克思沿用了费尔巴哈关于人的本质的"类"判断。他认为人作为自然的生命存在,区别于其他生命的根本就在于对人的生物性"类"分化,这是认识人的本质的切入点。更为重要的是这一时期是马克思实践思想形成的初期,马克思早期对国家与市民社会关系的整体性把握,以及对无产阶级革命与人类解放的宏观价值判断,都是建立在对整体人类命运发展思考的基础之上的。因此,此时马克思对人的关注比较重视人的群体化存在。但是在具体"类"的内涵的界定上,马克思却不同意费尔巴哈的观点。费尔巴哈认为人的本质是意识。理性、爱、意志力是作为人的绝对本质,是人生存的目的。费尔巴哈唯心史观的核心是对抽象人的崇拜,他所理解的人的本质仅仅是单个人所固有的抽象物,因此他把人的本质归结为人的意识,对人的感性直观的把握,使他不能够理解人的现实的生命活动对人思想的决定性作用,而是用理性、爱与意志力解读人的生存与社会活动,这显然是一种对人的本质本末倒置的判断。马克思认为人与动物一样都是有生命的类,"一切存在物,一切生活在地上和水中的东西,只是由于某种运动才得以存在、生活"③。生命在于生命力,而决定生命力的是生命的"活动","活动"是为生命注入能量的唯一方式,而"一个种的整体特性、种的类特性就在于生命活动的性质"④。因此,辨别生命存在的"类"差别,并不在于人类所特有的"意识",而在于生命所共有的"活动"的"类"特性。动物不将自己与自己的生命活动区分开来,由于他们没有对象性意识,他们就不可能认识与控制自己的生命活动,自然也就不可能把自然作为客观对象,把自我作为生命活动的主体,他们的一切生命活动都是在生物本能需要的驱使下的生命与种的延续性活动。因此,动物的生命活动是与动物

---

① 马克思.1844年经济学哲学手稿[M].北京:人民出版社,2010:4.
② 费尔巴哈.荣震华、李金山,译.费尔巴哈哲学著作选集(上卷)[M].北京:商务印书馆.1984:83.
③ 马克思恩格斯选集(第1卷)[M].北京:人民出版社,1995:139.
④ 马克思.1844年经济学哲学手稿[M].北京:人民出版社,2010:57.

的生命同一的。"人是类存在物,不仅因为人在实践上和理论上都把类(他自身的类以及其他物的类)当作自己的对象;而且因为人把自身当作现有的、有生命的类来对待,因为人把自身当作普遍的因而也是自由的存在物来对待。""而人的类特性恰恰就是自由的有意识的活动"①。人是有意识的生命,人把"自己生命活动本身变成自己意志的和自己意识的对象。"②一方面,人通过生命活动逐渐生成与健全自我意识,人的生命活动是人类意识的源泉;另一方面,人的一切生命活动,包括获取生活资料的活动与种的繁衍,"这不是人与之直接融为一体的那种规定性"③,都是在人的意识的控制下进行的。有意识的生命活动才是具有对象性、创造性与目的性的生命活动。因此,人不仅仅利用自然能够给予人类的物质材料与生命必须,或是满足吃穿住行,人有更高的物质渴求与精神需要。人的对象性意识把自然界以及自我的生命活动当作自己认识、研究的客体,通过对自然经验事实的把握,将自然作为自己的精神的无机界,而把握的过程就是在人有意识的生命活动下完成的。这一过程并不是单纯的考察过程,而是具有目的性与创造性的对自然再加工的过程,也是人类认识与改造辩证发展的过程。人"把整个自然界——首先作为人的直接的生活资料,其次作为人的生命活动的对象(材料)和工具——变成人的无机的身体"④。人有意识地扩展了自己的生命维度,在强大的自然面前显示了自己的主动权,证明了自己的主体地位,这是人类自我意识冲破"自然宗教"的束缚,人类生命对自然"神力"的宣战,体现了人生命活动的自由规定,而真正合理的生命活动一定是在人类道德自律下能够满足人类可持续发展需要的定在自由的生命活动,这才是人之为人的价值所在。因此,马克思说:人"在改造对象世界中,人才真正地证明了自己是类存在物"⑤。必须要说明的是,马克思所说的自由的有意识的活动,其实就是指人以生产劳动为中心的实践活动,"人通过实践创造对象世界,即改造无机界,证明了人是有意识的类存在物"⑥。

正如前文所提到的,为了构建科学的革命理论,马克思潜心地研究了政治经济

---

① 马克思.1844年经济学哲学手稿[M].北京:人民出版社,2010:57.
② 马克思.1844年经济学哲学手稿[M].北京:人民出版社,2010:57.
③ 马克思.1844年经济学哲学手稿[M].北京:人民出版社,2010:57.
④ 马克思.1844年经济学哲学手稿[M].北京:人民出版社,2010:56.
⑤ 马克思.1844年经济学哲学手稿[M].北京:人民出版社,2010:58.
⑥ 马克思.1844年经济学哲学手稿[M].北京:人民出版社,2010:57.

学理论文献,受古典政治经济学家"劳动"概念的启发,马克思批判地继承和发展资产阶级古典政治经济学的"劳动"思想,把"劳动"概念提升到哲学层次,同时他也充分地肯定了黑格尔辩证法中的合理内核,就是:"他抓住了劳动的本质,把对象性的人、现实的因而是真正的人理解为他自己的劳动成果""他把劳动看作人的本质,看作人的自我确证的本质"①。在《1844年经济学哲学手稿》中采用"劳动"来界定人的本质,把人的生命活动现实化为人的"劳动"。马克思"从当前的经济事实出发"发现"物的世界的增值同人的世界的贬值成正比"②。这根本的原因就是资本主义社会劳动的本质是工人对生产的关系。资本主义社会的普通大众为了维持基本的物质生活所需,出卖了自己的劳动,成为了工人。劳动从人类自由自觉的活动成为了工人谋生的手段,本应属于工人"私有财产"的劳动成为了财富的本质,为了创造更多的不属于自己的财富,工人不断地劳动。异化的劳动成为控制人的主体,而人却成为抽象的人。"通过异化的、外化的劳动,工人生产出一个对劳动生疏的、站在劳动之外的人对这个劳动的关系"③。这就是资本家,资本家对工人的剥削反映了整个资本主义制度的不平等、不合理。在私有制条件下,劳动已经丧失了作为人的本质的特征,成为一种自我违背自己意愿,但为了生存又不得不去完成的活动。在现实表现上就是工人不可以占有自己劳动的对象,工人创造的产品奴役、支配着工人,也就是工人与自己劳动产品的异化,同时由于劳动的异化,工人在劳动过程中否定了自身本质,工人成了不具有"人的本质"的人,表现为人的类本质的异化。异化的劳动也就异化了劳动的社会性,"异化劳动条件下,每个人都按照他自己作为工人所具有的那种尺度和关系来观察他人"④。最终导致人与人相异化。为了摆脱工人受奴役、受压榨的现状,使人类重新占有自己的本质,获得人类的解放。马克思提出扬弃异化劳动和私有财产,从而提出了共产主义理想社会的价值预设。他指出:"共产主义是私有财产即人的自我异化的积极的扬弃,因而是通过人并且为了人而对人的本质的真正的占有"⑤。马克思认为共产主义要建立在人道主义和自然主义结合的基础之上,强调人性复归的社会性,是人的真正

---

① 马克思.1844年经济学哲学手稿[M].北京:人民出版社,2010:101.
② 马克思.1844年经济学哲学手稿[M].北京:人民出版社,2010:51.
③ 马克思.1844年经济学哲学手稿[M].北京:人民出版社,2010:61.
④ 马克思.1844年经济学哲学手稿[M].北京:人民出版社,2010:59.
⑤ 马克思.1844年经济学哲学手稿[M].北京:人民出版社,2010:81.

的劳动本质的复归,是人和自然界之间、人和人之间的矛盾的真正解决。

《1844年经济学哲学手稿》中,马克思对人的本质的生成性认识还不够成熟,理论构建的思维逻辑仍然采用费尔巴哈"预设理想本质—本质异化—本质复归"三段论式的思维方式,仍然带有黑格尔辩证法前提预设,圆圈式演绎推理的影子。这一缺陷是自我异化逻辑本身所固有的,若不设定一个先验的完满,就无所谓异化,这是马克思异化论无法避免的逻辑必然。

2. 人的发展本质

马克思在《1844年经济学哲学手稿》中不仅提出人的类本质,而且提出了人的发展本质思想。这其中有两方面原因:一方面,马克思通过说明了人的生命活动的特有方式划清了人与动物的界限,但自由和有意识的活动,没有反映出人的生命活动的目标和追求的价值维度,而这恰恰是人与动物的更重要的区别之一。动物出于本能进行着自己的生命活动,如马克思所说:"动物的机能——吃、喝、生殖,至多还有居住、修饰等等",这是它们"最后的唯一的终极目的"[①]。但人却不同,人除了有肉体的需要,还有精神的需要;有本能的需要,还有发展的需要,人的生命活动的类本质就决定了人的超越本性,人在开拓与创新中不断地证明自我,实现自我。人类历史就是一个人不断生成、进步的过程。人的生命活动由于具有自由的有意识的特性,因此它还要受到发展本质的支配。自由的有意识生命特质其中必然包含发展的内蕴,可以说人发展本质就是人的类本质的价值维度的延伸。另一方面,马克思认为人的类本质是自由的有意识的活动,强调了生命活动的类特性才是区别人与动物的根本要素。但马克思对人的生命活动类特性的定位并不仅仅是为了哲学研究的理论性说明,马克思在人的本质判断上有其重要的解释社会变革的目的。正如上文所述,为了认识资本主义制度的真正面目,剖析资本主义私有制所造成的人的本质异化的事实,马克思利用"劳动"代表人的"生命活动",对人类本质自由自觉劳动的判断,实质是一种"应然"维度的理想主义人的本质预设,也就是说作为人之为人的最为基本的类规定就是人的自由自觉的劳动。进而他通过深入地分析资本主义社会人的经济生活状态,发现了劳动异化现象,从而引出了"实然"维度人的本质异化的社会现实问题,表达了自己批判资本主义社会与建构共产主义

[①] 马克思.1844年经济学哲学手稿[M].北京:人民出版社,2010:55.

社会的理想。马克思说:"我们已经承认了劳动异化、劳动外化这个事实,并对这一事实进行了分析。现在要问,人怎么使他的劳动外化、异化? 这种异化又怎么以人的发展的本质为根据? 我们把私有财产的起源问题变为外化劳动对人类发展进程的关系问题,就已经为解决这一任务得到了许多东西。"①为了解释劳动异化问题,马克思提出了人的发展本质,由此我们不难看出,人的发展本质成了人的类本质异化的根据,本质与本质之间本应该是相互承接,互相补充的关系,怎么还有矛盾存在呢? 马克思说只要通过分析私有财产的起源问题可以为解决这个问题提供思考依据,这其中就需要我们重新分析对人的类本质与人的发展本质关系起决定性作用的两个概念"自由"与"需要"。在此著作中,马克思通过批判性地分析国民经济学,来解答私有财产的起源问题。马克思认为,人的类本质的规定性决定了劳动是个人的私有财产,国民经济学的根本错误在于,"他们使具有活动形式的私有财产成为主体,就是说,既使人成为本质,又同时使作为某种非存在物的人成为本质,所以现实中的矛盾就完全符合他们视为原则的那个充满矛盾的本质。"②也就是说,国民经济学既把劳动视为人的本质,又把劳动理解为财富的本质,以此来说明私有制的合理性,正是其现实矛盾的体现,财富成了社会的主体。马克思因此分析了异化劳动与私有财产的关系。他认为:"私有财产一方面是外化劳动的产物,另一方面又是劳动借以外化的手段,是这一外化的实现。"③对于马克思所谓的私有财产既是外化劳动的结果,又是外化劳动的原因的观点,学界评判不一。如果把这种观点置于特定历史时期社会经济体制的说明上就有其合理的存在维度,大体可以把它解释为:人们的对象化活动以及基于自我劳动基础上的产出都是"私人所有",而当"私人所有""易主"时,"换取"就成为实现劳动外化的过程,而这种异化劳动最终产出了资本主义的"私人所有"。前半段着眼于人类的普遍劳动,后半段着眼于资本主义制度下的人类劳动。那么私有财产的起源又与外化劳动对人类发展进程有什么关系呢? 依据马克思的观点人类发展的本质会造成人类劳动的异化,从而产生出资本主义下的私有财产。也就是说人类的异化劳动具有表征人类发展的积极意义,异化并不完全代表着消极,以历史发展的否定之否定的辩证观点,异化

---

① 马克思.1844年经济学哲学手稿[M].北京:人民出版社,2010:63.
② 马克思.1844年经济学哲学手稿[M].北京:人民出版社,2010:75.
③ 马克思.1844年经济学哲学手稿[M].北京:人民出版社,2010:61.

也是生成之源,发展的前提。同时,马克思又把私有财产视为异化劳动的手段,变相地证明了私有财产在推动人类发展进程中,同样具有积极作用。那么,我们要找到一个能够推动人类历史一直在私有财产与异化劳动辩证运动中不断向前发展的内在机制,这个机制能够作为人类发展本质的依托,能够说明"私有"与"异化"的根据,这个机制只能是从人性出发,能够表征人类多重属性的人的"需要"。人既是自然的人,又是社会的人;既是历史的人,又是文化的人,因此人有多重的需要,有本能的需要,也有发展的需要。发展的需要决定了人的发展本质。人的类本质所规定的人对自由的向往,对目标的追求都是蕴含着人类需要本性的对人的发展本质的前提性规定。人类的本能需要促使人类通过对象化活动获取维持生命所必需的物质资料,但是人类并不满足于自给自足,人类为了发展,需要获取超越生存需要的更多的生活资料,这些生活材料,一方面作为私有财产供己所用,另一方面,由于人类是社会的存在物,人类的交往活动决定了人不可避免的给予或交换私有财产,以促进整体性的发展。因此,发展的本质决定了人类劳动的异化,也就是造成了人的类本质的异化。异化了人的类本质并不代表一定违背了人的类本质,也就是说异化的劳动并不一定违背劳动的自由意愿。只有当资本家利用私有制"占有"更多他人的私有财产,而工人为了生产这部分私有财产而做出违背自己意愿,抛弃自由的以私有财产形式存在的劳动,才是纯粹意义上的异化劳动。私有财产异化了工人,同时也异化了资本家。资本主义社会,生产关系决定了私有财产的归属。因此,工人们不认为自己应该占有自己的劳动产品,当"人们谈到私有财产时,认为他们谈的是人之外的东西。而人们谈到劳动时,则认为是直接谈到人本身"[①]。需要作为异化劳动的目的和追求,在异化劳动中不断地使劳动产品同劳动者相异化。从宏观人类发展上看,私有财产是人类劳动的凝结物,表征着人类的发展本质,他促使人类异化劳动,进而满足了人类的需要,提高了财富的积累。因此,根植于人类需要本性的私有财产与异化劳动对人类发展具有积极意义。同时,马克思提出通过无产阶级革命扬弃异化,消灭资产阶级,走向共产主义社会的理想道路。这一观念也是符合人类发展本质规定的必然结果。马克思说"自我异化的扬

---

① 马克思.1844年经济学哲学手稿[M].北京:人民出版社,2010:63.

弃跟自我异化走着同一条道路"①。人们通过异化劳动创造私有财产的过程,也是为扬弃异化准备条件的过程。因为"一种历史生产形式的矛盾的发展,是这种形式瓦解和新形式形成的唯一的历史道路"②。人的需要本性和发展本质是人类历史的实践生成的发展动力。人需要现实化的过程就是人类发展本质确证的过程,就是人自身生成的过程。"不断地满足人的需要的活动生成和锤炼了人的发展的本质,历史就是人的发展本质的外化和实现。"③

3. 人的社会性本质

马克思受费尔巴哈的影响,最早在《黑格尔法哲学批判》中就提出过人的"社会特质"问题,之后又在《论犹太人问题》中,通过对国家与市民社会的分析,明确地表明人是"社会的存在物",在《〈黑格尔法哲学批判〉导言》之中加深了对人是"社会存在物"的理解,深入地分析了人的社会性。因此,马克思很早就把握了人的社会性的特点。在《1844年经济学哲学手稿》中,马克思对人的本质的社会性的判断,是对此前理论的深化与发展。因此,马克思总结说:"首先应当避免重新把'社会'当作抽象的东西同个人对立起来。个人是社会存在物"④。既然人是社会的存在物,那么作为人类本质的劳动也因此就具有了社会性。以下将从两个方面分析人类劳动,从而把握人的社会性本质。

第一,对劳动特性的分析。自由有意识的生命活动具有以下的特点:其一,在人与自然的关系上,劳动表现为能动性。"劳动这种生命活动、这种生产生活本身对人来说不过是满足一种需要即维持肉体生存的需要的一种手段。而生产生活就是类生活"⑤。劳动就是人的类生活,而劳动的目的就是生产。由于人是自由的、有意识的存在物。因此,这种生产是按照任何一种尺度来进行的。一方面,生产维持生存需要的物质生活资料,另一方面,生产非肉体需要的生活资料,人把自己的价值标准内蕴于劳动实践之中,那么劳动产品之中也就体现有人的对象化本质,这是对客体的再创造,使自然界成为属人的世界。人通过劳动,超越物种的限制,占有自然,与对象世界实现融合。同时,"劳动是人在外化范围之内的或者作为外化

---

① 马克思.1844年经济学哲学手稿[M].北京:人民出版社,2010:78.
② 马克思恩格斯选集(第1卷)[M].北京:人民出版社,1995:562.
③ 张奎良.马克思"人的发展的本质"释义[J].黑龙江社会科学,2016:1.
④ 马克思.1844年经济学哲学手稿[M].北京:人民出版社,2010:84.
⑤ 马克思.1844年经济学哲学手稿[M].北京:人民出版社,2010:57.

的人的自为的生成"①。人不仅通过劳动改造了自然,人也通过劳动发展了自身,确证了自己的本质。劳动是和人的生命发生与发展统一的过程。其二,在人与人的关系上,劳动表现为社会性。通过对人类劳动的进一步分析,马克思表明人不仅仅是自然的存在物,人也是社会的存在物,"我本身的存在是社会的活动"②,劳动是人的社会性产生和存在的基础。因此,人的本质也在于社会性。这是马克思对费尔巴哈人的本质观的超越。马克思扩展了社会性的内涵,把社会性看作人的本质的实现。马克思说:"自然界的人的本质只有对社会的人来说才是存在的"③。因为只有在社会之中,才能还原人的本质的产生与存在的背景。自然界对人来说才是他的属人存在的基础和与其他人相互联系的环节,是自然的社会化,也是社会的自然属性的体现;只有在社会之中,生命的自然属性才表现为人的自然化,自然界的属人本质才表现为自然的人化;只有在社会中,劳动的这种对象性活动才表现为人的自我确证过程。人通过生产对象化自己的本质,表现了自己的生命特点。只有在社会中,人与人之间的关系才表现为现实的人的社会性的实现。通过为他人提供劳动产品,满足了他人的需要,产品所表现的人自身的对象化本质与他人的本质相契合,每个人都是他人与类之间的媒介,实现了物质实体与劳动本质为中介的人与人之间的联系。在社会之中,人通过劳动按照自己的需要改造了自然界,在劳动互助下形成了人与人之间的联系,在对象化的活动中确证了自己的本质,实现了人与自然、人与社会、人与人、自然与社会的有机联系和统一。

第二,对异化劳动的分析。异化概念本身具有孤立个体的逻辑结构。马克思通过一个孤立的劳动者就可以很好地解释人同自己劳动产品、自己的生命活动以及自己的类本质相异化,但孤立的个体无法解释人与人之间的异化现象,这种异化只能通过市民社会中的生产与交换才能够得以解释。为了说明人与人之间的异化现象,马克思引入人的社会性本质,来说明人与人之间的现实化关系。马克思认为,"人同自身和自然界的任何自我异化,都表现在他使自身和自然界跟另一些与他不同的人所发生的关系上。……在实践的、现实的世界中,自我异化只有通过对

---

① 马克思.1844年经济学哲学手稿[M].北京:人民出版社,2010:101.
② 马克思.1844年经济学哲学手稿[M].北京:人民出版社,2010:83.
③ 马克思.1844年经济学哲学手稿[M].北京:人民出版社,2010:83.

他人的实践的、现实的关系才能表现出来"①。个人与社会通过对象世界结合起来的原因在于个人所创造的现实既能实现自己的意愿,满足自己的需要;同时,也能够辅助他人实现创造的意愿,满足他人的需要。因此,人是不能够孤立地对象化自己的类本质,即人只有在共同体中,依靠社会成员的共同协作生成与实现自己的类本质,社会是人类本质现实化的基础。任何人都是社会的存在物,社会性决定了人不可以完全占有自己劳动的成果。因此,而这种社会化了的劳动本质上就是异化的劳动。为了解释清楚异化劳动以及人的社会性本质的关系,马克思突破了异化劳动的限制,变相地说明了社会性交换问题。人的对象化活动创造了新的产品,新产品一方面被生产者所占有,另一方面以脱离生产者二度异化的形式,转让为社会的财产,被他人所占有,生产者以放弃对产品的所有权,获得公民权,被允许参加社会活动,展现人的社会性本质。从中我们不难发现,马克思所解释的人与人的互相异化是建立在独立的、对等的劳动主体之上,建立在平等的劳动交往之上,而在现实的资本主义社会,人与人的关系主要表现为雇佣工人与资本家,资本家与资本家以及雇佣工人与雇佣工人之间的关系,这样的关系并不适于普遍的异化逻辑。这为马克思之后研究货币、资本等经济学问题埋下伏笔。

此阶段,马克思对人的本质的论述实际上存在着两条理论逻辑线索,其一是对人的类本质的价值预设而引出的人本主义异化史观的人的主体辩证法逻辑,其二是从人的现实劳动分析的人的发展本质与社会性本质的社会历史逻辑。马克思把费尔巴哈唯物主义视为"和人道主义相吻合的唯物主义",因此他坚持把社会主义和共产主义看成是对人的本质的积极扬弃,向真正的人的"复归"。共产主义并不是为了寻找人的本质,而是现实地实现人类解放。他把共产主义称为真正的人道主义,是对人的本质的真正占有,这是马克思世界观从不成熟走向成熟过程中的特定观念。但值得注意的是,马克思对人的劳动的分析,对人的发展本质与社会性的把握,则是马克思世界观逐渐成熟的重要标志。

(二)《穆勒评注》——交往生成和人的真正的社会联系

在《1844 年经济学哲学手稿》中,马克思虽然把握了劳动的能动性与社会性,

---

① 马克思.1844 年经济学哲学手稿[M].北京:人民出版社,2010:60.

把人的实践和实践的人统一了起来,通过工业发展与人类历史的统一关系说明了生产实践在人类历史的基础性地位。但马克思通过人的类本质——劳动,来说明人的社会性本质,这显然带有费尔巴哈人本主义的影子。同时,马克思仅仅通过在现实之外的理想价值预设,以共产主义实现过程的异化发生逻辑,解释人与人之间的社会交往与人的本质的社会性。可以看出,马克思此时并没有从人与人之间现实的社会联系与人类的历史生成的角度分析人的社会性存在,把握人的社会本质。

是年7月马克思在《前进报》上发表的"评一个普鲁士人的'普鲁士国王和社会改革'"一文,批评卢格把人的贫困问题置于伦理道德的框架内思考,进而说明了资产阶级政治的无能,认为无产阶级应该通过政治革命消除贫困,同时他认为解决贫困问题还应该采取社会手段,人们的贫困产生的基础性原因在于人们脱离了社会共同体。马克思说:"工人自己劳动使工人离开的那个共同体是生活本身,是物质生活和精神生活、人的道德、人的活动、人的享受、人的本质。人的本质是人真正的共同体。不幸而脱离这种本质,远比脱离政治共同体更加广泛、更加难忍、更加可怕、更加矛盾重重。"①因此人要通过社会革命,抗议非人的生活,重新占有自己的本质。"人的本质是人的真正的共同体",这里的"共同体"与下文所提到的"社会联系"是对德文词Gemeinwesen不同的翻译,对同一个词采取两种不同的翻译形式,我认为是有其道理所在的。这种处理方式符合马克思实践生成思维进展,能够更好地表达马克思思想的理论主旨。"共同体"的翻译是想强调社会的总体性对现实工人的意义,通过分析政治"共同体"与社会"共同体"对工人的不同意义,从而表达社会共同体对工人本质的决定性意义。为现实的革命实践做理论说明。而"共同体"表达的理论价值还表现在,马克思通过对现实的西里西亚织工起义的思考以及对现实的人的分析,实现了对人的本质的判断从理想预设转为现实生成的第一步。而"社会联系"的翻译是想强调社会存在的个体性,深入到社会共同体内部,剖析人与人之间相互联系的本质内涵,为"一切社会关系总和"的个体化本质做理论铺垫。

作为马克思1844年经济学研究成果主义的《詹姆斯·穆勒〈政治经济学原理〉一书摘要》(以下简称《穆勒评注》)通过探讨货币、交往、社会分工等现实市民

---

① 马克思恩格斯全集(第3卷)[M].北京:人民出版社,2002:394.

社会中的经济问题,解释了人类生活世界中的交往异化问题。马克思明确指出:"人的本质是人的真正的社会联系"①,从而深化了对人的社会本质的认识。马克思认为真正的社会联系,并不是黑格尔所谓的观念上的联系,或是费尔巴哈的感情的联系,这种联系在于人存在的社会性,也就是人现实的客观联系。任何人都不可能离开社会孤立地生活,社会就是人与人所形成的各种社会关系交织而成的共同体。那么人在生存共同体中是如何形成各种社会联系呢?"联系"首先源于相互的作用,在现实社会中,人的相互作用一定是在劳动以及以劳动为基础的各种形式的社会实践的基础上形成的,即是人在生产实践过程中,在对象化中积极地实现人的本质过程中创造出来的,是人表征自己的现实存在,证明自己的价值时的直接产物。我们的类本质与社会联系本质决定了生产的必然性。同时,"我们的产品同样是反映我们本质的镜子。"②社会"共同体"中相互联系的人不是抽象化的理想的人,而是"现实的、活生生的、特殊的个人"③,他们并不单独的、彼此孤立地存在于社会之中,而是以"类"的形式,通过彼此对对方的劳动以及劳动产品的社会性的相互需要以及相互补充。"因为人的本质是人的真正的社会联系,所以人在积极实现自己本质的过程中创造、生产人的社会联系、社会本质"④。在马克思看来,交往是人以"类"的形式表现出的"活动"与"享受","类"体现为"社会共同体",即体现为"社会的活动和社会的享受",因此交往就表现为人的类本质与社会本质。"社会"当中的"类"才是现实的"类","社会"的本质又以"类"本质为存在根据。因此人必须生活在"类"的社会之中,因为单个个体即使能够自给自足,但也无法进一步满足更高的需求,实现发展的本质,充其量仅仅是"动物类"式的生活。若想实现人的"类"生活,必须要借助他人的劳动产品才能够发展下去。生产的产品不仅供自己利用,同时也满足他人的所需,"我们每个人在自己的生产过程中就双重地肯定了自己和另一个人"⑤。因此,"交往"体现了"互助互补"的人性,"交往"生成了人的社会本质。他说:"国民经济学以交换和贸易的形式来探讨人们的社会联系

---

① 马克思.1844年经济学哲学手稿[M].北京:人民出版社,2010:170.
② 马克思.1844年经济学哲学手稿[M].北京:人民出版社,2010:184.
③ 马克思.1844年经济学哲学手稿[M].北京:人民出版社,2010:171.
④ 马克思.1844年经济学哲学手稿[M].北京:人民出版社,2010:170 – 171.
⑤ 马克思.1844年经济学哲学手稿[M].北京:人民出版社,2010:183 – 184.

或他们积极实现着的人的本质"①,都在于他们发现了"互助互补"的交往秘密。马克思分析了亚当·斯密的"个人的需要和利己主义理论",把市民社会理解为一个关于分工与交换的社会体系。通过分析现实社会生活中资本和雇佣劳动关系下的异化劳动,提出了交往异化理论,加深了对人的本质异化的理解。在《论犹太人问题》中,马克思曾讨论过"拜物教"的问题。因此,马克思自然而然地接受亚当·斯密关于货币的中介性想法,认为货币在人类交往中俨然成为"真正的上帝",对人行驶着支配的权利,这是人本质异化的现实表现。人的生产劳动与经济交往的过程就是人本质异化的过程。马克思说:"人使这种中介活动本身外化,他在这里只能作为丧失了自身的人,失去了人性的人而活动;物的相互关系本身、人用物进行的活动变成某种在人之外的、在人之上的本质所进行的活动。"②而这种货币异化现象的产生就源于资本主义社会的对物的自私的物化式的占有,人与人之间的关系从彼此人格规范下的交换互助关系变成为被物质所控制的、利己的、不以人的意志为转移的交往异化关系。资本主义的物质控制与人所坚持的非人的利己原则使人与人变成了经济异化下互相利用的敌对关系。人从此不再是目的,而是实现个人物欲的手段。

在《穆勒评注》中,马克思对人的本质的社会联系以及市民社会人们经济交往关系的分析,表明了马克思对人的本质的思考从人本主义异化劳动逻辑向交往生成逻辑,是马克思开始从社会历史角度分析人的社会交往以及解读人的现实的个体本质的开端。

(三)《神圣家族》——生产生成与人的本质的物化

《神圣家族》是马克思与恩格斯1844年8月于巴黎见面后,合作写成的第一部著作。马克思主义创始人用自己逐渐建立起来的唯物史观以批判的方式清算了自己"从前的哲学信仰",与青年黑格尔派和思辨哲学彻底划清界限,从此开始了对现实的人的历史考察,并提出了社会生产关系的思想。

在《神圣家族》中,马克思通过分析"果实"和各种具体水果之间的关系,深刻而细致地揭示了思辨哲学的理论实质。马克思认为,"果实"相当于一般,具体水

---

① 马克思.1844年经济学哲学手稿[M].北京:人民出版社,2010:170-171.
② 马克思.1844年经济学哲学手稿[M].北京:人民出版社,2010:165.

果相当于个别,对具体水果的概括获得了人们对"果实"范畴的把握。因此,具体水果是一般果实概念产生的基础,一般果实只是具体水果的科学抽象。一般只能来源于个别,而不能作为统领个别的实在。思辨哲学家颠倒了这一概念,将"一般"思辨为绝对的永恒,而"个别"则成为特殊的现实。他们把一般回到具体的过程理解为造物的过程,理论被歪曲成为脱离于肉体的思想主体,抽象地发展了认识的能动性,特殊的具体被消解于一般概念的生成之中。马克思指出:"把实体了解为主体,了解为内部过程,了解为绝对的人格。这种了解方式就是黑格尔方法的基本特征"①。马克思通过批判青年黑格尔派理论的思辨结构,彻底地与黑格尔唯心主义哲学划清界限。

1. 人民群众的历史主体地位

在《神圣家族》写作前夕,马克思就致信于费尔巴哈表示,青年黑格尔派把"批判"变为了一种超验的存在物。意识与自我意识被他们当作人的唯一的本质,而现实的人民群众只是作为精神的对立物而存在的。因此,马克思认为,对于共产主义革命来说,"没有比唯灵论即思辨唯心主义更危险的敌人了"②。他认为社会与政治的发展决定于经济的发展,"唯灵论"会削弱人民群众的主体意识,使无产阶级放弃物质利益而追求思想的宁静。因此,必须批判这种思辨唯心主义的幻想,通过革命使无产阶级从一切形式地剥削中解放出来。

鲍威尔等人片面地发展了黑格尔的思辨哲学,他突出强调了自我意识的绝对形式,以实体形式的自我意识代替了黑格尔的绝对精神,但却履行与绝对精神同样的功能的"责任"。于是自我意识从人的属性转变成了独立的精神实体,成为世界的最高原则。马克思指出,自我意识是人化了的理念。自我意识被绝对化为普遍的、无限的、脱离人的独立的创造主体,而人被贬低成为自我意识的产物,人类关系的全部总和变为范畴,人对自我意识的绝对性服从表现为人所应该具有的人性。这是对人与自然的物质性与实体性的否定,是"以思辨的黑格尔的形式恢复基督教的创世说"③。同时,青年黑格尔派否定"以自然为基础的现实的人",把历史的发展归结为普遍的自我意识与自然存在物的对立。因此,历史的进步也就源于理论

---

① 马克思恩格斯全集(第2卷)[M].北京:人民出版社,1957:76.
② 马克思恩格斯全集(第2卷)[M].北京:人民出版社,1957:7.
③ 马克思恩格斯全集(第2卷)[M].北京:人民出版社,1957:174.

与思想的冲突,源于理论之间的批判。"批判"被夸大成为历史发展的根本动力,成了变革一切的"现实"的力量。

马克思否定了关于鲍威尔等人关于通过思想批判资本主义,在思维领域消灭资本范畴,也就等于消灭了现实的资本的荒谬理论。他认为,青年黑格尔派将精神与群众对立起来,试图通过说服人民以批判的方式改变被剥削的事实是可笑的。他说:"思想根本不能实现什么东西。为了实现思想,就要有使用实践力量的人。"①也就是说"批判的武器"不能够代替物质去完成对现实事物的变革,思想要想成为现实就要掌握具有能动性与实践力的群众,当群众掌握了变革的理论,便会通过自己的劳动实践,进行"武器的批判",使思想变为现实。在革命的时代里,"批判的批判什么都没有创造,工人才创造了一切,甚至就以他们的精神创造来说,也会使整个批判感到羞愧"②。人民群众不仅创造了物质财富,也创造了精神的财富,他们是利益的真正占有者。此前的一切革命,包括资产阶级革命,都是为了少数的剥削者的利益而发起的,而作为真正财富的创造主体人民群众却受到了束缚。思想如若想掌握群众,最关键的一点就是思想必须能够反映人民群众的利益。思想并非空穴来风,它是由物质利益与阶级利益所决定的,利益的归属就决定了阶级之间面对事物的态度,以及生产活动的价值倾向。如果说以往的革命并不成功,并不是因为革命理论的失败,而是因为这种革命的原则并不代表革命阶级的利益,而是一种假惺惺的观念。因此,他所唤起的人们的热情与关怀也只是暂时的。人民群众是实践的主体,是历史的创造者,"历史活动是群众的事业,随着历史活动的深入,必将是群众队伍的扩大"③。在追求自己阶级利益的革命理想信念的支撑与现实的革命实践力量的壮大下,为了消灭剥削、压迫而发起的无产阶级革命必然会唤起人们长久的热情与关怀,最终走向胜利。

2. 人的本质的"实物"化

马克思认为,对现实的人的视域,一定是人类社会。也就是说社会的人才会脱离自己的抽象本质,体现自己的现实性。"正如古代国家的自然基础是奴隶制一

---

① 马克思恩格斯全集(第2卷)[M].北京:人民出版社,1957:152.
② 马克思恩格斯全集(第2卷)[M].北京:人民出版社,1957:22.
③ 马克思恩格斯全集(第2卷)[M].北京:人民出版社,1957:104.

样,现代国家的自然基础是市民社会以及市民社会中的人"①。不同时代的经济状况与工业状况决定这个时代政治制度形态。因此,物质生产是历史的发源地,是决定社会发展的主要因素。人类社会的历史就是物质生产的历史,人与人之间的社会关系就体现在"尘世的粗糙的物质生产之中"②。"把市民社会的原子连接起来的不是国家",是现实的个人利益,他们之间的关系体现为现实的经济关系,因此,"他们之间的现实的联系不是政治生活,而是市民生活"③。他们之间的交往原则体现为为了满足个人需要的利己主义原则。马克思着眼于现实的人,认为现实的人与人之间体现为财产关系或占有关系,是基于物质利益之上的人们社会关系的物化形式。虽然是物化了的人,但却是实实在在现实的人,生产的人,是"自然的必然性、人的特性、利益"把人们彼此连接起来。"实物是为人的存在,是人的实物存在,同时也就是认为他人的定在,是它对他人的人的关系,是人对人的社会关系。"④马克思在此已经非常接近生产关系的概念,实物、人的劳动产品不仅仅是供人生存的必须,是人的社会存在的确证,也体现为人与人之间的社会关系,人们通过劳动产品建立彼此的联系,生产关系在生产中就是人的社会关系。因此,应该通过现实社会中的物质生产,从经济与工业状况认识人、了解人、把握人的本质。现实的人必然是生产的人,因此市民社会中人的本质体现为人的"实物"化、"产品"化、"经济"化。

这一时期的马克思仍然深深地受到费尔巴哈人本主义哲学的影响,他高度赞扬费尔巴哈关于人的感性理解,认为费尔巴哈已经实现了对现实的人的考察,是他把绝对精神归结为"以自然为基础的现实的人",同时制定了思辨形而上学的批判要点。马克思深化了对人的社会性认识,开始强调经济关系的客观必然性,马克思通过批判青年黑格尔派的思辨哲学与"抽象的人",认识到:要从历史当中,从现实的社会当中把握人的本质,现实的人是历史的主体,而市民社会的生产关系所决定的人的本质的"实物"化,"实物"化本质其实是对人的社会本质的深化。

---

① 马克思恩格斯全集(第2卷)[M].北京:人民出版社,1957:145.
② 马克思恩格斯全集(第2卷)[M].北京:人民出版社,1957:191.
③ 马克思恩格斯全集(第2卷)[M].北京:人民出版社,1957:153-154.
④ 马克思恩格斯全集(第2卷)[M].北京:人民出版社,1957:52.

四、实践确立与人学的完善

1845年马克思正式开启哲学变革理论新视界,他着眼于人类社会历史,通过对现实生活中的人的社会关系与生产活动的分析,确立了以实践为基础的唯物史观。随着马克思的实践观的成熟与唯物史观的建立,马克思的实践生成论也趋于完善。在这个全新的理论基础上,马克思通过科学地分析人的历史生成与现实实践活动,深化了对人的本质的科学认识。

(一)《关于费尔巴哈的提纲》——实践生成与一切社会关系的总和

1845年马克思来到布鲁塞尔,当年春天写下了《关于费尔巴哈的提纲》。其中包含着丰富的实践的理论内涵,展现了马克思实践生成思维逻辑的魅力。"哲学家们只是用不同的范式解释世界,问题在于改变世界。"[①]哲学的真正目的并不是理念的思辨,而是作为"精神武器"为现实社会变革提供理论依据,为人类实践生成指明方向。因为实践的原初性、生成性就决定了意识理念是人类实践活动的结果,人与自然在实践中生成,并实现统一。

1. 客观物质实践:人类主体生成的基础

马克思通过批判费尔巴哈以及以往的一切旧唯物主义,表达了自己对于实践的理解。他说:"从前的一切唯物主义(包括费尔巴哈的唯物主义)的主要缺点是:对对象、现实、感性,只是从客体的或者直观的形式去理解,而不是把它们当作感性的人的活动,当作实践去理解,而是从主体方面去理解。"[②]马克思批判从前的唯物主义把对象直接作为思想的客体的物的存在而把握,认为对象是先在的、预成的,而不是由主体的活动历史地生成的,即使是费尔巴哈强调了物的感性维度,但也只是从人类的感性直观的认识层面把握对对象的理解,对象依然没有逃离作为思想的客体而存在。他们没有把对象置于人的主体实践活动中去透视,因而这也是他们哲学的主要缺陷。"实践"成了新旧哲学的主要区别。那么实践观的优越性到底在什么地方呢?接着马克思通过对唯心主义的理解与批判,进一步表达了对实

---

① 马克思恩格斯选集(第1卷)[M].北京:人民出版社,1995:57.
② 马克思恩格斯选集(第1卷)[M].北京:人民出版社,1995:54.

践的认识。马克思说:"和唯物主义相反,能动的方面却被唯心主义抽象地发展了"①。可见,能动性强调了人的主观能力,但是由于唯心主义根本"不知道现实的、感性的活动本身"的意义,因此,能动性变成了自我意识的自由运动以及绝对精神的自为能力了。现实的、感性的活动才是主体发挥能动能力的主要手段。历史活动的内驱力在于实践的能动性与生成性。马克思认为只有真正从人的主体能动性活动方面去理解"事物、现实、感性",才能真正了解"革命的""实践批判的"活动的真正意义。理解了实践与人类社会历史关系,也就把握了实践生成的思维逻辑,从而重新去理解实践与对象、实践与意识、人与世界的生成问题。马克思认为人与周围环境的改变在于人的实践活动。人的现实生活就是实践,实践改变了人的生活环境,重塑了人本身,实践是改造世界与发展人的主体性相一致的生成性活动,也就是说实践是实现自然与人、思维与存在统一的唯一现实手段。人总是生活在一定的环境之中,这种环境一定是通过人们的生活实践、社会活动逐渐生成与改变的。人类社会是人实践活动的结果,而人在改变着社会环境的过程也就是生成自我、塑造自我的过程。因此,实践也是人自我生成的手段,由实践活动而生成的生活环境就成为人自我生成的社会基础。

2. 一切社会关系的总和:人的社会化、个体化本质

马克思的"实践"观对人的本质生成分析的真正价值在于思维逻辑的转换,这不仅是对传统本体论人的本质思想的革命性批判,更重要的是对马克思以往人的本质判断的超越。正如前文所提到的,马克思在《1844年经济学哲学手稿》中人的类本质的理解实际是一种对人的本质的价值预设,他的整个哲学的逻辑体系体现为一种劳动异化史观的逻辑架构。而新的世界观的建立体现了马克思着眼于现实生产的人,人学研究从主体辩证法向历史辩证法的过渡。因此在马克思看来人类社会的历史不再是人的本质异化逻辑演绎的历史,而是人类通过社会实践生成的客观现实发展史,是人类实践生成史。马克思认为费尔巴哈对人的理解的根本错误就在于,"他没有把人的活动本身理解为对象性的活动",他用感性直观的方式看待人,人因此是生物性的感性肉体,他用直观的方式理解人与人之间的关系,人被看作是"单个人所固有的抽象物",人与人的交往只有感情的联系,他不懂得产

---

① 马克思恩格斯选集(第1卷)[M].北京:人民出版社,1995:54.

生宗教的根本原因并不在于人的观念,而是在于社会的矛盾。因此,他"撇开历史的进程,把宗教感情固定为独立的东西,并假定有一种抽象的——孤立的——人的个体",既然人已经被抽象化了,那么人的本质只能被归结为以"类"形式出现,表现为把许多"符号化"了的个体自然地组合在一起的普遍性。费尔巴哈由于没有把感性世界理解为构成人通过感性的活动所共同组建的世界,他"撇开历史的进程""只能做到对'市民社会'的单个人的直观",社会成为人本质的派生物,因而一旦进入人类历史领域,费尔巴哈就会走向唯心主义,其根本的原因就在于他"不了解'革命的''实践批判的'活动的意义"。费尔巴哈"所分析的抽象的个人,是属于一定的社会形式的"①。因此对人的本质的理解也一定会走向抽象化的形式。

马克思新世界观的立足点是人的社会和社会的人,他发现了人类全部生活的秘密就在于实践,实践不仅在人的社会生活中,而且在人认识事物时起决定性的作用。人们通过现实的实践活动,创造了社会生活,展现了人存在的社会性,社会存在决定社会意识。因此,对宗教的理解,对人本质的异化的分析,都可以通过实践给予合理的答案。通过对实践的深化认识,马克思扩展了人的社会性的内涵。人们通过实践所结成的人与人之间现实的关系,表现为多种不同关系的集合。"本质"因此从"只能被理解为'类',理解为一种内在的、无声的、把许多个人自然地联系起来的普遍性"②。转变成为一种显性的、复杂的、许多现实的人通过社会生产、交往联系起来的特殊性、个体性。所以,马克思写道:"费尔巴哈把宗教的本质归结为人的本质。但是,人的本质不是单个人固有的抽象物,在其现实性上,它是一切社会关系的总和"③。人的社会性是人与动物区别开来的根本标志,人的社会性决定人总是处在一定的社会关系之中,在一般社会中人的关系主要通过生产关系表现出来,在阶级社会中这种生产关系又具体化为阶级关系,可以说生产关系奠定了社会关系的基础,而除此之外人的各种属性又决定了人与人之间有着各式各样的复杂关系,每个关系又都有自己的子集,每个关系根据类别又都可以合并成自己的合集,例如:家庭关系、民族关系、师生关系等等。人的本质就是各式各样社会关系的合集。可以说,人与人的关系证明了人与人之间互为本质。这就是现实的人、社

---

① 马克思恩格斯选集(第1卷)[M].北京:人民出版社,1995:56.
② 马克思恩格斯选集(第1卷)[M].北京:人民出版社,1995:56.
③ 马克思恩格斯选集(第1卷)[M].北京:人民出版社,1995:56.

会的人、阶级的人、民族的人所决定的社会关系中的人。因此，人的社会关系总和具有以下两个特点：其一，人的本质的生成性。人的本质的生成性源于人是历史性的实践主体，因此人就是生成新的存在。每一个生命的主体都是现实的、客观的存在，因此他并不是凝固的、一成不变的，他是活生生地发展变化的人。因此，由人类所组成的整个人类社会就体现为历史的流变性。人们之间的社会关系也是随着人类实践过程中的各种矛盾运动而历史性地发生变化。所以，人的本质就随着这些社会关系的发展而不断地生成、充实。同时，人类生成的本质也通过对人类实践活动的渗透而反映在人类的一切社会关系之中。我们可以通过人的个体本质窥探与其相关的社会关系状况。反之，我们也可以通过把握属于他的一切社会关系的总和，确证他的本质。其二，人的本质的个体化。人通过自身实践会形成与他人的社会关系，即人作为一个点会发射多条与他人的关系之线，社会就是人与人不同的关系线交织的一张大网。人可以通过对各种关系的认识形成对社会总体的把握，同时人也可以通过社会之网的网结确证自己的本质与了解他人的生活特点。可见，收网的过程就是对点的确认，就是对个体本质的把握，每个关系都是对个体本质的明确与定位。人如果离开了社会之网也就失去了人的意义，也就更不可能具有"类"特性，而沦为物的存在。人是社会的产物，是关系的结点。人是社会关系的起点，也是社会关系的终点；人是社会关系的焦点，也是社会关系的交点。

马克思通过批判包括费尔巴哈人本主义在内的旧的唯物主义，归纳了他的新唯物主义的基本观点，进而阐述了实践生成的若干原则，那条从人的先验的本质出发的异化逻辑和基本语境在总体上被扬弃了，依着实践生成的发展逻辑，把人的本质归结为社会个体性的一切社会关系的总和。从而强调了现实的人是社会关系的产物，暗含着马克思对社会关系与生产关系的深刻理解。对人的本质是一切社会关系总和的论断，不仅标志着马克思人的本质观上的革命性变革，更体现着他的社会历史观与哲学思维方式的伟大变革。可以说马克思在人的本质的生成性研究当中，逐步实现了他的新唯物主义的理论构建，二者的发展表现为彼此相关的互为生成过程。

（二）《德意志意识形态》——历史生成与人的需要

在《关于费尔巴哈的提纲》中，马克思在实践的基础上实现了一个崭新的哲学思维逻辑,表述了新唯物主义的基本理论,完成了对人的本质是一切社会关系总和的论断。1845—1846年,由马克思和恩格斯合著的《德意志意识形态》,以科学的社会主义立场出发,全面展开了《关于费尔巴哈的提纲》中所表述的实践唯物主义观点,彻底划清了新旧人学的区别,说明了在社会历史领域中以现实的人为研究对象的人的本质生成问题,标志着马克思人的本质实践生成观的完善。

马克思通过批判费尔巴哈、施蒂纳以及鲍威尔等人的唯心主义历史观的理论,表达了自己关于实践唯物主义的观点。马克思认为由于费尔巴哈没有把客观自然界面向人的感性现象当作人的感性实践活动去理解,从而导致了他的唯心史观。马克思认为人的感性世界是构成社会存在物质基础,而只有通过实践活动改造的自然才是属人的自然环境,才是承载人类历史的地方。因此,实践才是人类认识与变革感性世界的唯一手段。"这种活动、这种连续不断的感性劳动和创造、这种生产,正是整个现存感性世界的基础"。我们的任务在于改变世界,在于使现存世界革命化。

1. 人的本质的回归:现实的人

马克思批判了费尔巴哈的抽象的人。他认为,费尔巴哈所说的人只是抽象意义上的"类"的人,这样的人只是通过感性直观的形式去认识事物,而人与人之间的关系则仅仅表现为人之间的情感关系。马克思认为感性的人是感性实践的人。同时,马克思批判了施蒂纳的"唯一者"。他认为,施蒂纳把人理解为人的精神,人的纯粹的抽象的观念。因此,人成为绝对的最高存在,利己主义成为历史的动力。施蒂纳夸大了人的意识,他的哲学是典型的唯心史观。马克思认为,现实中的个人一定是在特定的社会环境中,在一定的历史前提下,进行着物质资料生产的人。不同于从前的一些学者所理解的单纯的个人,现实的人一定是在历史条件与社会关系规范下实践着的主体。在人的本质的规定下,这些人从事着自由有意识的生产活动。因此,在现实的物质世界,他们不受任何人的支配与干扰,主动地完成自己的生产目的。"从直接生活的物质生产出发阐述现实的生产过程,把同这种生产方式相联系的、它所产生的交往形式即各个不同阶段上的市民社会理解为整个历史的基础"[1]。现实的人的生产状况,取决于他们进行生存的物质条件,因而他的活

---

[1] 马克思恩格斯选集(第1卷)[M].北京:人民出版社,1995:92.

动一定会现实地受到自己生产力与社会交往形式的制约。他们的生产就是生产生活,因此他们的生活的现状也规范着他们的生产,实践就表现为一个生成的过程,而生成也就是对实践主体本人的塑造与限制。于是,马克思说:"个人怎样表现自己的生活,他们自己就是怎样"。同时,现实的人是活生生的肉体存在的人,因此他们生产过程中的物质条件,就决定了他在生产过程中的角色定位与行为态度。生产过程是表征人、生成人的过程,是确证人本质的过程。人是否能够按着自由有意识的方式而活动取决于生产的物质条件。可见这里已经暗含了马克思对生产关系对人生产实践性质定位的意蕴,是对私有财产问题的实践化理解。因此,马克思说:"他们是什么样的,这同他们的生产是一致的——既和他们生产什么一致,又和他们怎样生产一致。因而,个人是什么样的,这取决于他们进行生产的物质条件"①。生产的产品、生产的行为方式,以及整体生产过程都是对人的生成与本质的确证过程。着眼于现实的人,以现实的物质资料生产现实定位了自由有意识的活动,因此对人的本质的判断也从单一的价值预设的逻辑抽象转变为抽象逻辑与历史逻辑的总体性统一。

2. 人的本质与人的需要

人的本质与人的需要本性有着千丝万缕地联系,从人的类本质、人的发展本质到人的社会关系总和本质都内在地蕴藏着现实的人的需要本性。可以说人的需要本性是人的本质的内驱力,是人的本质流动与生成的根据。

第一,人的类本质与人的需要。马克思认为人是现实的人,因此现实的人最基本的实践活动,应该是生产劳动。"没有需要,就没有生产"②,有需要,就要去作为。人首先有作为生物最为基本的生存与繁衍的需要。需要推动着人类去生产实践。生产劳动是人们满足生存与生活的活动,生产劳动是其他一切活动的前提。而随时生产地开展,人类不断产生新的需要。因此,人要进行新的生产与其他社会的实践。生产劳动的发展与人的需要的扩大是一个同步的过程,作为人的类本质的自由有意识活动的现实化体现,生产劳动与需要的关系,也就表现为人的类本质与需要的关系。因此人的类本质与生产劳动体之间的关系体现为互相促进地辩证

---

① 马克思恩格斯选集(第1卷)[M]. 北京:人民出版社,1995:67-68.
② 马克思恩格斯选集(第2卷)[M]. 北京:人民出版社,1995:9.

关系。

第二，人的发展本质与人的需要。在《1844年经济学哲学手稿》中，马克思初步表述了人的发展本质与异化劳动、私有财产产生的关系问题。通过对人的类本质的分析，展现了人的需要本性对人类发展的推动性作用。在《德意志意识形态》中，马克思极其重视对人的需要本性的分析。他认为人的需要是与人的发展密切相关的，需要推动人类社会的发展，而人只有不断地发展，才能够满足不断扩大的需要。发展是需要的目的，需要是发展的根据。对于需要与发展的关系，马克思认为野蛮人的生活类似于纯粹自然化地动物式的生活，他们的"需要"仅限于对维持生存与再生产自己生命的需要。而文明人的"需要"不仅仅是生存与生命延续的需要，随着人类生产活动地进行，人类扩大了属人的生活环境，生成了人类现实社会。因此，人类的需要也不断地在扩大。"已经得到满足的第一个需要本身、满足需要的活动和已经获得的为满足需要用的工具又引起新的需要。"[①]新的需要是生产的结果，是发展的必要条件，是推进再生产的内在要求，人们不仅需要满足自己的需要，还要满足他人的需要，这是人类发展本质内在规定地结果。通过分析人的发展本质与人的需要本性，马克思进而提出了关于在共产主义社会中的"按需分配"原则。

第三，人的社会本质与人的需要。人们为了满足需要而进行实践活动，现实生活中，人们正是下一系列的生产交往活动中形成各种各样的社会关系。因此，马克思说："由于他们的需要即他们的本性，以及他们求得满足的方式，把他们联系起来，所以他们必须要发生相互关系"[②]，也就是说，人们因为需要而实践，在实践中又形成了各种社会关系，由此可见人的需要是社会关系形成的内驱力。同时，不同社会关系决定着人们采取不同的实践方式，而这种实践方式又规定着人们以何种形式满足自己的需要，决定着人们的发展情况与需要程度，从而需要又具有社会的性质。以人类生活环境的角度考察需要与社会本质的关系，我们不难发现，人生活在一定的社会环境中，人的需要是在一定的社会关系中通过人类的实践活动而产生的，人并不可能自给自足，人需要的满足在于全部社会关系个体的共同的生产活

---

① 马克思恩格斯选集(第1卷)[M].北京：人民出版社，1995：78.
② 马克思恩格斯全集(第3卷)[M].北京：人民出版社，1960：514.

动,个人需要的满足需要整体社会劳动的支持,而整体社会需要的满足又源于每个人的生产实践。人们的需要形成了社会关系,而社会关系又决定着人们的需要。因此人的需要与人的社会本质是相互影响、相互制约的。

3.人的本质的历史性

由于对现实的社会人的关注,马克思哲学从实践走向了历史。马克思说:"人们为了能够'创造历史',必须能够生活。但是为了生活,首先就需要吃喝住穿以及其他一些东西。因此第一个历史活动就是生产满足这些需要的资料,即生产物质生活本身"[1]。物质生产是满足人类生存需要的活动,最基本的物质生活是人类生成的基础,是人类历史的开端。因此,历史生成的基础并不是客观存在的人以及事物,更不可能是精神与观念,而是人类现实的实践活动——物质资料的生产,这也是人类本质的现实化表现。因此,人是历史的人,而人的本质则具有历史性、生成性。具体地分析,我们就会发现,历史化的实践活动被分解为复杂的人类系统行为,人类通过物质生产活动,生产着生活本身,现实对象性存在的生成与生产为历史活动提供物质基础,具体的历史性的生产活动使人的类本质走下神坛,走向现实。因此,人的实践也就具体化为历史的生产与再生产。历史使人的抽象本质走向现实本质,从"类"本质走向社会本质;历史也使人类活动从抽象走向具体,从实践走向生产与交往。生产力的发展、资金的流动与积累、社会交往形式的丰富,均呈现为历史生成性的发展。因此,具体化为生产与交往总和的人的本质也就体现为历史的、生成的以及不断发展的。

最后,马克思说:"共产主义对我们来说不是应当确立的状况,不是现实应当与之相适合的理想。我们所成为共产主义的是那种消灭现存状况的现实的运动"[2]。当实践走入现实,当人类发现历史的秘密,共产主义不再是一种人类理想的预设,更不是人类本质的复归,共产主义成为现实化的革命性运动,是变革力量的象征,是实践生成的代名词。在阶级社会中,人的本质在消灭私有制与阶级压迫的现实的共产主义活动中得到证明。

---

[1] 马克思恩格斯选集(第1卷)[M].北京:人民出版社,1995:78.
[2] 马克思恩格斯选集(第1卷)[M].北京:人民出版社,1995:40.

五、历史性实践与人学的深入

1846年之后,马克思的哲学理论作为"批判的武器"正式参与到当时的工人运动之中,马克思的唯物史观成为了革命的主导思想。同时,马克思、恩格斯坚决地批判了形形色色的人道主义理论,进一步发展的唯物史观,加深了对现实的人、历史的人、实践生成的人的分析。

(一)《哲学的贫困》——人的历史性本质的深化

1847年,马克思撰写和出版了《哲学的贫困》,文中马克思正式明确了生产关系这一范畴,并深化对历史的人的理解,把人定位为历史的剧作者与剧中人。马克思通过批判蒲鲁东把理性看作是历史发展的基础与动力,剖析了自己的历史观。马克思认为,蒲鲁东的观点体现了典型的理论哲学家的思维模式,人类活动被理解成为理论活动,它是高于人类现实生活之上的人类思想活动,与人的生活实践相对立。实体表现为逻辑范畴,历史的运动则表现为思想当中纯粹理性的运动,是观念、范畴的逻辑演绎。马克思认为,范畴知识理论的抽象,只是历史性的暂时的产物。现实的历史发展的基础是"人们按照自己的物质生产率建立相应的社会关系"①。历史是由人类的实践能力创造的,而人又是在历史中逐渐生成的,"整个历史也无非是人类本性的不断改变而已"②。

马克思认为人们现实的社会关系主要体现为生产关系,人们在一定的生产关系中制造产品,而同时又生产出新的生产关系。因此,社会生产力与生产关系是紧密相连的。"随着新生产力的获得,人们改变自己的生活方式,随着生产方式即保证自己生活的方式的改变,人们也就会改变自己的一切社会关系。"③随着生产力的发展,人们会通过生产活动生成新的生产关系,而生产关系决定了生活方式的形式,不同的生活方式会改变人们原有的一切社会关系,从而生成新的社会关系,因此人的本质在各种各样的社会关系交织中重新定位。人的本质随着生产力与生产关系的发展,逐渐的生成发展。因此,考察人要深入到人所生活的那个时代,把握

---

① 马克思恩格斯选集(第1卷)[M].北京:人民出版社,1995:141.
② 马克思恩格斯选集(第1卷)[M].北京:人民出版社,1995:172.
③ 马克思恩格斯选集(第1卷)[M].北京:人民出版社,1995:142.

人周围的社会环境,并根据当时人们的需求、生产力、生产方式以及物质条件判断人的现实生活状态,以及人所展现的现实本质。因为,人既是历史的剧作者,又是历史的剧中人。历史既是生产的发展史,又是人自身的发展史。人的发展与生产力、生产关系的发展在历史当中得到统一。所谓历史的创造者,主要是想强调人的历史实践活动的生成性与创造性,人类实践所表现出的能动性。人通过生产实践创造出社会所必需的一切物质条件,同时也创造出人类的精神食粮,构建了社会环境的大网,确证了自己本质的网结。在历史性的实践生成中生成了历史,改造了自然,重塑了自我,实现了人与自然、思维与存在、主体与客体的统一。所谓历史的剧中人,主要是想强调人实践活动的现实性与受制约性,人类实践所表现出的人的受动性。人类的生产实践与发展活动都是建立在以往历史全部财富基础之上的,从前的一切生产条件既给新的生产提供基础,又制约着新的生产。人们不能自由地选择社会环境、生产方式,不能自由地决定既得力量所产生的一系列连锁反应,有什么样的生产力,就有什么样的生产关系,而什么样的生产关系又决定了生产方式与生活方式。马克思说:"这个领域内的自由只能是:社会化的人,联合起来的生产者,将合理地调节他们和自然之间的物质交换,把它置于他们的共同控制之下……在最无愧于和最适于他们的人学本性条件下来进行这种物质变换。"[①]在人类社会之中,这样的物质交换成为现实,而这一过程生成了历史。历史意味着传承与延续,人的活动生成了历史,而人的生成是历史性的生成。

(二)《共产党宣言》——每个人的自由而全面的发展

在《共产党宣言》中,马克思通过分析资本主义社会矛盾的本质以及资本主义发展的经济状况,提出了指导工人运动的战斗纲领。马克思认为共产主义社会是以"自由的个人"为基础建立起来的人类理想社会。在共产主义社会,没有了私有制,从而消除了阶级对立,人们"按需分配",每个人都是自己与社会的主人。"代替那存在着阶级和阶级对立的资产阶级旧社会的,将是这样一个联合体,在那里,每个人的自由发展是一切人的自由发展的条件。"[②]人与人之间结成的社会关系,是平等的社会关系,每个人都是生产者,都是"工人";每个人又都是享有者,都是

---

① 马克思恩格斯全集(第25卷)[M].北京:人民出版社,1974:926-927.
② 马克思恩格斯选集(第1卷)[M].北京:人民出版社,1995:92.

"资本家",人们生产的产品,供自己与社会一切人使用,每个人都为满足他人的需要做出努力。因此,每个人的发展都源于个人自由的生产活动,同时也是一切人发展的条件。马克思科学的历史观的双重的逻辑结构符合《费尔巴哈提纲》时期共产主义思想的逻辑原则,这样的共产主义秉承《提纲》时期对理想价值预设,体现为人的现实的革命活动,因此它并不代表人的本质的复归,而是人的本质的实践生成。

(三)《1857—1858 年经济学手稿》——人的本质是历史地生成

马克思根据人类发展状况与解放程度的不同将人类历史划分为三个阶段。第一个阶段是人的依赖阶段,人们的认知并没有形成对自然的现实的把握。因此,人畏惧自然而又崇拜自然,对自然的依赖程度极高。人需要结成团体共同生活以获取生存的必需物资,人是相对不自由的存在。第二个阶段是以物的依赖性为基础的人的独立性阶段。人们逐渐形成主体意识,认识能力逐渐走向自觉,对自然有一定的掌控能力,人逐渐形成以自己的标准来认识事物,获取生活所需。人通过自己的能力逐渐成为自然的主人。因此,人是相对自由的存在。第三个阶段是人的自由个性与人的全面发展阶段。人们通过实践自愿地构成社会共同体,在这样的社会当中,人们互利互助,彼此尊重,人的价值得到充分的展现,人得到全面的发展。因此,人是自由的存在。人的自由全面的发展为共同体的发展提供基础,逐步完善了人的本质。《1857—1858 年草稿》中对人类的三个发展形态的划分,以唯物史观角度重申人的本质,恰好印证了人的本质是历史生成的。

(四)《资本论》——人的本质的现实生成

马克思写作《资本论》的目的在于揭示现代社会运动的经济规律,为新社会的诞生推波助澜。在《资本论》中马克思通过人与经济关系的统一来探讨人的问题。马克思正视人类社会历史发展中的经济形态,认为人类社会的生产劳动是推动社会发展与历史进步的根本手段,这种经济化的社会并不是如资本主义私有制所导致的阶级独立的社会,不是人的本质不合理异化了的社会。马克思只是指出了人类历史长河发展的最为根本的现实依托,即是社会的经济化,他的发展就有如自然发展的历史进程一样,是一个现实的、自然的、纯粹的过程。而人是经济范畴的人格化,并不是人在经济社会中被物化为人格的代表,人的物化活动与自己的经济关系与生产力相对立。这种解释仅仅适用于资本主义经济剥削、压迫的社会。马克思所理解的经济范畴,是指人在生产与交换过程中所形成的社会关系,是对一些社会关系的现实化描述,是价值中立的判断。因此,经济关系所决定的人的社会关系,必然会使人的本质取决于他所生活社会的基本的经济形式。马克思一方面从经济关系来分析人的本质;另一方面他又通过历史的变化判断人的本质生成。他指出:"人,作为人类历史的经常前提,也是人类历史的经常的产物和结果,而人只有作为自己本身的产物和结果才成为前提。"[①]现实的人是历史的出发点,人通过具体的物质生产活动与交往活动重塑自我,确证本质,而作为新我的人又在下一个历史进程中成为新的起点,周而复始,不断生成。

第三节 马克思人的本质思想实践生成的双重逻辑

马克思思想发展主要分为三个主要阶段,它们分别是黑格尔影响阶段、费尔巴哈影响阶段与唯物史观成熟阶段。在人的本质的分析上,每个阶段都有其重要的理论价值意义。马克思批判性地借鉴了黑格尔的辩证法与费尔巴哈关于人的类本质与异化的范畴,从而提出了"自由自觉有意识的活动"的人的类本质的判断。同时表明了自己关于人道主义与共产主义的理解。可以说这一时期马克思关于人的本质的理解是一种价值预设性的判断,而关于人道主义所谓的占有人的本质的异化逻辑的分析也并不具有现实意义,他所理解的人类的解放也仅仅是人类消灭资本主义社会,建立一般共产主义的社会性解放。随着马克思思想的发展与现实革命实践对理论的验证,马克思加深了对人类社会联系的理解,从而提出了"一切社会关系总和"的人的本质的判断。这一判断是符合人类历史发展规律与目的的对人的本质的现实性理解。人道主义也就表现为人的社会化本质从现实性走向必然性的过程,人类的解放表现为在社会共同体基础上的人的自由全面的发展。

一、价值预设:异化—扬弃异化

马克思发现,资本主义社会人类所受的束缚与压迫并不仅仅来源于自然,而主

[①] 马克思恩格斯全集(第26卷)[M].北京:人民出版社,1974:545.

要源于人自身所创造出来的异化力量对人本身的压迫与奴役。人类通过自身的劳动创造了凌驾于人的物化的世界。人类自己制造的产品成为与自己的本质对立的存在,从而控制着人。马克思因此提出人的本质的"应有"状态,从而揭示资本主义社会中人的本质的异化现象,为无产阶级革命提供理论依据。

马克思提出,人的类本质"应该"是一种"自由有意识的活动",即改造物质世界的对象化的感性活动。对感性活动的"自由"与"有意识"的规定显然是对人类本质的抽象性的价值判断,并不具有现实的意义。"自由有意识的活动"的提出是为了与资本主义制度下人的现实劳动状态形成强烈的对比,从而揭示资本主义社会的"吃"人的本质。人的理想生活应该是自由的,人类可以掌握自己的命运,决定自己的劳动形式、控制自己的劳动产品、把握自己的交往形式,从而占有自己的本质,这一系列的生命活动都是自觉自愿的行为活动。马克思表明:"正是在改造对象世界中人才真正地证明自己是类存在物。这种生产是人的能动的类生活。"[①]人类通过改造客体物质世界的对象化活动,证明自己的主体性地位。对象化活动正是人的生命活动的一个组成部分,人类将这种生命活动作为自己意识与意志的对象,按照任何一种尺度进行生产。从而证明了自己"类"的能动与自觉性。人自由地按照自己的需要,通过自己的能力,利用现有的生产条件进行生产,这一对象化的劳动就是人把自己的本质外化到客体对象的过程,即人重塑自我,确证自我本质的过程。在理想状态下,尽管人类同样外化了自己的本质,但由于人对自我劳动以及劳动成果的完全占有。因此,人的生产活动仅仅表现为本质的外化——占有的"非异化"的状态。但马克思从当前的经济事实出发,发现人类的本质并不表现其"应然"的状态,而是一种异化了的"实现"状态。在资本主义社会中,工人为了生存,出卖自己的劳动,这样的劳动表现为人的本质的丧失,人的主体化的泯灭。马克思分析了人的本质的异化:第一,工人与其劳动产品的异化与工人劳动活动本身的异化。人类自己生产的劳动产品本应该归生产者所有,自己外化的本质本应该被自己所占有,但是在资本主义社会,工人的劳动产品被少数的资本家所私有,"对象化表现为对象的丧失和被对象的奴役,占有表现为异化、外化"[②]。在资本主

[①] 马克思.1844年经济学哲学手稿[M].北京:人民出版社,2010:58.
[②] 马克思.1844年经济学哲学手稿[M].北京:人民出版社,2010:52.

义社会中工人失去了对劳动产品的所有权,成为被自己产品奴役的对象,为了获取部分的劳动产品,工人们不得不去工作。现实的劳动作为谋生的手段,使人违背自己的意愿,失去对行为自由的选择权利。生产的劳动产品又被他人所占有,不能够现实地满足自己的需要。人类因此失去了对劳动活动的激情,因此也就不可能按照美的尺度创造出符合自己意愿,满足自己要求的劳动产品。一切劳动的标准,都是按照资本家的要求而制定,劳动本身与劳动产品也就都是按照他人的形式而完成。这样的劳动,不仅是劳动形式的异化,更是劳动内容的异化,"是一种自我牺牲,自我折磨的劳动"①。工人成了没有头脑的实现资本家意愿、满足资本家需要的劳动机器。第二,人的类本质的异化与人与人之间的异化。劳动的异化从本质上说就是人的类本质的异化。马克思规定,人的类本质是人的自由自觉的活动。劳动是自由自觉的现实化表现,对象化的活动意味着将自己的一部分特质转移到对象活动的目标物中,而转移的过程也就是"异化"的过程,资本主义社会人类劳动所表现出的对象性特点,正是人类本质异化的根本。人的存在的意义在于按照合目的与合逻辑的形式不断地创造,这种既能够体现主体价值意识,又符合客观规律的能动性活动,才是人的类生活,人才能够证明自己是类存在物。客观对象是人类本质的对象化,而人类通过创造活动确证自己、生成自身。"异化劳动把这种关系颠倒过来",夺走了人的对象化产品,使人失去了人类的生命活动,因此人的本质表现为"异化"的形式。资本主义社会中,无论是工人还是资本家,都是异化的存在。工人通过异化劳动异化了自己的本质,成了自己劳动产品的奴隶。资本家虽然不劳动,但是他们同样是虚幻的主体。真正控制人类的其实还是物,即资本。资本主义社会中的人均是异化的存在,人与人的关系表现为物与物的关系,其结果必然是人与人之间的异化。

马克思通过分析资本主义社会人类的异化生活,从而提出构建共产主义社会的价值理想,为进行无产阶级革命提供根据。他说:"共产主义是私有财产即人的自我异化的积极扬弃,因而是通过人并且为了人而对人的本质的真正的占有;因此,他是人向自身、向社会人的复归"②。马克思认为通过扬弃私有财产,即资本家

---

① 马克思.1844 年经济学哲学手稿[M].北京:人民出版社,2010:55.
② 马克思.1844 年经济学哲学手稿[M].北京:人民出版社,2010:81.

对劳动产品的私人占有,通过使"物"失去对人类生命的占有,从而使生产者重新获得对劳动产品的所有权与控制权,占有了对象化活动的客体,人类的劳动意愿从被动变为主动的创造,从束缚变为自由,人与人之间从敌对的状态变为互相支持与帮助的社会化交往状态。人类因此重新占有了自己的本质,获得了新的生命,开始了新的生活。

马克思受黑格尔与费尔巴哈的影响,通过传统人道主义的异化逻辑说明资本主义中的人的异化生活,并提出构建共产主义社会的理想。他以劳动异化作为否定之否定过程的内驱力,从而说明了人的本质的异化与扬弃的过程就是人类向自己、向社会辩证生成的过程。由于,此时马克思没有现实地把握人类历史,没有从历史中剖析人与人之间的社会关系,没有对人的本质进行历史性的社会化分析,他所谓的共产主义也是通过一个阶级推翻另一个阶级的社会主义追求。一方面,共产主义并不等于人道主义,共产主义强调通过人民人从的集体努力与革命运动,扬弃私有财产,从而使人们获得解放,过上自由如意的生活。这是一种面对现实生活,追求集体利益的活动过程。而人道主义则是着眼于抽象个人的价值要求,显示的是一种独立实体的人文主义情怀。另一方面共产主义也不是对人的本质的占有。人是在现实历史中不断发展的,人的本质也是随着人的发展而逐步生成的。科学的共产主义一定是满足人类历史发展的基本要求的,因此"占有"所表征的人的本质异化逻辑的复归原则是不符合科学的共产主义的历史规定的。所以这种理想的价值预设表现为抽象的人道主义与空想社会主义的思辨特点。但马克思又说:"历史的全部运动,既是这种共产主义的现实的产生活动即他的经验存在的诞生活动,同时,对它的能思维的意识来说,又是他的被理解到和被认识到的生成运动。"[①]马克思已经意识到无产阶级的革命运动过程,向共产主义生活迈进的过程就是人类经验产生的过程,即历史现实化的过程。唯有通过对现实的具体的人的抽象,对人的本质的"应然"维度的设想才能够为人类历史发展,为人的本质现实化生成指明方向。他此时的思想已经暗含了关于从现实的物质资料生产把握社会历史的思维逻辑。因此,他说:"工业的历史和工业意见产生的对象性的存在,是一

---

① 马克思.1844年经济学哲学手稿[M].北京:人民出版社,2010:81.

本打开了的关于人的本质力量的书"①。

二、现实生成:现实性—必然性

马克思认为人道主义作为一种社会主义的伦理道德原则,可以体现出社会主义制度对人的权利、人格以及个人利益的尊重与关注,这是一种实践理性维度的人文主义情怀、人道主义精神。但是,马克思认为人道主义历史观与唯物史观是根本对立的。人道主义的伦理道德原则,如果作为历史观与政治规范用于解决现实的历史与政治问题显然是不能说明任何问题的。因此,他坚决反对将人道主义作为历史观来处理现实问题。

在《1844年经济学哲学手稿》中,虽然抽象的人的本质的价值预设仍然是马克思思维逻辑的主线,但马克思否定黑格尔的绝对精神时说:"人的本质的现实生成,是人的本质对人来说的真正的实现,是人的本质作为某种现实的东西的实现"②。"只有通过发达的工业,也就是以私有财产为中介,人的激情的本体论本质才在其总体上、在其人性中的存在"③。可见此时,马克思已经着眼于资本主义社会人的现实生活,从人的本质的现实性出发,分析工人的劳动生成问题,这是他从分析抽象的人转向现实的人,从关注人的抽象的本质转向人的社会本质的萌芽。随着马克思思想的费尔巴哈转向,与其对无产阶级现实历史命运的关注,马克思哲学思维逻辑从抽象的人本主义异化史观正式转向唯物史观,从一般的共产主义走向科学的社会主义。

一方面,马克思着眼于现实的人以及现实的生产与再生产,认为在其现实性上人的实践活动是一种对象化的活动,"实践"从历史之外的"劳动""活动"转向历史之中的"生产"与"社会生活"。人与其周围的环境都是现实实践的产物。于是,马克思发现,人虽然以个体化的形式存在于世界之中,但是在社会之中集合起来的人才是历史的、现实的人。因此,不应该从人与动物的类区别去定义人的本质,应该从"每一个发展阶段的现成物质世界中去寻找这个本质",也就是说用"一向存在

---

① 马克思.1844年经济学哲学手稿[M].北京:人民出版社,2010:88.
② 马克思.1844年经济学哲学手稿[M].北京:人民出版社,2010:113.
③ 马克思.1844年经济学哲学手稿[M].北京:人民出版社,2010:140.

的生产和交往的方式来解释"①人是什么。在《德意志意识形态》中,马克思深化了对人的本质的社会关系与生产关系的认识,把人的本质看作是历史发展中社会关系与生产关系的产物。因此,他提出人的真正的、现实的本质就在于它是"一切社会关系的总和"②。人们的生产方式决定人们之间所形成的社会关系,而人每天都在建立新的关系,这种关系的总和才是人现实的本质。因此,在现实生活世界,人的本质就是"每天都在被人们改造着的历史产物"③。人们怀着对人的本质的"应然"维度的理想而去革命、实践。因此,人的发展历史表现为人的本质从现实的"是"走向必然的"应该"的生成过程。另一方面,马克思认为不应该把资本主义社会的矛盾理解为"本质"与"存在"的矛盾,也就是说,不能够从人对本质的"占有"程度来说明社会体制的合理程度,人的本质的异化并不是私有制产生的原因。而社会主要矛盾实质是生产力与生产关系的矛盾。马克思分析了资本主义生产方式的内在矛盾,从科学的唯物史观的逻辑揭示了共产主义的"必然性"。马克思对共产主义的抽象理想预设转变成为对旧有经济结构的毁灭以及新的经济结构的构建,表现为现实的人类社会生产的物质资料积累过程,其目的就在于将私有化的财产转变成为整个社会共同体的共有财富,而这一财富也是人类联合起来的物质条件与基础。人的本质就是人类社会共同体的本质,而走向共产主义的现实过程,就是人类共同体逐渐生成的过程,就是人的本质从现实走向必然的生成过程。

此后不久,在《共产主义宣言》与《资本论》中,马克思尖锐地批判了社会主义者关于抽象的人与人的本质等人道主义世界观,他认为人类社会实践的历史发展开辟了人类真正获得解放以及人自由全面的发展的现实可能性。他说:"代替那存在着阶级和阶级对立的资产阶级旧社会的,将是这样一个联合体,在那里,每个人的自由发展是一切人的自由发展的条件。"④自由人联合体是人以及人的本质现实生成的最终目标,人的自由而全面发展则是社会主义理想社会的最终结果。人的全面发展与人类的真正的解放并不是理想化的政治乌托邦,而是人民群众通过现实的社会实践的历史客观生成过程,是"全世界无产者,联合起来"通过阶级的行

---

① 马克思恩格斯全集(第3卷)[M].北京:人民出版社,1960:170.
② 马克思恩格斯选集(第1卷)[M].北京:人民出版社,1995:56.
③ 马克思恩格斯全集(第3卷)[M].北京:人民出版社,1960:567.
④ 马克思恩格斯选集(第1卷)[M].北京:人民出版社,1995:294.

动逐渐走向共产主义社会的"必然"。

本 章 小 结

　　马克思人的本质思想的形成和发展不是静态的归纳,而是动态的生成,它与唯物史观的形成与发展是同步的过程。人是马克思哲学的出发点。对人的本质的研究是唯物史观构建的基础,人的本质的生成是唯物史观的理论内核,而唯物史观思维逻辑又影响着与人的本质的生成与对人的本质的认识。人的本质的实践生成逻辑体现了对传统本体论人学逻辑的批判,又表现为马克思人学内部双重逻辑的统一,是预设价值追求与现实历史生成逻辑的整合。马克思对人的本质的"自我意识"判断到人的本质的"社会关系总和"的判断,体现了马克思人的本质思想发展的轨迹,也体现了马克思思维逻辑发展的轨迹。马克思人的本质观的实践生成不仅是世界观、方法论与逻辑学的统一,而且是历史观与价值观的统一。马克思实践生成的人的本质观,不仅是人的本质观的变革,而且是人学方法论的创新与突破,建立了"现实的人及其历史发展的科学",实现了人的本质观上的"哥白尼式的革命"。

第四章 人的本质的实践生成与历史超越

人的本质的问题是哲学中最高的问题,理解了人的本质也就解开了"斯芬克斯之谜"。马克思的哲学是改造现实的实践活动以及关于人及其历史发展的实践生成论。本章分析了马克思人的本质生成的基础、途径、机制以及对传统本体论人的本质思想的历史性超越。马克思颠覆了传统本体论人学,从人的现实存在出发,建构了实践生成论的人学,实现了人学史上的一场"哥白尼式的革命"。

第一节 人的本质生成的基础

传统哲学从抽象的人或人的某一属性出发把握人的本质,而马克思所实现的哲学思维方式的实践生成论变革,使其从现实的人出发,通过分析生活世界中人的实践生成,进而把握人的科学本质。马克思认为,人的本质并不是自然先定的,更不是上帝赋予的,而是人在现实生活世界中通过劳动实践生成的。人的历史生成过程也就是人的本质的不断生成与确证的过程。人的实践的本性满足了生成论所规定的创生要求,马克思人的本质生成与人的发展体现为同一否定之否定的历史进程。

一、人的本质生成的基础视域:现实生活世界

在费尔巴哈的影响下,马克思哲学的基础视域从黑格尔式的抽象王国走向了人的生活世界。人与动物的区别在于人把自己的生命活动当作自己意识的对象,人的生命活动就是人的生活,只有人才有生活,人在生活中才表现为人的存在。因此,生活世界才是人的世界,回归生活世界实际是向人的现实或现实人的回归。

"在思辨终止的地方,在现实生活面前,正是描述人们的实践活动和实际发展过程的真正实证的科学开始的地方。"[①]生活世界中的生活才是人的本质生成与确证的活动。

通过上一章的分析,我们不难发现,受费尔巴哈影响时期,马克思通过价值预设的方式规定了人的类本质,通过劳动异化逻辑解释人的本质的辩证发展,他的思想中虽然对人的社会性与社会劳动有一定的初步理解。但本质上,马克思并没有深入人的生活世界,没有把人的本质现实化。通过对人的劳动与人类社会政治经济生活的理解,马克思逐步消解了费尔巴哈人本主义的抽象"生活世界",使自己的理论深入到人类社会历史性的现实生活世界之中,从而把握了人的本质的实践生成与社会历史演进的基本内容。马克思认为,人是对象性的存在物,生活世界对于人来说就是他的对象。因此,人所面对的生活世界,不应该仅仅通过感性直观的形式去理解,而必须把它们当作人的感性活动去理解。也就是说,现实生活世界的生活是人的本质生成的基础环境。社会生活的本质上是实践的,解决现实生活中矛盾的任务是通过实践完成的。在现实生活世界中,这个生产和生活的过程就是人的本质生成的过程。现实生活世界体现为物质生活与精神生活,物质生活与精神生活表征着人的本质与人的生活世界。将物质生活作为生活内容的肯定并不意味着要排斥精神生活,精神生活内蕴于物质生活,物质生活与精神生活在本质上是辩证统一的。生活世界中人的物质生产生活,伴随着人的精神的生产,而人的观念的改变,人的生活世界也必然随之改变,这是人的本质所规定的。资本主义社会的人的"生活",表现为本质异化的人的"生活",非人的"生活"也就是异化的生活,是非生活。由于分工与私有制,劳动者的异化劳动体现为一种自我强迫、自我牺牲的活动,这样的非自愿的劳动当然是劳动者抗拒从事的,违背人的本质的劳动是对人的自由的扼杀。劳动者的生活由此便成为动物式的生活,他们降低自己的需求,只根据自己的动物性基本欲求,从事吃、喝、性行为等本能性生活。人们异化了的物质生活,同时也影响了人的精神生活,改变了人的观念,麻木了人的神经,他们认为这样的生活是理所当然的生活,这样的生活才是安全可靠的生活,是根本的、现实的、脚踏实地的人的生活。他们把人的感性活动排除于人的生活之外,生活的二元

---

① 马克思恩格斯选集(第1卷)[M].北京:人民出版社,1995:73.

化正是人的本质异化的表现。异化劳动的人的"生活"并没有进入世界,资本主义社会人的劳动是人的异化生活,而真正进入世界的人的生活"不仅应当从他是个人的肉体存在的再生产这方面来加以考察。它在更大程度上是这些个人的一种生活方式,表现他们生活的一定形式,他们一定的生活方式"①,物质生产只是人类生存的基础性现实活动,这种活动首先以人的自愿为前提,以实现人的自由为目的,是能够生成人的本质的生产,同时这种生活要伴随着人类精神生产,满足人的精神与物质的双重需要,确证人的发展本质。这样的生活方式才可以使人走入人的生活世界,在这样的世界中人才能够真正地生成。"在这个必然王国的彼岸,作为目的本身的人类能力的发展,真正的自由王国,就开始了。"②

人是生活世界的主体,人的生成性决定了生活世界是一个逐渐生成与发展创造的世界。生活本身就是生成与创造,人类生活的过程就是人类的历史发生过程,符合人的实践生成的逻辑。因此,以现实生活世界作为人的本质生成的环境基础,就是以生成与发展的眼光看待现实世界与现实的人,把人的本质看作一个不断生成与创造的过程。

二、人的本质生成的主体维度:现实的人

传统本体论哲学寻求事物的终极本质,试图找到世界本原,以一元化的思维方式研究事物,于是陷入时间、语境以及历史不在场的哲学抽象黑洞。以这样的方式理解人,必然把人看成是"本质前定"的,将人的某种性状、某种功能、某一特性视为人的本质,造成了对人的片面化、单一化的理解。旧唯物主义,包括费尔巴哈的唯物主义,诉求于感性直观,从人所呈现的自然状态理解人,而不是从人的社会实践,从人的对象化活动去把握人。费尔巴哈的人是抽象的人,在他那里人只是感性的肉身存在物,顶多只有两性的差别,如恩格斯所说:"一谈到某种比两性关系更进一步的关系,就变成完全抽象的了"③。同时,"他从来没有把感性世界理解为构成这一世界的个人的全部活生生的感性活动"④。费尔巴哈"现实的人"的概念脱离

---

① 马克思恩格斯全集(第3卷)[M].北京:人民出版社,1960:67.
② 马克思恩格斯全集(第25卷)[M].北京:人民出版社,1974:927.
③ 马克思恩格斯选集(第4卷)[M].北京:人民出版社,1995:236.
④ 马克思恩格斯选集(第1卷)[M].北京:人民出版社,1995:78.

了人所生活的社会,远离了人所创造而又影响人类进程的历史氛围,可以说费尔巴哈设定的人仍然没有脱离他的抽象本质。这样的人没有改造世界的对象化活动,是消极被动的主体。反过来,唯心主义虽然抓住了人的能动性特点,但却只是从人的精神领域、人的主观意识层面去把握这种能动的关系,根本无视人在现实生活世界的物质实践活动。恩格斯说,马克思的哲学是"关于现实的人及其历史发展的科学"①。他所研究的人不是拥有抽象绝对精神的人,也不是费尔巴哈感性的自然人,是随着历史生成发展变化的现实的人,活生生生活的人。1845 年,《神圣家族》一书开启了对"抽象人"哲学思辨的彻底批判,而不久后,在《德意志意识形态》中,马克思系统阐发了唯物史观的理论基础,对人的概念做了科学的界定。马克思认为:"全部人类历史的第一个前提无疑是有生命的个人的存在"②。只有人是创造历史的主体,他们是现实存在的个人,人类在原有自然提供的物质生活条件基础上,通过劳动实践,不仅创造了新的更适于人类生存和发展的物质生活条件,而且构建了适合生产力发展的生产关系和社会交往方式。马克思突破传统的桎梏,把对人的审视置于现实的社会关系之中,完成了对人的类本性认识的革命性变革。在这一过程中人类发展了精神文明,使自身成为自我意识主体,在认识世界和改造世界中,不断推进了创造意义的活动,提出和发展了合理的价值目标,形成、发展和完善了人的类本质,在实现人与自然、人与社会、人与人自身的统一的进程中,不断走向新的更高的层次。因此,生活在现实生活世界的现实的人,才是具有生成价值的人。现实的人所具有的未确定性、矛盾性、关系性保证了人的生成与人的本质的逐释。

(一)现实的人的未确定性

人永远走在生成路上的事实证明了人的未确定性与开放性。生成就意味着发现人的潜能,追寻人的未知。因此,我们可以通过以下两个方面把握人的未确定性。一方面现实的人的未确定性源于人的本质规定,恩格斯说过:"人来源于动物这一事实已经决定人永远不能完全摆脱兽性,所以问题永远只能在于摆脱得多些

---

① 马克思恩格斯选集(第4卷)[M].北京:人民出版社,1995:241.
② 马克思恩格斯选集(第1卷)[M].北京:人民出版社,1995:66.

少些,在于兽性或人性程度上的差异。"①人从兽性逐步具有人性,是人类进化的结果。而人永远不可能完全摆脱兽性就说明人永远是不完善的,但人的不完善却给人带来了无限的发展空间与进步的可能。自然的进化的不完善性决定了人没有完全的定型,成为一个什么样的人具有极大地随机性、复杂性与主观性。人与动物的区别本质就在于人的未确定性。即人没有一个预成的、固定的、本原式的本质统摄人的一切属性,规范人的一切行为。马克思对人的类本质的判断也仅仅是一种开放式的价值预设,"自由"与"意识"的双重规定也都是人类本质开放性的证明,是对人类未来"应该"具有的人性的一种愿望。人的生命没有事先决定的路线,历史的决定是贫困的,自然对人的限定也是伴随着人在能动地实现自我目的的活动中逐渐生成的,而新的生成也是对旧的限定的一种超越,人就是在不断超越自我与自然的限定当中,生成与完善的,这也是人需要的本性与发展的本质所规定的必然结果。同时,人的发展本质体现了人的需要的本性,而需要又取决于"类"所固有能力。动物没有"需要",他们的一切生命活动都发自于自身的本能,他不把自己的生命活动作为自己的对象,而人则不同,人不仅有本能的需求,人也有发展的需要,而发展的需要证明了人所具有的无限潜能,这些潜能保证了人的开放性要求。人的潜能部分来源于先天基因的传承,而潜能的发挥主要来源于人类后天的培养,人的潜能通过人的现实的奋斗与追求,借助于社会的力量而展现。人的本质的生成过程也是人类能力展现的过程,与人类生命完善的过程。另一方面,现实的人的未确定性源于人的理性规定。人的理性不仅规定了人的意志自由,最为重要的是它在自觉中规定了人的行动自由。人的意志自由规范了人的主观世界,从而凭借主观世界来支配自己的行动,而这一行动又在实践理性的要求下具有自由价值的意义。理性的支配作用是人类展现潜能的条件之一。同时,人的实践理性不仅包含了人对自由的理性认知,也内蕴着对人的创造潜能的实践确定,它指导着人类思想以事实为基础又超越现实的人的理想建构而展现,是事实与价值的统一。创造潜能需要人通过理性自觉与现实行动的配合而实现,创造的过程也是生成与超越的过程。最后,人的理性对人类潜能的实现具有组织规定性,人类的行动并不是盲目的,他们把自己的生命活动当作自己意志与意识的对象,而人的生命活动正是在人

---

① 马克思恩格斯选集(第3卷)[M].北京:人民出版社,1995:442.

的理性的组织规范下通过交往行动、组织构建而自觉的、有秩序、有目的的形成各种社会组织与社会制度。在理性组织下的生命活动使未确定的人类在相对确定的规范下逐渐生成。

（二）现实的人的矛盾性

现实的人的生命活动既遵循自然因果规律，又符合目的性的应然规律。人的生命活动在必然的王国之中开辟出一片自由的天地。由此可知，人的自然属性与超越本性的这种两重性的矛盾构成了人之生命的本质。人是矛盾体，是具有多重意义的社会存在。人有生命体的自然属性，也有属人的社会属性，因而人是具体的、历史的。人的辩证本质在于：他既是环境的适应者，又是环境的改造者；既是世界的观察者，又是世界的解释者；既是生命的行为者，又是历史的创造者。人通过生产实践、交往实践不断地生成和更新自我。所谓"生成"，就是事物一直处于变化与创生之中，既是自我的发展，也是对他物的创造。人是生命体，又有着超越生命的本质。人在逐渐突破自身的局限，脱离自己的动物本性，从而达到自我而超越自我。这一个过程就是人的本质不断生成与确证的过程。由此可见，人并不是单纯而又单一的生命体，人受自然本性的规定，但人的需要规定着人超越这种自然的本性，追求人应该的价值；人来源于自然，因此人是自在的存在于自然界之中，但人不仅仅要存在，人还要生存，所以人要通过自为的活动使自然成为属人的自然，使自己获得更多的自由；人是肉体的，更是精神的。肉体的人与动物无异，都是软弱的生命体，有生理的渴求，而人又是精神的存在物，人有审美的要求，人需要通过创造获取精神食粮，来充实自己的生命。人类的文化是人类精神的产物，是真正能够表征人的人类财富；人类具有有限的生命，但人类在有限的生命中却可以创造无限的价值，无限的价值正是对有限生命的历史性延续，而对无限的追求正是人的本质生成性的体现。人类自身内部的矛盾主要是通过人与自然、人与社会之间的矛盾表现出来的，矛盾的解决的实践过程，也是矛盾现实化的过程。人与自然有着必然的联系，人依赖于自然提供的物质生活资料，但人又要通过与自然的对抗，来获取这一物质资源；人渴望脱离自己的动物本性，可人来源于动物的事实，又限制着人发展的进度，把握着人的现实性；人总是试图以自己的尺度规范着世界的格局，但人又无法摆脱外物尺度的局限，只能在他物中实现自我。正是因为人之生命既对立又统一的矛盾属性才推动了人不断自我超越自我发展,如果否定了这种矛盾的存在,那么也就是对人的本质"是"的固定,而对"应该"的否定,是对人的发展本质的否定。这种两级对立化的思维是不符合现实的人的存在状态的。这种判断方式是对人生命的绝对化与单一化理解,会造成人根本的抽象化。而马克思正是通过批判抽象的人的方式而逐渐对现实的人建立起比较系统的认识,因此以马克思哲学的实践生成的思维方式把握的人,就是让人回到现实中来,理解和确认人的矛盾属性,解决人的生命性与超生命性,自然性与超越自然性的矛盾。只有在二者的辩证同一种,才能够把握人的本质的生成性。

(三)现实的人的关系性

马克思说:人"同人和自然界的一切关系,都必须是他的现实的个人生活的、与你的意志的对象相符合的特定表现"①。人总是处于某种关系之中,这种关系体现为一种内在的逻辑联系,是流动生成的必要条件。人与其他物的一切关系都是体现人的本质,与对象性吻合的展现。"凡是有某种关系存在的地方,这种关系都是为我而存在的"②。人的各种关系在类本性上体现为人与自然的关系,在现实性上是人与人之间的社会交往关系,在对象性上是主体与客体互为关系,在总体性上是历史与价值统一的关系。关系的发生是以实践为手段,在人的需要本性的驱动下,以发展的目的,通过现实的生产与人与人的交往而辩证地实现。

1. 人与自然的关系

马克思认为人是肉体的、有自然力的、有生命的、现实的、感性的、对象性的存在物。其一,人与自然的关系表现在自然赋予了人类肉体与生命。肉体的人是自然的生命化存在,人作为生命体必须按照自然规律生存,他的肉体生物性规定制约着他,"无论是在人那里还是在动物那里,类生活从肉体方面来说就在于(和动物一样)靠无机界生活"③。人的肉身生活是人的内在自然和外在自然的平衡关系,是人存在的基础。人的肉体的需要是生存与保证正常机体运行的必需的内在驱动力。文艺复兴以来,随着对中世纪禁欲主义的颠覆,对身体的重视一度成为现代主

---

① 马克思.1844年经济学哲学手稿[M].北京:人民出版社,2010:146.
② 马克思恩格斯选集(第1卷)[M].北京:人民出版社,1995:81.
③ 马克思.1844年经济学哲学手稿[M].北京:人民出版社,2010:272.

义的基本诉求。但是,随着技术进步特别是信息时代虚拟现实的扩展,人与自然的关系被严重扭曲,人肉体生活的失衡已经成为后工业时代的严重危机,如德雷福斯所说,"那种摆脱孱弱身体的诱惑"再度出现,他因而号召"我们必须抵制这样的诱惑而守住我们的身体"[①]。其二,人与自然的关系表现在人的自然力与现实性。马克思认为,自然力作为"天赋、才能、欲望"存在于人身上。而人的天赋、才能与欲望只有通过对象化的实践活动才能够实现。正如上文提到的,人先天遗传父母的某一才能,这是人类生物性规定与人类进化的结果,我们往往会发现家族式的职业选择,家庭中的每一个人都擅长于某一才能,而这一才能一方面源于家庭的熏陶与后天的培养,另一方面也由于家族基因特点,使家庭成员在某一领域具有比其他人更敏感的接受能力。同时,自然力还表现为人的欲望,这是一种将渴望现实化的冲动,人的欲望不仅表现为满足肉体需要的欲望,也表现为实现人的天赋与才能的渴求,人的需要本性是欲望的基础,人的本质的确证是欲望的目的,欲望给人类行动带来了自然的力量,渴望从外在与人自身的对象物中寻求实现。马克思说:"需要在他之外的自然界、在他之外的对象。……是我身体对某一对象的公认的需要,这个对象存在于我身体之外,是我的身体为了充实自己、表现自己的本质所不可缺少的。"[②]其三,人与自然的关系表现在人是感性的动物。感性的人即表现为受动性,又表现为能动性。在马克思看来,人是自然的存在物。因此,他难免遭受自然的考验。人不能为了展现自己的自然力随意地占有一切他欲望之中的东西,自然的限定性使他只具有作为生命体限度内的能力,即使人已经将自然与外物作为自己的无机身体,但人也是在人的本质客体化的范围之内改造与获得这些工具,人的活动不可能超出人本身。因此,工具的功能也是人化的有限功能。人在利用物而实现的目的也是有限的目的。另外感性的人是指从事感性活动的人,是可以通过生活经验观察到的,是在物质性活动中对象化的感性主体。人既是物质性实体,又是精神性实体;既是自然存在物,又是社会存在物,而自然生命则是人一切生存活动的前提。其四,人与自然的关系是人与人化自然的关系。自然分为自在的自然与人化的自然。自在的自然未参与到人的现实生活之中,人的对象化活动不与其发生

---

① Hubert L. (2001). *On the Internet*[M]. New York:Routledge. 106 – 107.
② 马克思恩格斯全集(第3卷)[M].北京:人民出版社,1960:325.

任何关系,因此自在的自然是与人无关、被人扬弃的自然。自在的自然为人类的生成与发展提供了无限的可能性,人为了获得更多的自然资源,会不断地将自然的自然通过人的实践活动被人所利用。因此,人的行动一直在生成属人的自然,为人类提供更为广阔的生活世界。人化的自然也就是人类的生活世界,表现为人类的社会生活。因此,人与自然的关系,只有在社会之中才具有现实性。

2. 人与社会的关系

马克思说:"一个人的发展取决于和他直接或间接进行交往的其他一切人的发展"①。人的活动必须与他人一起完成。因此,人是社会的存在物,社会是人们彼此相互联系、交互作用的产物。社会的人是置于特定的社会语境中的人,表明了人与其生存条件的互动关系。生存条件包括现成的自然条件,也包括社会历史条件,是自然资源、生产工具、技术工艺、信息系统、社会建制以及社会交往形式等等的总和。人的特质不在于消极适应环境,而是通过生产、生活、交往等实践活动,营造人化自然,建构社会系统,发展文化生活,创造出更利于人类生存的新的世界。因此马克思认为现实的人是一切社会关系的总和。"关系"一词道破了人社会本性的真正含义:"关系"代表着人与人之间的互动,代表着交往实践的交集,代表着交叉节点的确证。其实质就是人在社会交往中,通过集体的互动关联确证了自己的个体本质。人们彼此之间不可避免地会发生各种各样的关系,这是人的本质现实化的基础。每个人如同网结一样,彼此独立,而又在关联中确认自我。

"人是最名副其实的政治动物,不仅是一种合群的动物,而且是只有在社会中才能独立的动物。"②现实生活中人的社会性主要通过生产而表现出来,一方面生产的过程就是人们互相合作的过程,另一方面,生产出的产品可以满足彼此的物质需要。整个生产的过程就是伴随着分工、消费与交换,这是人全面合作的象征,是整体生产环节不可或缺的一部分。人通过生产把自己与他人联系了起来,人对自身的一切关系,只有通过人对他人的关系才能够现实地表现出来,个体是社会存在物,"个体生活的存在方式是——必然是——类生活较为特殊或较为普遍的方式"③,通过分工,个人的生活方式变成了社会的生活方式,个人的需要变成了社会

---

① 马克思恩格斯全集(第3卷)[M].北京:人民出版社,1960:515.
② 马克思恩格斯全集(第30卷)[M].北京:人民出版社,1995:25.
③ 马克思.1844年经济学哲学手稿[M].北京:人民出版社,2010:302.

的需要,整个社会共同体的全部意识都是为了达到同一个目的。共产主义社会是这种社会性的最好的体现,人与人之间的互相异化已被扬弃,每个人不是按照自己作为工人的那个尺度来处理彼此之间的关系,人们是按照人类的普遍的属人的尺度进行交往活动,"别人的感受和享受也成了我自己的占有"①。人们抛弃利己主义,以共同的价值目标通过彼此占有而展现他们全部的力量,实现全人类的发展。

3. 人与历史的关系

马克思提出:"整个历史也无非是人类本性的不断改变而已。"人的历史性是对人的现实性的肯定。一方面,时间是构成人的本质要素。传统本体论哲学追求世界与人的永恒本质,认为人的本质就在于自由,而自由的永恒性与人的生命的有限性,使人的自由失去了绝对化的意义。因此,为了解决时间与自由的矛盾,他们否定世界本质的时间内在性。康德就将时间与自由视为两个不同世界的属性。他认为时间是现象界的范畴,而自由则是本体界的规定。时间对事物有限性的规定干预不到本体界的内容,而自由对本体无限属性的呈现也是超脱于现象界的内容。本体界的人的自由意志永恒存在,而人的生命的有限性只是现象界的片段。显然,康德对自由的理解只是一种理性的设定,而不具有现实的意义。但现实的实践并不是外在于事物,而是事物本质的存在方式。柏格森就认为:"未来是现在的继起,而不是与现在并列,因为未来不能全部由现在决定;这种继起所占的时间不是某个数目,而是一种过程,对置身于时间中的意识来说,它具有绝对的价值和真实性,因为时间具有无穷无尽的创造性。"②现实的时间是以一种生命的绵延状态呈现的,也就是说生命的过程才是时间应该有的表现,时间是构成生命本质的要素。马克思认为:"时间实际上是人的积极存在,它不仅是人的生命的尺度,而且是人的发展空间。"③时间的真谛在于生命的生成与创造,只有在现实的历史之中,时间才具有价值与真实性,"人的感性就是形体化了的时间"④。时间的创造性在于人时间性的生成,人的创造每时每刻都是对自我既成现实的改变,都是新事物与新状态的生成。既然历史表现为时间性的生成创造过程,那么未来就不可能预成于原初的事

---

① 马克思恩格斯全集(第44卷)[M].北京:人民出版社,1982:121.
② 柏格森.陈圣生,译.创造进化论[M].长沙:湖南人民出版社,2012:265.
③ 马克思恩格斯全集(第47卷)[M].北京:人民出版社,1979:532.
④ 马克思恩格斯全集(第40卷)[M].北京:人民出版社,1982:229.

物之中,现在是过去生成的未来,也是未来回不去的曾经。另外,海德格尔也表示时间性是原始的自在自为的出离自己本身。时间表现为现存事物在绽出的过程中生成自身,也就是说生命的进程表现为对"有限"理解下的现存状态的超越,人生存的意义就在于创造,人并没有一个固定的本质,人的本质表现为历史性的生成过程。时间性就是生成性,现实的自由是时间性的自由,自由有意识的活动是人的类本质,人的本质就表现为时间性的自律下的自由,因此时间是构成人的本质要素。另一方面,历史是产生人的活动。马克思认为历史既不是外在于人的抽象观念史,也不是个人的观念史,"正像一切自然物必须产生一样,人也有自己产生的活动即历史"①。可见历史表现为产生人的活动,人的实践过程与人同他物的创造生成过程就表现为历史。把实践置于历史之中,实践就表现为人的实践生成,历史就表现为人的感性活动史。"历史的人"表明人永远处在发展进程之中,他是自然界和社会历史的产物,也是自然和历史长期发展结出的果实,是开放性、生成性的历史存在。历史是过去,人类持续认识和行动的足迹,是各个时代的主体活动推动的生成过程。历史更是未来,是人类寻求意义、建立目标、实现自身价值的永恒追求,是渴望自由、自我超越、在实践中求得解放完成人性的全面发展。马克思正是在这个意义上说:"人的存在是有机生命所经历的前一个过程的结果。只是在这个过程的一定阶段上,人才成为人。但是一旦人已经存在,人,作为人类历史的经常前提,也是人类历史的经常的产物和结果,而人只有作为自身的产物和结果才成为前提。"②历史是人的创造史,是人自身的生成史。人的本质的未确定性决定了人永远行进在自己理性设计的道路上,人通过实践活动,在历史中生成自身,同时创建人类的历史。总之,在马克思的视野里人是"历史的存在物""人作为现实的类存在物的实现,只有通过下述途径才有可能:人确实显示出自己的全部类力量——这又只有通过人的全部活动、只有作为历史的结果才有可能"。③

三、人的本质生成的实践基础:生产与交往

马克思认为人是一个整体,更是一个开放体,他强调人生命本质的生成性。因

---

① 马克思.1844年经济学哲学手稿[M].北京:人民出版社,2010:107.
② 马克思恩格斯全集(第46卷)(第三卷)[M].北京:人民出版社,1974:545.
③ 马克思.1844年经济学哲学手稿[M].北京:人民出版社,2010:320.

此,在自然呈现上人是感性的,在整体概念上人是历史的,在现实规定上人是社会的,在本质属性上人是实践的。"实践的人"规定了人的本质生成的基础。人的基本存在方式就是实践,实践是主观和客观统一的基础。实践完善了人的语言和意识,使制造与使用工具变为人类的普遍行为,使人对自然与社会的认识转为自觉的认识。劳动是使人从种生命走向类生命,是人的本质现实化的根本手段。人们通过生产实践和交往实践生存和发展。生产实践形成人所必需的物质生活资料,满足人的需要,决定人的生活品质,给予人更多的发展可能性,扩大人追求自由的维度,同时生产方式决定了人的社会体制,呈现社会体系构造。着眼于人的现实生活,人们通过交往实践形成各种社会关系,确证个体性质,展示生命的独特性,生成以及推动人类历史进程。人的根本属性不仅体现在他的自然自在,更是表现在他的自由自为,在实践过程中人塑造了自己的全部类本质。所以,马克思结论说:"正是在改造对象世界中,人才真正地证明自己是类存在物"[①]。这就是说,实践使人成为人。

(一)生产实践

马克思认为人生产物质的过程表现为人的本质力量的对象化与自然界的人化的过程,也是人与外物本质交换的过程。人通过对对象的改造生成了自己的本质。

1. 人是对象性的存在物

人具有两种特质的生命。一方面人是自然的产物,人有与其他动物相同的生命。动物性的生命活动完全出于本能的需要,是一种自在生命状态的体现。另一方面,人还有"类"生命,人"类"的生命活动能够满足人的发展的需要,是一种自为生命状态的体现。由此可见,人的本质也是人在生命活动之中不断生成与创造的。人的肉体的需要使人渴望通过占有物质而满足自我需要。在需要产生的过程中,人表现为受动性的存在。而满足需要的过程,人则表现为能动性的存在。有目的的活动使人成了对象性的存在物。人作为对象性的存在物具有两方面的内涵,人既是他物的对象,他物也是人自己的对象,对象性表现为现实的对象性关系。一方面,人的生物性决定了人是感性的动物,"这就是说,它是感觉的对象,是感性的对

---

① 马克思.1844年经济学哲学手稿[M].北京:人民出版社,2010:274.

象,从而在自身之外有感性的对象,有自己的感性的对象"①。存在即是被感知,感知与被感知,作用与被作用,是对象性的活动,作为感性存在物的人即是对象性的存在物。非对象性存在的人即是抽象的、非感性的人。另一方面,人的本质决定了人是社会的动物,"自然界人的本质只有对社会的人来说才是社会的,因为只有在社会中,自然对人来说才是人与人联系的纽带,才是他为别人的存在和别人为他的存在,才是人的现实的生活要素;只有在社会中,自然界才是人自己的人的存在的基础"②。由此可见,社会化的自然才是属人的自然,才是人的本质的现实化。因此,作为社会存在物的人才是现实的对象性的存在物。社会并不是抽象的概念,他是人与人交往而形成的生命之网,每个人都在这个网中,各自表现自己的生命形式,在社会当中人与人、人与他物的对象性才是现实的对象性。人的对象性不仅表示人既是感性对象又有自己的感性对象,而且意味着人的对象化。"一方面,为了使人的感觉成为人的,另一方面为了创造同人的本质和自然界的本质的全部丰富性相适应的人的感觉,无论是从理论方面还是从实践方面来说,人的本质力量对象化都是必要的。"③

2. 生产实践与人的本质的生成

非阶级境遇下的劳动是人类主体目的指导下的生产活动,这种活动主要表现为:人在生产中能够创造更多地生存价值,同时人能够客观地、合理地处理对象物,从而更好地生成自身,生成人的本质。人的双重生命所规定的人的本质的生成表现为三个方面:其一,生产劳动是人的本质力量的对象化活动。人作为对象性的存在物,既是以他物的存在作为自我存在的前提,同时又是他物存在的前提。生产活动改变了人与自然的关系。人类的生产实践使人类把自然作为自己的对象客体加以改造,对象化改造后的自然是人的无机身体,是自然的人化。属人的自然才能够呈现人类的本质力量,是人发挥本质力量的最终结果。人与自然的关系,在人的生产实践中实现了统一。马克思对人的本质力量的对象化活动做过详细地分析,他说:"当现实的、肉体的、站在坚实的呈圆形的地球上呼出和吸入一切自然力的人通过自己的外化把自己的、对象性的本质力量设定为异己的对象时,设定并不是主

---

① 马克思.1844年经济学哲学手稿[M].北京:人民出版社,2010:107.
② 马克思.1844年经济学哲学手稿[M].北京:人民出版社,2010:83.
③ 马克思.1844年经济学哲学手稿[M].北京:人民出版社,2010:88.

体；它是对象性的本质力量的主体性，因此，这些本质力量的活动也必须是对象性的活动"①。人通过实践活动把自己的本质对象化为外在的对象中，人的本质力量在整个设定过程中表现为主体的能动性，这种主体性能动性正是人的本质规定性的现实表现。而这一过程同时也使自然界依据人的要求而改变，从而更加适于人类的生产与生活，这一过程也表现为自然界的人化过程。其二，对象性存在物之间的本质互换。"生产不仅为主体生产对象，而且也为对象生产主体。"②人作为类的存在物具有突破陈规，寻求超越的本性。因此，为了找寻更好的自己，为了创造更适于人类生活的环境，为了满足自我更高的物质与精神的需要，人类在不断地生成创造中实现着自己的愿望。人的生产过程也是人与外物能量交换的过程，这一过程是在人类主体自我意志与意识的指导之下完成的生命活动。而人类有指向性的能量交换的实质是人与对象的本质交换。人与对象物的有指向性的、自觉的交换活动是其他一切交换活动的前提，这一交换活动是人类生产活动的一个内在转化的过程，提升了人与外物的基础性实践关系，这一交换是对象的人化与人的对象化的实质，也是对象的复杂化与人性的丰富化的前提，是人的本质再生成的基础。人与对象在实践活动中实现本质之间的融合。其三，再生产过程中的人的本质生成。人在对象化的活动中使自己从种生命走向类生命，在类生命的活动中，人与自然交换了本质，提升了自身的主体能力，使自然成为属人的自然，而在属人自然中的进一步对象化、现实化的活动，则表现为社会化的再生产。在资本主义社会中，资本主义的物质生产活动在极大地提高社会生产力的同时，人类自身也得到了飞跃性的发展，这是对人类主体价值的极大肯定，它丰富了社会中人的一切属性，现实生活中人的生产实践是人的本质的表现，体现了人的能动性与创造性。人在改造外部世界的同时，不断地施展着人的本质力量，发挥着人的生命力。在生产的过程中，人不仅作为主体生产着人们所需要的产品，同时人也作为人自身完成且全面的产品被自己重塑生产，这是一个对象化活动的过程。因此，资本主义的产业革命使狭隘地域性的个人成长为世界历史性的普遍个人。人的生产过程表现为人的本质不断地对象化再现。人们通过不断地生产与再生产积累着财富的同时，人的本质

---

① 马克思.1844年经济学哲学手稿[M].北京：人民出版社，2010:105.
② 马克思恩格斯全集(第12卷)[M].北京：人民出版社，1962:743.

也得到不断地生成与发展。劳动再生产过程也是人的本质的现实的再生产过程。

(二)交往实践

人虽然是由动物进化而来的,但是人自身具有超物性,人通过实践活动不断地打破束缚人的自身的定在,释放自己的本质力量,"只有在社会中,自然界才对人来说成为人与人之间联系的纽带"[①]。在社会之中,人与他人结为生活共同体,但这一共同体并非人类原始生命共同体,而是人类的活动使人性得到充分的发展后,社会也才能从群体本质生成为类化本质,而人类的交往实践逐渐现实化人的类本质,使人的类本质逐渐显现出个体性特点。因此,人的本质力量只有在社会中才能够现实地展现,这种本质的力量不仅表现为社会生产的对象化活动,也表现为人与人之间的社会交往活动。

1. 交往实践与生产实践的辩证关系

马克思说:"生命的生产——无论是自己生命的生产或他人生命的生产——立即表现为双重关系:一方面是自然关系,另一方面是社会关系。"[②]可以说,任何一种生产都表现为人与自然的主客互为关系与人与人的主体间性关系。交往实践同样表现为主客、主主的双重关系结构。人的交往活动是一种自觉的实践活动形式,表现为人在一定历史条件下为达到某一目的而进行的有意识的交互活动。

人类在社会共同体中实现着交往的行为,随着社会的发展,人类的交往形式也不断地丰富与发展。交往活动是人类生成与发展的前提,人在交往中形成语言能力,在交往中深化认识能力,在交往中发挥实践能力。同时,交往活动又是社会生成与发展的前提。在社会中,人们可以实现经济交往、政治交往、文化交往等等,从而形成各种社会团体、组织、机构,以这些社会结构为平台,人们可以更好地发挥自身的能力,展现个人的才华,使自身得到更好的发展。由此可见,一方面,"生产本身又是以个人彼此之间的交往为前提的"[③]。交往实践是一切实践活动的前提,一切生产只是个人在一定的社会形式中并借这种社会形式而进行的对自然的占有。人类的交往实践表现为两个方面的内涵,一方面,从宏观上将交往理解为人的生存

---

① 马克思.1844年经济学哲学手稿[M].北京:人民出版社,2010:83.
② 马克思恩格斯选集(第1卷)[M].北京:人民出版社,1995:80.
③ 马克思恩格斯选集(第1卷)[M].北京:人民出版社,1995:68.

方式。那么,人与人之间的任何实践活动都具有交往性,是以客观物质为基础的交往关系。另一方面,从内容上根据交往的目的不同划分交往的形式。以交换为目的,人类为了实现物质交往活动,而形成主体与主体间的关系。以生产为目的,人类通过形成一定的社会关系从而实现物质生产活动。人的社会生产表现为在一定的生产关系和社会联系中的生产。生产的现实化,就是生产力与生产关系的现实化,生产力是生产者的劳动能力以及劳动工具的协助力,而生产关系代表一定的社会关系的结合形式。人们通过分工与协作在生产交往中实现生产目的。马克思认为人们"只有在这些社会联系和社会关系的范围内,才会有他们对自然界的影响,才能进行生产"①。人类的实践作为人本质力量的对象化活动,不仅是人类主体能动地生产客观物质的感性活动,而且是一种主体间的物质交往活动。生产不是纯粹的个人行为,它是社会化的生产行为,表现为单个人的社会化生产。社会化的生产表现为劳动者的共同活动,是人们生产过程中的互相协作。同时,社会化的生产表现为人们互相交换其活动,即人们依靠彼此的产品满足自己需要。为了实现生产与再生产,人与人之间必须建立一定的社会联系。无论是原始社会的生存性生产劳动,还是现代社会的经济规模化的商品生产和交换实践,都必须通过人们的交往形成一定的社会组织,为达到共同的生产目的才能够进行。因此,纯粹单个人的生产只有在荒野或无人岛上才可能发生,现实的生产方式是生产力与生产关系的统一,有什么样的生产力就有什么样的生产关系与社会与社会交往关系,而社会关系又影响着生产关系,并制约着生产力。现代社会的信息化交往实践扩大了人们的物化需求,加快了生产方式变革的脚步,现实地表现了作为生产实践前提性基础的决定性作用。另一方面,交往活动也依赖于生产劳动而存在和发展。物质生产是人类历史的第一个实践活动,交往活动也是建立在客观物质基础上的交往,社会化实践的第一步就是物质的生产。人类为了满足需要必须进行生产,生产是获取物质生活资料的唯一手段。因此,最初的人类交往仅仅是为了满足人类基本的生存需要。随着人类生产力的发展,人们需要形成符合这种生产力发展的生产关系,人们的交往的形式因此而发生变化。生产实践成为人类在生产与交往相互作用下形成的一种客观物质活动。抽象的实践是不存在的,交往实践是生产实践的社会

---

① 马克思恩格斯选集(第1卷)[M].北京:人民出版社,1995:344.

化表现,生产实践为交往实践提供客观物质条件,可以说生产实践与交往实践是辩证统一的关系。因此,我们不可以狭隘地判断任何一种实践活动,因为任何一种实践活动都包含有实践的全部特性。

2. 交往实践与人的本质的生成

交往实践是主体间的物质交往活动,体现为主体之间的物质的、精神的社会联系,表现了人与人之间的一种内在关系性。马克思指出:"人的本质不是单个人所固有的抽象物,在其现实性上,它是一切社会关系的总和。"①交往实践形成各种各样的人与人之间的社会关系,社会关系的总和就是交往实践的总和。因此,交往实践体现为人的本质的生成性活动,对人的本质的把握也只有通过社会交往的过程才能够实现。一方面,交往实践是一切实践活动现实化的基础,生产活动是在人类交往活动中的生产,而交往是以生产所提供的客观物质条件为基础的交往,无论是生产还是交往都是人类劳动实践的表现形式。因此,这一过程就是人自身的生成过程,就是人的本质的现实化的确证过程。另一方面,交往实践是主体间的交互活动,强调彼此之间因为交换与生产的目的而形成的人与人之间的相互支持与协助的关系,"人的本质是人的真正的社会联系,所以人在积极实现自己的本质的过程中创造、生产人的社会联系、社会本质"②。人是寻求发展的存在物,为了能够更好的发展,人类必须不断地提高自己的个人素质与能力。素质与能力并不是先天就具有的,而是后天逐渐生成的,每个人素质与能力的生成与发展依赖于自己的生产劳动与社会交往,可以说,素质与能力源于人的社会交往,也形成了人的社会交往的形式,决定了社会交往的质量,每个人的内在素质与能力在其现实性上就表现为一切社会关系的总和。交往实践是主体生成与发展所必需的一个保障性活动,是人形成个人素质与能力的基本手段。其一,交往实践确保了个人能力的形成。例如,人类只有通过交往才能够形成语言能力,语言是实现人类顺利交流的一个工具。其二,交往实践可以实现对自我与他人行为的价值性判断。每个人都是对方行为的一面镜子,人类的交往方式内蕴着人的文化素养、交往能力、人生价值观与道德标准。群体的交往形式是群体价值尺度的综合,通过彼此的交往实践,有目的

---

① 马克思恩格斯选集(第1卷)[M].北京:人民出版社,1995:56.
② 马克思恩格斯全集(第42卷)[M].北京:人民出版社,1979:24.

地改造自己的行为方式,提高自己的认识能力与文化素养等,都是对自己价值尺度的内在生成与改造,是对人的本质的确证。

第二节　人的本质生成的途径

人不仅是自然的存在物,也是社会化的存在物。人的生命活动不仅表现为自然化的生存,也表现为实践性的生活。

一、群体化生成:自然共同体—利益共同体—自由人联合体

马克思在《德意志意识形态》中依据分工,划分了五种所有制社会,他们分别是部落所有制、古代公社所有制、封建的等级所有制、市民社会的私有制和共产主义社会的公有制。他在分析封建等级所有制时说:"这种所有制同部落所有制和公社所有制一样,也是以一种共同体为基础的"[①]。马克思认为所有制是以共同体为基础的。因此,人类社会的实质性基础为社会共同体。人的现实化本质是一切社会关系的总和,也就是说人的本质的生成只有以人类社会为依托才具有现实性。一方面,由于人类社会的起源有着同源性。所有制形态一开始都表现为共同体的所有权;另一方面,社会形态与所有制形态的多样性使劳动者对他的生产资料的所有权也表现出不同的形式,从而人对社会的依附形式,人的本质的生成也就表现出不同的发展阶段。也就是说,人与人之间的社会关系是通过人类实践活动自觉构建的,并随着生产的进行与交往的深入不断地发展变化,与此同时,社会关系的丰富与多样化必然导致以社会关系总和为现实本质的人类共同体也不断地发生变化。因此,人在社会共同体之中通过生产与交往实践自我创造的过程也就表现为不同形态社会共同体的群体化生成过程。

人是生命体,人的生物性决定了人以"类"存在的自然前提是动物性的自然群体。也就是说,动物性的自然群体是"类"化的社会群体的生物学条件。正如,有生命的个体是人类历史存在的第一个前提条件,人的生物性是历史发展过程中始终伴随着的基础性条件。人类天生是以自在的自然群体的形式结合起来的,以种

[①] 马克思恩格斯选集(第1卷)[M].北京:人民出版社,1995:70.

群的集体力量能够维持个体生命的存在,满足生存与种的延续的需要。人与人之间的这种联系,逐渐形成了人与人之间关系的社会化,从而人类群体逐渐显露出社会化群体的特征。同时,社会群体的演化是一个相当漫长的历史过程,其生成与演化的核心就在于人类生产与交往实践,人类通过实践活动与自然、人类自身发生着对象化关系,改造了自然与自身的同时,深化了人与人之间的社会关系。社会群体的生成过程表现为改造自然群体的过程,这一对基本矛盾在对立统一的辩证发展中推动着人类历史的发展,促使人类社会关系逐渐走向成熟。

马克思在《德意志意识形态》中说:"只有在共同体中,个人才能获得全面发展其才能的手段,也就是说,只有在共同体中才可能有个人自由。"①人类的社会化生存是人类实现个人自由的基础性条件。人类通过实践活动生成了现实的社会群体,在社会群体中人获得了一切现实生活的内容,表现为人的现实化存在,现实的人才能够进一步与自然物与他人发生联系,将自我意识外化与现实化,这 生成过程也就表现为人类实现个体自由的过程。同时,整个人类历史发展的过程,就是通过实践活动实现人与人之间联合,形成人类社会自身的过程。这一过程,始终存在着自然群体的限制因素,从而使个人与集体之间总是处于对立的关系之中,为了解决个体与类、群体与个人之间的矛盾,人类共同体的生成过程就必须不断克服自身存在的自然群体的限制,也就是说,人类自身的生成过程,人类寻求自由的过程就是解决自然群体与社会群体矛盾的过程。

马克思说:"人的本质是人真正的共同体。"②根据劳动者对他的生产资料的所有权形式与人与社会的关系来划分,人的真正本质的生成途径就表现为由自然共同体到利益共同体,最后到自由人联合体的历史过程。

(一)自然共同体

前市民社会阶段,人类历史处于地域历史的阶段,社会群体是以自然共同体的形式而存在。首先,自然共同体阶段,人们的生产活动的目的并不是为了交换,而主要是为了满足自己生存的直接需要,生产也主要表现为"总和为零的博弈"的简单再生产。人们认为自己就是一切生产条件的所有者,因此,无论是从共同体还是

---

① 马克思恩格斯选集(第1卷)[M].北京:人民出版社,1995:119.
② 马克思恩格斯全集(第3卷)[M].北京:人民出版社,2002:394.

从各个家庭考虑,每个人都是公共财产的体现者与独立的私有者,私有作为公有的子集,天然地融入公有的范畴之中,即作为特殊的公共地与这些数量众多的土地私有者一起存在。"各个个人都不是把自己当作劳动者,而是把自己当作所有者和同时也进行劳动的共同体成员。这种劳动的目的不是为了创造价值……他们劳动的目的是为了保证各个所有者及其家庭以及整个共同体的生存"[①]。因此,在这样的自然共同体中,人类的生存就表现为以下两个特征:第一,群体生活的自然因素起决定性作用。由于生产力的不发达与生产工具的落后,人慑服于自然力,受异己力量的支配。土地是人们最为重要的生产资料,孤立的个人是无法独立完成农业生产,同时,单凭个人的力量也无法保护土地的所有权。因此,"每一个单个的人,只有作为这个共同体的一个肢体,作为这个共同体的成员,才能够把自己看成所有者或占有者"[②]。由此引出第二个特征,在自然共同体中,"各个人通过某种联系——家庭、部落或者甚至是土地本身——结合在一起"[③]。人与人之间表现为彼此依附性关系,即人对共同体的依赖性关系。首先,自然形成的共同体,表现为人通过血缘、地域等自然关系为纽带结成的社会群体。血缘家庭是第一个社会的组织形式,人与人之间由于血缘的关系彼此依附、联结,从而以天然共同体的形式占有和利用土地。随着血缘关系的解体,所有制取代了以家庭为主导的占有形式,不同的土地所有制所表现出来的人与共同体之间的关系也不尽相同。亚细亚公社所有制状态下,个人的生存表现为个人对部落共同体的依附形式。共同体是唯一的所有者,不存在私人占有土地的形式,因此,人们劳动所生产出的产品是共同体的共有财产,个人完全依附于共同体,人成了共同体的附属物。在古代古典的所有制状态下,即在"自由的小土地的所有制"与"共有地"并存的情况下,个体通过自身的身份纽带与共同体发生联系。一方面,在共同体的内部,私有者之间处于自由与平等的关系,他们每个人都对自己土地的私有权,也就是他们可以占有自己的劳动,保证财产的延续性。另一方面,私有的土地是公有财产的组成部分,是公社制度的基础。人依附于这一共同体而存在,人对私有土地占有的条件在于人首先成为公社的成员。也就是说,如果人们想要占有自己的劳动,并保存自我财产,人们就必须要依

---

① 马克思恩格斯全集(第46卷)(上)[M].北京:人民出版社,1979:471.
② 马克思恩格斯全集(第46卷)(上)[M].北京:人民出版社,1979:472.
③ 马克思恩格斯选集(第3卷)[M].北京:人民出版社,1995:49.

附于共同体。人们为了共同体的利益而生产,而共同的生产是为了保证个人的生存。同时,马克思对奴隶制的剖析仍然是在分析共同体与成员之间关系的范畴下进行的,他认为"奴隶制、农奴制等等总是派生的形式,而绝不是原始的形式,尽管它们是以共同体为基础的和以共同体下的劳动为基础的那种所有制的必然的和当然的结果"①。但值得我们注意的是,所有权对人类自身的发展与人类本质的生成起到决定性的影响,即一部分人个性的发展是以另一部分人的个性的丧失为代价的。在日耳曼公社所有制状态下,由于地缘因素,公社表现为为了共同目的而形成的联合,而并不构成实际意义上的联合体,是以一种集会的形式呈现出来的。因此,人与人之间的关系表现为独立主体的相互联系,而并不构成实际意义上的统一体。公社的共有财产只是个人财产的补充,是公共化的附属物。可见,三种所有制形式都表现出人们对劳动条件的占有是劳动施行的前提,人们与劳动条件的关系表现为以人们作为共同体成员的身份同劳动条件发生的关系。即人的劳动、人的生命活动依附于共同体的存在。封建社会,人们建立起了复杂的政治等级关系。人与人之间的关系表现出明显的社会性,但这种交往表现出一种特定的规定性,即人与人之间仍然表现为一种互相依附的关系,带有宗法自然等级特征。人的个性只是在片面的规定性上得到发展。

前市民社会时期,人被束缚在血缘、土地上,生产的目的仅仅局限于生产出自身的规定性,等级制和宗法制的双重枷锁扼杀了人的主体性,周而复始的单调生活和狭隘封闭的生活环境,使人的主体性和自我意识丧失殆尽。因此,这种生存困境必然导致这种"人的依赖性"社会形态的解体。作为社会群体生成的第一个历史形态——自然共同体,也将会突破历史局限性,走入下一个发展阶段,即利益共同体阶段。

(二) 利益共同体

人与社会关系的改变每一次都是建立在客观物质生产条件的改进的基础之上,大工业"首次开创了世界历史,……它把自然形成的性质一概消灭掉,只要在劳动的范围内有可能做到这一点,它并且把所有自然形成的关系变为货币的关

---

① 马克思恩格斯全集(第46卷)(上)[M].北京:人民出版社,1979:496.

系"①。在市民社会中,人类群体存在的自然属性退居次要地位,人对物质的依赖关系跃迁为主导性关系,人与人之间的直接依赖性关系转变成为以物为中介的间接关系。经济上的等价交换原则,社会交往中的契约的关系,使人与人之间除了赤裸裸的利益关系也就没有任何别的联系了。资本家成了"人格化的资本",而工人则是劳动力商品供应者。因此,在资本主义社会中,人与人之间形成了利益共同体。这一共同体表现出两个主要特点:第一,个人摆脱了原始的人身依赖关系,显示出人的独立性,独立的个体成为社会群体的基本单元。同时,个人与集体的分离与对立促成了社会群体的进一步生成。人与人彼此的交往促成了世界范围内人类的普遍联系,生成了世界历史,形成了更大的社会群体与人类统一体。但由于对物的依赖,人类个体只获得了相对的独立,货币对人的统治使人类共同体内部分化为不同所有者、不同利益主体,而这一分化成了交换存在的前提。人类为了获取自己不能够生产而又需要的使用价值,进行交换。"在交换价值上,人的社会关系转化为物的社会关系;人的能力转化为物的能力。"②从而个人从属于社会生产,生产者之间表现为彼此以物的获取为目的的依赖与私人利益完全分离的人与人之间对立的矛盾关系。一旦交换开始,社会分工就出现了。"分工"使能从事各种劳动的"全面的人"成了只具有某繁忙能力的"片面的人",它仿佛是一种自然的方式,存在于人之外并且不以人的意志为转移,人们被动的生产并非是直接的社会生产,生产的产品也不是社会联合体的共同产物,也就是说,社会生产并不从属于把这种生产单座共同的财富来对待个人。"剩余价值的生产和积累实现资本的聚集和增值,这是社会一切活动的根本目的,个体的自由只是通过肉体和精神的买卖换取市场价值的自由,拜金主义成了工业社会意识形态的核心。"③人与人社会关系的异化形成了"货币权利",这正表现为在利益共同体下人对"物"的全面依赖,人因此丧失了自己的一切,人本本质异化为"物"的形式。第二,人类的利益共同体是一种虚假的共同体,人与社会的关系本质上是对立的状态。由于强制分工,不同的个体通过共同的劳动必然会产生脱离个体活动可以支配的社会力量,这种社会力量对个人来说便是虚假的集体力量,这种扩大了的生产力促使人们通过实践活动形成

---

① 马克思恩格斯选集(第1卷)[M].北京:人民出版社,1995:114.
② 马克思恩格斯全集(第46卷)(上)[M].北京:人民出版社,1979:103-104.
③ 孙晶.马克思人的本质生成论的实践基础[J].学术交流,2016:9.

更为庞大的虚假共同体,从而加深了个人利益与所有相互交往个体的共同利益的矛盾,表现为人与整体社会的对立关系。资产阶级的意识形态就表现为将这种物化了的社会关系规定为社会的天然形式,其实质是用虚假的经济物遮蔽了真正的社会本质关系。而"正是由于特殊利益和共同利益之间的这种矛盾,共同利益才采取国家这种与实际的单个利益和全体利益象脱离的独立形式,同时采取虚幻的共同体的形式"①。资本主义社会,物的交换关系使具体的劳动与社会的劳动相分离,也就表现为个人与社会的对立,个人成了个人利益的代表,而社会仅仅成了公共利益的代表,失去了原有的可以维护双重利益的现实条件。因此,国家取代了社会共同体的角色,履行了维护双重利益的责任。人的独立化与国家对共同体责任的分化使人类的共同体受到双方面的冲击与破坏。同时,在阶级社会中,一个阶级为了将本阶级的利益说成是社会的普遍利益,首先要夺取政权,国家成了为了维护某一阶级利益的虚幻的共同体形式,个人自由只是对那些在统治阶级范围内发展的个人来说是存在的。

马克思认为:"在资产阶级经济以及与之相适应的生产时期中,人的内在本质的这种充分发挥,表现为完全的空虚,这种普遍的物化过程,表现为全面的异化,而一切既定的片面目的的废弃,则表现为为了某种纯粹外在的目的而牺牲自己的目的本身"②。自然共同体时期,尽管生产力低下,物质生活资料相对匮乏,但是人们的一切生产与生活的目的都在于人自身,为了自身的生存,人们形成了原始的共同体,实现共同的发展目的。但是,在工业经济时期,人们生产实践的目的从人自身转移到人身之外,人与人彼此不再互为目的,而成了相互对立、彼此利用的工具。劳动的异化,人自身的异化,必然导致人与人之间关系的异化。也就是人类生存的全面异化。工业经济体制使人在废弃人的片面目的的过程中牺牲了人本身,掏空了人的内在本质,因此由空虚的人所组成的共同体必然表现为虚假的存在。

(三)自由人联合体

马克思和恩格斯在《共产党宣言》中明确指出,共产主义社会是"一个以各个

---

① 马克思恩格斯选集(第1卷)[M].北京:人民出版社,1995:84.
② 马克思恩格斯全集(第46卷)(上)[M].北京:人民出版社,1979:486.

人自由发展为一切人自由发展的条件的联合体"①,在这样的共同体中,通过交往实践使主体间得以合理确立,逐步形成了联合体的共同价值目标,个人在认同他人的权力与义务中互为主体,相互内化,相应地个人的交往范围不断扩大,个体发展空间日益扩展,个体的主观能动性得到充分的发挥,人通过努力实现自身对社会的价值。人们在其中丰富完善自我个性,实现了人的全面发展,既展示了个体的本质,又完整地体现了人的类本质。人的类本质的重建和完善的过程,必然是变革不合理的私人占有制,消除人的异化的革命实践。在自由人联合体中,人以实践—对象化活动为基石,实现了自然与人的统一,达成了社会与个体的相互确证。社会群体才能够克服自然群体的局限性,才能够使社会群体和人类之间以及社会群体和个人之间的矛盾得到相对地解决。同时,也只有"在真正的共同体条件下各个人在自己的联合中并通过这种联合获得自己的自由"②。

马克思总结说:"共产主义是私有财产即人的自我异化的积极的扬弃,因而是通过人而对人的本质的真正占有;因此,它是人向自身、向社会及合乎人性的人复归,这种复归是完全的、自觉的和在以往发展的全部财富的范围内生成的。"③追求共产主义,实现人对自我本质的真正占有,即获得人的真正自由是一个完全的、自觉的实践生成过程,这一生成途径表现为由自然共同体到利益共同体,最后到自由人联合体的历史过程,社会化群体只有经历这样的辩证发展过程,才能够解决自然群体与社会群体的矛盾,才能够完成人的真正本质的历史性生成,人才能获得真正的自由。

二、个体化生成:自在个性—自为个性—自由个性

马克思明确指出:"全部人类历史的第一个前提无疑是有生命的个人的存在。"④个人的生成过程本质上就是个人通过生存实践自我创造与重塑自我的过程,也是人的个体本质与人类历史的生成过程。个人和社会、生命个体和文化世界的矛盾成了整个生成过程中的基本矛盾。这些矛盾解决与展开的过程表现出来的

---

① 马克思恩格斯选集(第1卷)[M].北京:人民出版社,1995:294.
② 马克思恩格斯选集(第1卷)[M].北京:人民出版社,1995:127.
③ 马克思.1844年经济学哲学手稿[M].北京:人民出版社,2010:297.
④ 马克思恩格斯选集(第1卷)[M].北京:人民出版社,1995:67.

发展趋势,就是个人生成的规律。个人的生成过程经历为三个阶段,它们分别是从自然人生成为文明人,又从文明人生成为自由人。而在精神领域,就表现为从自在个性生成为自为个性,又从自为个性生成为自由个性。

在人类文明开始以前,由于有生命的个体均生活在没有文化浸染过的纯粹的自然世界之中。因此,人类自身也表现为纯粹的自然属性,人类与其他动物并没有过多的差别,生命活动在本能的驱动下而缺乏价值维度的意义。自然对于自然人来说是人生命活动主要的环境,生命个体没有文化世界的隔离与保护。因此,自然人生存得特别困难与艰辛。人们企图尽快地脱离这样的生存环境,因而生命个体试图联合起来,以社会的力量抵御严酷的生存环境,从而创造出人类生存的文化世界。当人类创造出社会文明的时候,有生命的个体追求自由的过程,被置于现实的人类社会关系之中。这也是自由的对象化与现实化,即自由由内在的规定转变为社会的责任的过程。一方面,人的生命个体因此会受到越来越多文化世界的保护,极大地提高了人在对象化活动中的主体性;另一方面,生命因此面临越来越多的社会禁忌,文明对生命个体本能的压抑,使人类将道德伦理内化为自由的属性,在实践的展开过程中,体现为对个人行为的规范。人类不得不压抑自己的个性,使自己的行为符合社会的伦理道德与法制规范。在文化世界的包裹和武装之下,自然人被文化世界训练塑造成为了社会人、文明人。

从有生命的个体与文化世界的这一对矛盾分析,人类的文化生存建构了具有文化氛围的生存环境,这一生存环境是人类通过实践的对象化活动生成的人化自然。也就是说,人将自己的本质外化的同时,也就使自然从纯粹的绝对自然变成了自己的无机身体,而这样的"自然"所具有的文化特点使人类的世界具有了社会性。因此,自然的属人化也就是人类社会化的结果。一方面,文化世界保障了生命个体免受自然的危害,以社会的力量最大限度地保证了个体生命的延续与个体的发展,从而获得了比自然的生命个体更高的存在形态,即社会的生命个体;另一方面,文化压抑了人的社会性与生物性,使人的自然属性与社会属性内在的对立起来,人在社会礼数面前,只能压抑自己的原始本能,从而使自己更加符合文化世界对人的现实要求。文化世界通过压抑生命个体而逐渐形成,从而生命个体与文化世界呈现矛盾对立的状态。从根本上讲,整个人类的发展历史就是人类寻求自身解放,追求个性自由的过程,也就是人的本质的确证过程。有生命的个体走入文明的领域是人类生存发展的必然结果。但在文化世界之中,只有合理的社会制度才能够使有生命的个体自愿地遵守相应的制度规范,使人类的社会责任与自我道德约束合理地统一起来。因此,只有通过对社会体制的合理化建构,才能够解放个性,消除对个人的生命压抑,从而使文明人最终实现自身的自由。

依据自由的生成路径,从个人与社会的矛盾分析,个人的生成过程也就是自我个性的形成过程,个性并不是人类天生具有的,而是通过人类的社会活动逐渐产生的。因此,人类个性的形成过程必然伴随着与人类自身的社会性的矛盾与冲突。个人与社会的矛盾冲突会不断改变自己与社会之间的关系。因此,依据个人与社会关系的不同可以将人类历史的发展分为三个阶段,人的个性在不同的社会阶段具有不同的特点。第一,人对社会的依赖性阶段。此阶段,个人还没有能力独立,个人只是作为一定的自然共同体的成员,而不是作为独立的个人而存在,并直接依附于自然共同体。正如马克思所言:"我们越是往前追溯历史、个人,从而也是进行生产的个人,就越表现为不独立,从属于一个较大的整体。"[①]自然共同体内部依靠宗法等级制度建立起来的社会关系,使每个人直接依赖于这一共同体领袖。因此,人对共同体的依附关系就表现为人身的依赖关系。在这样的关系中人为了自身的生存自愿放弃个人的自由,生命活动的目的以共同体生产目的为依据,而共同体的生产目的又是为了共同体中整体生命的存在与延续。因此个人表现出了自在生存的特点。应该说,人一旦走入文明的世界,人自身的个性与社会性就自然地对立了起来,个人的生存实践使人自己具有了独特的精神世界,也就是说人的社会化的过程也就是产生个性的过程。在这一历史时期,尽管个人已经具有了自己的个性,但是为了共同体的利益,为了保证自身的生存,以及社会对个体的规范性要求,人们没有张扬自己的个性。因此,此时的个性表现为自在性特点。第二,个人对社会的相对独立性阶段。随着自然共同体的解体,个人摆脱了人身依附关系。科技的发展,生产力的提高迅速地积累了社会财富,人的主体性得到极大的提高,人因此获得相对的独立性。人通过生产与交换形成了更为普遍的社会联系,建立了较为全面的社会关系。在资本主义社会中,人获得相对的独立性的同时,对物质产生了绝对的依赖性。因此,人的这种独立性就表现为资本化的独立性。但是,我们必须要

[①] 马克思恩格斯全集(第46卷)(上)[M].北京:人民出版社,1979:21.

注意到的是,人获得独立性的同时,个性在社会中也就获得了合法的地位,人们可以更有权利自己的行为方式,塑造自己的个性,以辩证地态度审视自身与他人、人与世界的关系,从而调整自我的实践生活方式。这显然是人类的自我生成过程,是人的本质的现实化过程,也是人类个性的自为过程。同时,要强调的是,随着人的发展,内在需要的丰富,人类的实践生成或自为的活动是人的需要的内在规定性。第三,个性与社会性相统一的自由个性阶段。到了共产主义社会,人们形成了自由人联合体,这是实现自由个性的社会形式。此时,人与社会的关系从对立走向绝对的融合,而人的社会性与个性也实现了内在的统一。人类的需要得到了极大的满足,摆脱了对物的依赖性,人自觉自愿地服从通过自为选择而最终确定的符合人类自然与社会双重本性的社会规范,文明对个体生命本能的压抑因此而消失,"在真正的共同体条件,个人在自己的联合中并通过这种联合获得自己的自由"①。同时,自由的人通过自律的实践活动完善自由人联合体。

第三节 人的本质生成的机制

马克思认为:"共产主义,作为完成了的自然主义=人道主义,而作为完成了的人道主义=自然主义,它是人和自然之间、人和人之间的矛盾的真正解决,是存在和本质、对象化和自我确证、自由和必然、个体和类之间的斗争的真正解决。它是历史之谜的答案,而且知道自己就是这种解答。"②人的本质的生成机制就在于存在和本质、对象化和自我、自由和必然、个体和类之间对立统一的辩证发展过程。马克思通过对人类一般性、整体性的哲学把握,提出了对人的本质的判断。他认为人类整个历史是基于人类需要的自由自觉的社会化物质生产,发展的过程符合人类历史的一般规律,也是人"应该"存在的必然性的生活状态。基于对现实的社会存在的分析,马克思通过对人类相当广泛历史时期的经济化的把握,提出了人类存在与本质矛盾分裂的现实。在经济社会中,人类社会存在和发展是异化劳动下的物质生产,发展的过程展现了人类历史的特殊规律,是人类"是"存在的历史陷阱

---

① 马克思恩格斯选集(第1卷)[M].北京:人民出版社,1995:119.
② 马克思.1844年经济学哲学手稿[M].北京:人民出版社,2010:81.

下的生活状态。马克思认为,全部人类社会历史的基础在于物质生产力。人类生产力的发展是历史累积的结果,人们在继承以往生产力水平的基础上,通过实践活动生成新的生产力。既然是继承性地发展,那么现有的发展起点取决于之前形成的发展结果,同时也会遗传之前发展中的不足,并且决定于已经存在的社会形式。人类是在主体能动与受动、合规律与合目的统一的情况下进行生产的。因此,一定的生产力与生产关系制约着人类历史发展的情况与人类的生存现实。马克思分析社会经济现实的目的,就是揭示现代社会运动的经济规律,从而把人的本质不合理的异化视为人类历史发展的条件,是人类为了寻求更加合理的生产方式的基础。人类在自我主体目的与自然化规律的对弈中推动着历史的发展与人的生成。马克思早年的人本主义异化逻辑立足于现实社会经济体制,剥离了思辨的架构后内蕴于人类社会历史辩证发展的现实活动之中。人的本质正是以这样的历史机制,在现实的历史活动之中辩证生成的。

一、存在与本质的对立与统一

海德格尔曾表示:"此在的'本质'在于他的生存。所以,可以在这个存在者身上清理出来的各种性质都不是'看上去'如此这般的现成存在者的现成'属性',而是对它来说总是去存在的种种可能方式,并且仅此而已。"[①]因此,人的存在体现于人的生存,而生存的根本在于人的生命活动。同时,人不仅要生存,人还要发展。人有价值目标,要实现自我。人的生成就是以现实为基础的对现成"属性"的超越,并在发展当中逐渐形成自己的本质。但人是感性的、对象性的存在物,人的"自由有意识的活动"必然会受到客观自然条件的制约,人的生命活动的展开必然会遭遇历史的陷阱,为了生存忘却理想,导致存在与本质的分裂。人只有扬弃异化劳动,通过真正的劳动走向人类的解放。在共产主义社会中,实现存在和本质的统一。

人的一切生命活动都是人的本质的外化过程,人按照自己的需要改变客体的存在状态,从本质上说这也就是人将自己的本质内蕴于对象之中的过程,与此同时,人也在实践活动之生成了自我,确认了自己的本质。而人的本质的外化过程暗

---

① 海德格尔.陈嘉映,王庆节,译.存在与时间[M].上海:三联书店,1999:52.

含着异化的危机。随着资本主义的发展,这种异化的形式进一步加剧。在现实的资本主义社会中,人的劳动并不是自觉自愿的劳动,工人们将自己的劳动作为商品出售给资本家,以获取部分的劳动产品,维持基本的生活需要,因此在"创造物"奴役下的劳动是不自由的非自愿的劳动,是人类痛苦的来源,也是人的本质异化的表现。人们之间以这种异化生产为目的而形成的社会联系,就表现为失去本质的人们之间的联系。此时的人们并不是作为主体的人而存在,而是作为工具化的物的形式而存在,这样的生命活动就是对人的"类"生命的扼杀。异化了自己的本质也就是把自己变成"非存在"的存在物,变成抽象的存在物。

为了进一步说明异化劳动和私有财产是如何具体地实现对现实社会中人的存在的抽象化,马克思通过具体的经济学分析提出了自己关于货币与资本的理解。他说:"人的 社会的行为异化了并成为在人之外的物质东西的属性,成为货币的属性。既然人使这种中介活动本身外化,他在这里只能作为丧失了自己的人、非人化的人而活动"①。马克思认为人的异化与人的社会行为的异化表现为货币的属性,也就是说货币具有一种异化活动的性质,表现为产品相互补充的中介活动。从本质上分析,人类产品的互相交换是一种私有财产与抽象劳动的互相交换,他是人的本质力量的外化形式,作为不以人的意志为转移,并反过来控制着人的力量。这种力量是通过工人的异化劳动逐步积累起来的,工人生产的产品越多,创造的财富越多,这种财富就以货币形式的"社会权利"逐渐增大,人就变得越来越自私自利,人与人之间逐渐变成赤裸裸的金钱关系,人从而逐渐失去社会性。人类的社会活动变成为商品的生产与交换活动,而交换的价值尺度使私有财产以货币的形式出现,货币作为价值的现实存在代替了人的存在价值,"人的个性本身、人的道德本身既成了买卖的商品,又成了货币存在于其中的物质"②。人作为异化了的存在,失去自我存在的意义。同时,"资本"作为一种"货币"形态的存在,其本质上是工人积累的劳动,而又代表了资本家不可抗拒的购买的权利。资本家利用这一权利,以工人自己积累的劳动继续购买工人的劳动,劳动的越多,失去的越多。"人作为单纯的劳动人的抽象存在,因而这种劳动人每天都可能由他的充实的无沦为绝对的无,

---

① 马克思.1844 年经济学哲学手稿[M].北京:人民出版社,2010:164.
② 马克思.1844 年经济学哲学手稿[M].北京:人民出版社,2010:169.

沦为他的社会的,从而也是现实的非存在。"①资本主义社会中,工人是作为贫困的资本而存在的。工人每天以"充实的"劳动资本的"非存在"而付出劳动,最终以全部劳动的奉献沦为绝对的"非存在"。也就是说工人的非现实性才是他与社会的现实性,他是作为非人的存在而成为社会的人的存在。

马克思从经济学和历史发展的深层说明资本主义生产方式的历史性及其本质,分析了人的本质的异化与人的存在之间的矛盾。那么,人如何从本质异化的状态达到本真的生活状态呢?海德格尔曾说:"面临人的这种有本质意义的无家可归状态,存在的历史之思会看到人的未来的天命就在于,人要到存在的真理中去而且要走到找存在的真理的路上。"②马克思的共产主义理论为我们指明了前进的方向。马克思认为人的自我异化是人类历史发展中的必然阶段,人类异化劳动使人的历史从地域性走向世界性,人异化的同时也在孕育这扬弃异化的力量,如果不是人类的异化变成了一种让人失去存在的意义与价值的反叛性力量,也就不会有人类革命需要的产生,如果不是人类异化劳动对全人类财富的积累,新的社会形态就不会产生。"资产阶级社会里发展的生产力,同时有创造着解决这种对抗的物质条件。因此,人类社会的史前时期就以这种社会形态而告终。"③马克思揭示了资本主义必将灭亡的历史必然性。因此人类在走向共产主义现实的历史进程中,逐步地扬弃自身劳动的异化,在生成自我的同时,逐渐确证自己的本质,最终实现人的本质与人的存在的统一。

二、对象与自我的对立与统一

马克思说:"人是类存在物,不仅因为人在实践上和理论上都把类——他自身的类以及其他物的类——当作自己的对象。"④人类的意识可以凝结为具有客观形式规定性的存在,也就是说人类可以意识到主客体的分化,将自己的生命活动与客观存在作为客体对象加以把握。而人的意向性则是一切具体存在物得以显现与隐蔽的条件,意向驱使下的人的能动的活动是具体事物人化存在的基础。因此人的

---

① 马克思.1844年经济学哲学手稿[M].北京:人民出版社,2010:67.
② 海德格尔.孙周兴,译.海德格尔选集(上册)[M].上海:三联书店,1996:384.
③ 马克思恩格斯全集(第13卷)[M].北京:人民出版社,1962:9.
④ 马克思.1844年经济学哲学手稿[M].北京:人民出版社,2010:56.

意识依赖于存在,而对存在的具体形式又具有主体的选择权利,正因为这样人才成为自我。这一切这是人的本质的自由体现。人类如何把握自我,人类就如何实现与生成自我的本质。存在是意识的对象,只有在与意识的对象性关系中才能表现为"是其所是"。同时,意识也是存在,它是一种表征为自我的存在,具有能动的否定性与自我否定性,也具有自由的超越性与批判性。因此,存在与意识的对立与统一就表现为对象与自我的对立与统一,表现为人的现实的生命实践活动的否定之否定过程。由于对象与自身是对立统一的关系,因此,他认为人是通过对象的性质来确证自己的本质的,人只有通过现实的、感性的对象才能够表征自己的生命。

对象化是人特有的存在方式。所谓对象化即是"通过实践创造对象世界,改造无机界……劳动的对象是人的类生活的对象化"[①]。人并不是感性直观的存在物,人是感性活动的存在物,人的实践活动表现为对象化的劳动形式,是人在现实生活中对客观世界的改造与创造。同时,人的劳动是人的生命活动的主要形式。因此,劳动的目的并不仅仅是为了人类自身的生存,人类需要的丰富性规定着人的发展与超越性,充斥着人永远走在追寻自由、生成自我的道路上。而这种超越与确证只能是以人的类生活的对象化的方式实现。对象与自我的对立与统一不仅表现在人的精神意识层面,而且现实地表现在人与世界的互动之中,也就是人类自身通过实践活动将人的本质对象化到客体对象之中,表现为本质的外化与客体化,从而实现自我、肯定自我。同时,通过能动地批判、改造与超越对象,使属人的客体更能够满足人的需要。人的对象化活动能够现实地解释人的类本质与人的社会化本质在生成过程中的相互联系,"人对自身的关系只有通过他对他人的关系,才成为对他来说是对象性的、现实的关系"[②]。人能动地改造对象客体的实践活动是人对自身、对外界事物的自由意识现实化过程,人的实践活动的这种关系性只有通过人与他人的相互联系才能够实现,因此,自由的有意识的活动是建立在人的社会联系基础之上的,只有在社会之中人的对象化活动才是现实的活动。

社会中的对象化活动,也就意味着异化的可能。也就是说,对象化使人成为人,也使人异化。对象化使自我与存在统一,也使自我与存在对立,即自我与对象

[①] 马克思.1844年经济学哲学手稿[M].北京:人民出版社,2010:58.
[②] 马克思.1844年经济学哲学手稿[M].北京:人民出版社,2010:60.

的对立。正如上文所分析的,马克思从现实出发,分析了资本主义社会中人的异化的四个层次,以及深入地分析了分工与交换在异化过程中的决定性作用,同时说明了异化的历史必然性与在人类生成与发展中的作用。在资本主义社会中人的价值被抽象化为劳动时间,表现为货币与资本的形式。私有制丑恶了人性,利己主义的人排他性地占有对象来确证自我,结果却导致对自我的否定。马克思认为这根本的原因就在于,人在成为有意识的对象性的存在物之前,首先表现为感性的动物。"他的欲望的对象是作为不依赖于他的对象而存在于他之外的"[1]。对象是不依赖于人的欲望与人的理性而存在的,人在有意识与客体发生对象性活动之前,同样客观地与客体发生着对象性的活动,这是人作为感性生物的生命活动的必然形式,而"说一个东西是感性的,是说它是受动的"[2]。作为感性肉体存在的人是理性思想化存在的人的基础。因此,人的理性不能够超出人的感性存在而发挥能动性的作用,人在自然的面前是渺小的,理性的作用在广袤对象世界中是有限的。人依赖于对象确证自我,而人有无法避免对象的异己性与人的对象化活动的有限性,作为对象化存在的人因此是主动与受动、自我与对象的矛盾体。"对象性的存在物对象性地活动着,而只要他的本质规定中不包含对象性的东西,它就不能客观地活动。它所以能创造地设定对象,只是因为它本身是被对象所设定的,因为它本来就是自然界。因此,并不是它在设定这一活动中从自己的'纯粹的活动'转而创造对象,而是它的对象性的产物仅仅证实了它的对象性活动,证实了它的活动是对象性的,自然存在物的活动。"[3]人用他物确证自我的事实证明了人是自然的人、是受动的人。这也就说明了利己主义与私有制产生的发生学原因。其根本就在于,人渴望通过他物来确证自我,而占有他物越多,就越能够"安慰"对象性意识。人需要通过私有财产来确证自身,而在确证的过程中却逐渐失去了自我。人自然化受动性表现得越强烈,人的自我意识的能动性就越薄弱,人是在动物性与人性的博弈之中而生成的,是在人的本质的异化与扬弃中而发展的。但私有财产并不是人的受动性的强化与人的异化产生的原因。在资本主义社会中,人与人的关系异化为物与物的关系,货币作为抽象的物的价值化约了人的生存意义,人对生命价值的追求对超越

---

[1] 马克思.1844年经济学哲学手稿[M].北京:人民出版社,2010:105.
[2] 马克思.1844年经济学哲学手稿[M].北京:人民出版社,2010:107.
[3] 马克思.1844年经济学哲学手稿[M].北京:人民出版社,2010:105.

自我的愿望降格为肉体生存的需要。对象与对象化的异化导致了人失去了对自我主体性的确证。为了纠正资本主义社会的这种以对象的力量对人的压迫与奴役,马克思提出:"随着对生产实行共产主义的调节以及这种调节所带来的人们对自己产品的异己关系的消灭",从而抑制了经济活动中使人受动的私有制的威力,从而发挥人的能动性,使人重新受自我支配,实现对象与自我的统一。①

三、自由与必然的对立与统一

人的本质的最大的矛盾是处在自由和必然之中,自由与必然的关系构成了人类存在的本原性结构。纯粹的自然世界是没有人类意识光顾的盲目王国,自由是人类意识的属性,在这样的自然世界中,有的只是自然的必然而没有人的自由。因此,这一世界展现的是自然的必然性规律。自由世界是人类意识中的理想世界,在这一世界之中,人类可以随心所欲地思考与幻想,这是人类自由意识的王国,它所履行的是人的自由性原则。而人类的现实生活世界不仅依循自然的必然性规律,而又遵循超越自然的自由法制。人类的现实生活以自然为基础而又超越自然,以理想为目标而又未及理想。人类本身就是自由与必然对立统一的现实存在。

人是有意识的存在物,个体的意识支配着价值主体,因此,人类寻求自身发展的过程就是追求自由的过程。可以说,整个人类历史就是追求自由的历史。自由是对人的类本质的内在规定,如果人类不是在寻求自由的过程中实现自己的人生价值,那么人就与动物无异,仅仅是作为纯粹的生物性的存在。动物是无意识的生命体,因此他的生命活动是一种完全"他律"的行动,即自然支配性活动,而人的行动是在能动性的意识指导之下完成的,人类可以有意识地进行选择。所谓的自由,首先在于选择的自由。只有人类的意识是自由的,他的行动才可能自由地发挥,而人类只有在尽情地施展着自己的能力与才华时,人类的意识才表现为是自由的。自由的人才可以在现实生活之中决定自己的生活价值取向,选择自己的发展方向。自由有意识的人的活动才能够现实地内蕴于人类社会生产与交往之中,从而确证自己的类与社会的本质。人本身对自己与社会才表现为积极的存在。黑格尔认为,人的本质在于人的自由,而这一自由体现为绝对精神的自由及其自为的过程。

---

① 马克思恩格斯全集(第3卷)[M].北京:人民出版社,1960:40.

马克思认为意识并不具有原初性，人类的意识不是某种外在于人的绝对的客体性意识，不是单个人固有的抽象物，而是人类在现实的感性活动中生成的。正如上文所提到的，人在对象化的活动中不仅形成了对对象客体的认识，也产生了对自身的把握，并通过人类对象化活动地深入，逐渐加深了对自己的认识，生成与实现着自己的本质，人类意识的这种能动性，即意志与意愿的选择权就是人类自我意识自由化的呈现，人类通过实践开拓得越广泛，人类认识的越多，也就越自由。

黑格尔说："自由的真正意义在于没有绝对的外物与我对立。"[①]人类总是试图摆脱外力与强制力量的束缚，从而获得最大化的自由，这一方面表明了人类自身所具有的超越性，另一方面也说明了人的自由总是表现为一种受外在力量约束下的自由。而"约束"何在呢？"约束"源于"必然"。必然有两个必然，一个是自然的必然，一个是社会的必然。"必然"指的是客观事物内部本质的、确定的联系，规范着事物发展的趋势与方向。自然的必然是自然的法则，社会的必然是社会的规律。人是自然的产物，是物质性的存在，因此人受自己的生物性限制，不可能超越肉体的能力范畴去实现自由意识的异想天开。同时，人需要通过实践活动，才能够实现自己意识的选择，而这一选择的目的要符合实践运行的客观规律。因此，人的实践活动是以对象客体为现实性基础，依据自然的规律，通过自身能力与合理的意识选择性要求施展人类的自然力。这就是自然的必然性在人自身与人类现实生活世界的体现。人类自由自觉的活动是人的"类"特性，在现实的社会之中，个人自由的实现是社会共同体自由实现的基础，而个人自由的活动也要服从社会法则，受社会关系的制约。在政治社会中，国家的政治经济制度，社会的纪律与法律，决定着社会中人与人之间的关系，进而约束着人的实践活动的自由。在社会中，如果每个人能都于法规之外施行自己的自由活动，那么他的自由的获得一定是在侵犯他人的自由权、破坏他人自由活动的基础上进行的。人与人之间的社会关系就表现为互相之间的自由意志与活动的破坏，每个人都是对方的非自由因素，人人就都不会拥有自由。社会关系的扭曲与自由活动的丧失阻碍了人的本质的生成与确证的道路。因此，自由的人是遵守社会必然性的人。人类自身与人的活动是自由与必然的对立与统一，自由要服从必然，自由是对必然的认识。"自由不在于幻想中摆脱

---

① 黑格尔.贺麟,译.小逻辑[M].北京:商务印书馆,1997:126.

自然规律而独立,而在于认识这些规律,从而能够有计划地是自然规律为一定的目的服务。"①自然的规律与社会规律都是人需要认识与自觉的范畴,而人一旦把握了这些必然的规律,他们就由支配人的力量变成为人活动的内在依据,从而能够从事各种社会现实化的自由自觉的活动,而这一过程才是人自由地生成自我的历史性过程。

恩格斯说人有两个提升,一个是从自然必然的奴役中提升出来,第二是从社会必然的奴役中提升。自由不仅在于摆脱自然的必然性的束缚,而且在于摆脱自己所创造的社会的必然性的束缚。在现实的社会之中,人们的经济关系决定了自由表现为商品交换的自由,但在资本主义私有制社会之中,"商品"对人的奴役,使人类丧失了自由选择、自由劳动的权利,人剥削人、人压迫人的现象使人的自由成为泡影。而在共产主义社会中,生产资料从私人所有变成为整个社会共同体的财产。因此,也就不存在商品的生产。没有了商品,也就不存在"物"对人的统治与奴役,商品经济成为计划经济,社会的生产成为没有政府管理下的自觉自愿的人的生产活动。生产出的产品被整个社会共同体所占有,消除了人的利己主义行为方式,每个人按照自己的需要获取产品。自然的必然性与社会的必然性被人类自由的意识与行动所控制、支配与利用,从而最大化地摆脱了人的动物性,最大化地实现了人的类本性。"只是从这时起,人们才完全自觉地自己创造自己的历史;只有从这时起,由人们使之起作用的社会原因才在主要的方面和日益增长的程度上达到他们所预期的效果。这是人类从必然王国进入自由王国的飞跃。"②

四、类与个体的对立与统一

(一)人是类存在物

人是自由与必然的统一体,人既是感性的生命,又是自由自觉活动的价值主体。因此,人的生命体现为自在与自为的统一。人的自在是自为的基础,人的自为是对自在的超越,从而人的生命表现为与其他生命体不同的"类"特性。人与动物不同,人有发展的需要,人在追求自己人生价值与目标的过程中,将自己的潜能转

---

① 马克思恩格斯选集(第3卷)[M].北京:人民出版社,1995:455.
② 马克思恩格斯选集(第3卷)[M].北京:人民出版社,1995:634.

变为现实。因此,人之所以为人"类"就在于人不是一直保持着自然所规定的生命体应该具有的一般特性,人总是超越自然的必然性,在发展之中寻求生存之道。人的本质就在于人在不断地寻求改变中打破旧有的束缚,在后天的自为活动中不断地生成。人"正是在改造对象世界的过程中,人才真正的证明自己是类存在物。"①马克思没有抽象地分析人的类本质,他着眼于社会历史与社会现实,认为人能够主观主宰自己的行为,在自由意识的支配下改变与创造对象世界,同时生成自身的现实性基础,就在于人自由自觉地活动所具有的社会性。人为了生产与交往会形成一定的社会联系,在这样的社会关系之中,人会把自己的"类"能力内化于自身,只有这样,人才能够成为现实的主体。

(二)人是个体存在物

社会中的人不仅是"类"的人,而且是个体的人。"人是特殊的个体,并且正是人的特殊性使人成为个体,成为现实的、单个的社会存在物。"②"类"不是脱离了个体的抽象存在,人的"类"存在都现实地表现为一般个体的存在,人的自由有意识的活动都是通过每一个个体的活动展现的,而人只有通过个体与个体间的交往才能够形成社会,形成人的"类"。因此,个体是类的个体,类是个体的类。每个人都是社会的投影,而社会是每个人"类"化的基础。人的社会关系是建立在现实社会之中的人与人之间的关系,社会关系是把个体与社会凝结起来的现实结构力。整个社会就表现为人与人之间的社会关系所形成的大网,而每个人的社会关系的总和就是网之结点。因此,社会是个人本质确证的现实基础,而每个人的个体本质的总和构成了社会整体本质的要素。每一个人与其他任何人之间的互动都表现为他与整个社会基础的互动,整体社会的体制与价值结构也就规定了单个个体的价值取向与行为准则。人类通过实践活动形成人与人之间的生产关系与交往关系,实践活动的现实形态是社会制度的体现。因此,有什么样的社会制度,就有什么样的社会关系,从而决定了人有什么样的个体本质。人类的个体本质是随着社会关系的变化而变化的。人的个体本质是人的"类内"本质,而人的类本质是人的"类间"本质,"类间"本质是通过社会关系中的个体来确定的,是个体所在的类与其他类的区别。

---

① 马克思.1844年经济学哲学手稿[M].北京:人民出版社,2010:58.
② 马克思.1844年经济学哲学手稿[M].北京:人民出版社,2010:84.

（三）类与个体之间的辩证关系

个人既是个体的又是类的,人的类本性不等于种。因为人的个体是自觉地和别人发生关系,形成一个类,发挥类的特点。因此,人的类存在就是从无数个体中抽象出的人的一般存在。个体决定了自身,也就决定了类;人作为一个类不是生物的种。生物的种是盲目地服从客观世界规律的存在,而人的类是无数个人结合起来形成一个类。人类具有主观能动性,人们改造世界的那种能力能够在类当中充分发挥。因此,类也决定个人。人即是类中的人,是人"类",人也是以个体形式存在的个人。社会对于个体来说,并不表示个体之外的其他个体,而是全部个体在内所形成的社会关系,社会中一切个人的总和才是类的现实化表现。社会不属于任何特殊的个体,个体在社会之中以类的个体的形式存在,个体在社会之中的发展表现为整体类的发展。客观自然存在对于人类来说不是纯粹的自然,而是人类个体与自然之间的对象性关系,个体与个体之间的感性化的自然关系。因此,对象化的自然表现为社会历史性的自然,是人作为类存在的自然基础。客体自然是个人生存的前提,即人的自然化生存表现为人与自然在对象化的活动中所形成的关系。自然关系、社会关系与历史关系表现为以类方式存在的个体间性关系。因此,个体无法脱离类,类是个体的类,个体与类辩证统一,人的类本质与社会本质共存。

在阶级社会之中,人并没有完全占有自己的类本质,人的开放性决定了人是在追寻着人类解放与自由全面发展的过程中,逐渐生成与确证自己的个体本质与类本质的。不同的社会政治经济制度约束了人与人之间的生产与交往关系,从而间接地决定了人的个体本质与行为方式。在阶级社会之中,人与人之间表现为异化的关系。人与人关系的异化源于人的劳动的异化,异化的劳动是与类的劳动形式相违背的,个人与类在现实社会之中表现为对立的形式。马克思分析了资本主义社会中人的异化的四个方面,从而突出了个体与类的矛盾。他说:"异化劳动从人那里夺去了他的生产对象,也就从人那里夺取了他的类生活,即他的现实的类的对象性,把人对动物所具有的优点变成缺点,因为从人那里夺走了他的无机身体即自然界。同样,异化劳动把自主活动、自由活动贬低为手段,也就把人的类生活变成维持人的肉体生存的手段。"[①]异化劳动也就异化了人的类本质,人因为失去自由

---

① 马克思.1844年经济学哲学手稿[M].北京:人民出版社,2010:58.

劳动的权利,失去对现实的类对象性产品的占有,也就是失去了作为"类"存在的条件,仅仅是以"种"的形式,表现为动物性的本能生存。人的"类"生活就是生产生活,但工人所谓的"类"生活却成了维持个人生活的手段,变成了非类的生活,从而人失去了类所应该具有的选择与计划的权利。因此,资本主义社会中人的异化劳动"把抽象形式的个人生活变成同样是抽象形式和异化形式的类生活的目的"①,"个人"与自己的"类"渐行渐远,人的异化表现为普遍性的异化,也就是说无论是工人还是资本家都表现出"个体"与"类"的矛盾。资本家也受到"物"的控制,为了占有而不断地剥削,而他对"实践"的漠不关心,是一种自由意识与劳动的断裂,是人类本质的失真。他与工人之间的异化关系更是对类本质异化的证明。贪婪、残忍、唯利是图的资本家被资本扭曲了人性,吞噬了心灵。失去了自由的工人与资本家笼罩于混沌的"物"霾之中,无法自拔。

　　个人只有摆脱"物"的控制,成为独立的人,才能够形成现实的类集体。马克思认为对物的依赖性的人的独立性阶段是人类发展过程中不可避免的环节,人类正是在物质财富积累的实践活动之中,逐步追寻着独立的人格,逐步现实化自己的本质。个体与类的统一表现为每一个独立的个人获得自由自主的人格,具有自觉行为的能力,发挥主观意识的抉择权,从而支配人类行为的创造性,在这一基础之上,人类才可以在类集体中实现二者的统一。在共产主义社会中,类集体就是真正的共同体,"在真正的共同体的条件下,各个人在自己的联合中并通过这种联合获得自己的自由",也获得全面的发展。② 在这里,人表现为普遍存在于每个个体之中,而又把每个个体统一为一体的类的存在。每个个人自觉为类的存在,将自己的存在归入他人的本质,将他人的存在归入自己的本质,个体与类现实地统一于人本身。

第四节　人的本质生成的动力

一、历史的绽出性

　　历史性的思维方式源于人历史性的生存方式,海德格尔说过:"真理意味着存

---

① 马克思.1844年经济学哲学手稿[M].北京:人民出版社,2010:57.
② 马克思恩格斯选集(第1卷)[M].北京:人民出版社,1995:119.

在者的被揭示状态"①。现代哲学的主流从探究世界的"无限",着眼于现实生命的"有限",而马克思哲学思想的当代性就表现在,"马克思实现了从'无限性'到'有限性'立场的自觉转变"②,这是马克思历史观的基础视域。在马克思哲学中,时间对于历史的存在并不是一个外在的规定而是内在于历史之中,历史主体的"有限性",规定了马克思历史观的新的理论维度,这种对历史本体的存在论理解,使马克思哲学突破传统思辨哲学探究世界"无限"的妄想,而走入人的生活世界,通过人与自然的相互作用,发现世界何以存在的根据。

说到历史,首先要谈时间,在马克思看来,时间不存在与历史之外,而是内在于历史之中。历史是通过人的实践活动现实的生成过程,而人在对象化活动中逐步的超越自我、确证自我,这一实践的生成就体现了时间。从本体论上说,时间与历史都是"存在论"的概念,马克思认为新的需要的产生是第一个历史活动。人类的需要是推动历史发展的根本动力。因此,时间与实践是内在统一的。时间内在于人类为满足于自身需要而发展的历史之中,实践性的时间成为构建人类历史的根本,而时间的内在性也使实践成为历史性的存在。马克思把衡量生产劳动的价值量的社会必要劳动时间看成是劳动者异化状态的基本样式之一,在沉沦状态下生产的人们遗忘了自己与时间,人们通过实践从"必然王国"走向"自由王国"的过程中,内在的时间才被发觉,历史因此而生。历史是时间的一种样态,群体实践是时间性转变为历史性的现实依托。马克思说:"历史不外是各个世代的依次交替。每一代一方面在完全改变了的条件下继续从事所继承的活动,另一方面又通过完全改变了的活动来变更旧的条件。"③因此,人类的历史活动内在于人的实践活动之中。历史的结果不仅为下一个历史活动提供物质生产资料,同时为其提供主体活动的支持,历史活动即产生结果又创造前提,而实践的时间性造就了结果与前提的历史性。由此可知,历史的当下是指人根据继承性的现在决定自己的当前的行为。那么,历史的绽出性是指人根据当下化的未来去选择和确定自己作为未来的过去的这一环节。这一绽出包含两方面的含义,其一,即将绽出的事物具有可能绽出的性质;其二,在特定历史条件的触发下,事物的绽出由潜在变为现实。延伸到人类

---

① 海德格尔.陈嘉映,王庆节,译.存在与时间[M].上海:三联书店,1999:294.
② Jolyon – Agar,*Rethinking Marxism:From Kant and Hegel to Marx and Engels*[M].Rourledge Press,2006.121.
③ 马克思恩格斯选集(第1卷)[M].北京:人民出版社,1995:88.

历史领域,就是人生命价值维度的表述,当人领会到自己生命的存在,时间由此显身,这种时间化了的生命意识,或者说是生命时间的"有限性"意识,促发了人生命实践创造的冲动与生命目的实现的愿望,这种价值维度冲动,就是时间,历史绽出的价值基础,历史的生成首先离不开人的现身与体会,离不开人的现实需要。同时,当现实的实践活动与实践结果,无论是物质的还是意识的,触发人向"真""善""美"而生的意识时,属于人的本真的时间就绽放而出,这种意识源于当下对未来的要求,也源于未来对当下的规定,也就是历史的绵延效应触发了历史的绽出。人生命价值维度的规定,实践伦理道德规范的介入,拓宽了人的生存视野,也规定了人面对自己过去的态度和方式。从此,实践有了时间维度的意义,历史与实践得到统一。

历史的绽出,是时间实践化的展示,也是实践时间性的显现。它奠定了人类生命历程中过去、现在与未来统一的基础,是时间环性的领会;它展现了人生命价值追寻的过程,人类为了全人类解放而奋斗的决心,这是时间意义性的萌发过程,自由性的体味;它激发了人类现实生活的归"真"实践,由此人扬弃异化回归"完整",是对时间有限性与生成性的兑现。

二、人的需要

"需要"是人的生命活动与历史发展的内在动因,因此也是人的本质生成的根本动力。人的生命活动是人类历史的全部内容,而推动人生命活动的根本动力在于人不断丰富与复杂的需要。人类"已经得到满足的第一个需要本身、满足需要的活动和已经获得的为满足需要用的工具又引起新的需要"[1]。人类为了自身发展与社会进步,在一个需要满足基础上会不断地产生新的需要,而新的需要促使人进行新的生产实践活动与形成新的社会交往形式,进而满足这一新的需要。主体的需要本性激发实践生成,人类历史就是在人类不断满足需要的实践活动之中向前推进的。

(一)"意识"规划的"需要"

马克思说:"他们的需要即是他们的本性。"[2]一切生物都有需要,这是生命本

---

[1] 马克思恩格斯选集(第1卷)[M].北京:人民出版社,1995:79.
[2] 马克思恩格斯全集(第3卷)[M].北京:人民出版社,1960:514.

性所决定的。但是人与动物的需要不同"动物只是在直接的肉体需要的支配下生产,而人甚至不受肉体需要的影响也进行生产,并且只有不受这种需要的影响才能进行真正的生产"。人的生产与动物的生产是不同的,动物是在本能的驱使下,为了满足自身的肉体需要,而进行的无意识的本能活动。动物的生命活动是与动物本身的存在融为一体的。因此,他们就是这种生命活动。对于人来说这种生命的活动形式是以一种客体的方式存在于世界之中,动物与周围的自然条件都是构成人类生存环境的组成内容。因此,动物的需要所推动的生命活动并没有对周围的物质环境造成任何目的性的改变,自身也就不可能存在任何活动性的发展,他的发展仅仅局限于环境因素所决定的生物性的进化,因为他本身就是这一环境的组成部分。人是对象性的存在物,人类的"意识代替了本能,或者说他的本能是被意识到了的本能"①。因此,人的生命活动是自己意志与意识的对象,表现为脱离于本能需要的目的性行为。"当人开始生产自己的生活资料的时候,这一步是由他们的肉体组织所决定的,人本身就开始把自己和动物区别开来"②。人类的生活只有通过自己的实践创造才能够生成,因此,历史生成的第一步就是人类通过有意识的生产活动,满足自己的衣、食、住、行等基本的生活需要,人们的生产需要通过人类社会的交往行动而实现,而人们的交往最初又是以生产为目的基础与目的。人类的历史正是在日益更迭的需要的驱动下,通过现实的生产与交往活动而实现的,历史在发展,人类在生成。

(二)"理性"设计的"需要"

人是理性的动物,人的理性包含着对事物的认知,也内蕴对人生意义的实践确定,这使"需要"以一种以事实为基础又超越现实的实现价值与达成目的理性设计的方式出现。这其中体现了人的发展本质。在实践理性的规范下,一方面人通过"服从"与"自律"的形式而生活,服从于自然的规律与社会的法制规范,自律于自身的伦理道德修养;另一方面,人又按照趋利避害的原则,扬弃自然的自在性与社会历史的自发性,使自然的发展与历史的演进对人类自身具有一种善的价值。人把价值理想内蕴于实践生成的活动之中,人懂得按照任何一种尺度来进行生产,并

---

① 马克思恩格斯全集(第3卷)[M].北京:人民出版社,1960:35.
② 马克思恩格斯选集(第1卷)[M].北京:人民出版社,1995:67.

且懂得把固有的尺度运用于对象;因此,人也按照美的规律来构造。"审美"是人作为价值主体的最高规定,是人类主体实践能动性的最高规范,是人类精神需要的表现。于是,人的生产与交往实践就体现着事实与价值的统一性活动。理性的设计"在这个过程开始时就已经在劳动者的表象中存在着,即已经观念地存在着。他不仅使自然物发生形式变化,同时他还在自然物中实现自己的目的。"①超脱于肉体的需要,人类为了满足日益生成的物质、精神、文化、发展等等的需要,在理性的指导下设计了自我的生活目的与生命价值,通过实践活动,让理想照进现实、让未来成为当下,从而超越个体生命的局限。人类存在和发展的全面性就取决于人类需要的丰富性驱动下的人类活动的全面性。历史到底是满足需要的历史,每个人在追求自身的需要的满足时,也直接或间接地满足了他人和社会的需要。因此,人类的一生都是在满足自身与社会共同体的需要的实践过程中完成的。需要就是人的本质与历史实践生成的内在动力。

三、两种生产

在《德意志意识形态》中,马克思和恩格斯表明:"这种历史观与唯心主义历史观不同",此处的"这种历史观"即为唯物史观②。他们在阐述唯物史观的具体内涵时说:"这种历史观就在于:从直接生活的物质生产出发阐述现实的生产过程,把同这种生产方式相联系的、它所产生的交往形式即各个不同阶段上的市民社会理解为整个历史的基础,从市民社会作为国家的活动描述市民社会,同时从市民社会出发阐明意识的所有各种不同理论的产物和形式,如宗教、哲学、道德等等,而且追溯它们产生的过程"③。唯物史观强调物质资料生产方式是"人类的第一个历史性的活动",马克思确立了理解历史的全新视角,并在此基础上揭示了历史与人的生成过程的统一。正如马克思所言:"一切人类生存的第一个前提也就是一切历史的第一个前提,这个前提就是:人类为了能够'创造历史',必须能够生活。但是为了生活,首先就需要衣、食、住及其他东西。因此第一个历史活动就是生产满足这些需

---

① 马克思恩格斯全集(第43卷)[M].北京:人民出版社,1972:202.
② 马克思恩格斯选集(第1卷)[M].北京:人民出版社,1995:92.
③ 马克思恩格斯选集(第1卷)[M].北京:人民出版社,1995:92.

要的资料,即生产物质生活本身。"①制造生产资料的生产活动是为更好地生产物质生活资料做准备,人自身的生产与再生产是建立在这两种生产的基础之上的。这两种生产,推动着历史的进步,人逐步地完善自身,生成自己。同时,为了构建更好的社会生活,并保证两种生产的顺利进行,人类社会生成了建立在生产关系基础上的政治、法律、意识形态等上层建筑,人生价值的实现,人生目的的达成,都完善于最终道德社会的成立。

两种生产的理论是恩格斯根据马克思晚年的《人类学笔记》的内容整理出的思想,马克思晚年借助摩尔根等人提供的早期人类社会的材料,为人类历史发展的动力提供新的依据。因此,从本质上看,两种生产理论仍然属于唯物史观的基本范畴。恩格斯指出"根据唯物主义观点,历史中的决定性因素,归根结底是直接生活的生产和再生产"②。他认为生产可以分为两种,一种是生活资料以及生产工具的生产,另一种是人的繁衍生息。在此基础上,由于现实生活环境的变迁和家庭制度的改变,特别是生产力与生产关系的发展矛盾,促使人类为了追寻解放与自由,必然会形成阶级对立与阶级斗争,从而推动历史的演进。

依据马克思的思想,人类的历史不过是人通过自身的实践创造性活动现实地生成的过程。因此,人的生成也就是历史的生成,我们可以通过分析"两种生产"进一步得出人之生成的现实过程,就物质资料的生产而言,它包含两方面的内容,一方面,人类为了生存,必须生产出维持生命所必需的基本生活资料,可以说这一过程的人类还呈现出动物的类特性;另一方面,当基本的生存需要得到满足后,人类为了满足得到更好的生活的需要而进行新的生产,正是这种生产,才使人与动物区别开来,从而确证了自己的本质。马克思强调:"不是人们的意识决定人们的存在,相反,是人们的社会存在决定人们的意识。"③生存的现实需要促发了人类成长,激发了人类生产关系的变更,使社会关系逐步完善,从"美"与"善"的层面说,人们实践过程所涉及的自然物都可以成为人的精神的无机界,是人意识的一部分。物质资料的生产本质上就是人自身的生产,它在生产人的生命的同时,也在创造着人的精神世界,使人作为一个全面的、完整的人而存在。人们可以依据自己对"自

---

① 马克思恩格斯全集(第3卷)[M].北京:人民出版社,1960:31.
② 马克思恩格斯选集(第4卷)[M].北京:人民出版社,1995:2.
③ 马克思恩格斯选集(第2卷)[M].北京:人民出版社,1995:32.

由世界"的构想,通过生产实践,向着目标迈进,而这一迈进过程就是人与历史,社会与自然共同的生成过程。同时,在探讨人的自身生产问题时,一方面,人通过对自己生命的生产保证了人自身体力与智力的发展,维持了现有生命的存在,更为重要的是,从社会角度出发,人自身的生命建构保证了现有生产力的延续与人类社会的正常运行。另一方面,他人生命的生产保证了种的延续,同时,再生出新的生产力,构建了新的生产关系与社会关系,从而保证了人类社会的发展。生命的生产内含于物质资料生产之中,人成为物质资料生产的主体,消费者以及生产达成的承诺者。以这种方式理解的两种生产,历史才能够成为真的历史,生产最终走向生成。

第五节 马克思人学思想的历史超越

揭示人的本质实际上是要通过现象的人的研究,揭示人之为人的规定性。马克思哲学革命终结了传统本体论的思维范式,他所建构的实践生成论的思维范式的灵魂在于其所表征的实践生成的思维逻辑,这一思维逻辑贯穿于其整个哲学体系,指导着人学思想的理论建构。马克思颠覆了传统本体论人学的抽象的、思辨的、预成的思维方式,建构了实践生成的人学思维方式。

一、从思辨的人到实践的人

马克思曾说:"思辨哲学,特别是黑格尔哲学认为:一切问题,要能够给以答案,就必须把它们从正常的人类理智的形式变成思辨理智的形式,并把正常的问题变成思辨的问题。"[1]思辨的思维方式就在于将现实的事物抽象为与之相对应的概念、范畴以及规则,并将它们作为思考的元素,通过推理的方式把握先验的逻辑体系。传统本体哲学思维的典型特点就在于其思辨性,学者们通过思辨理智来解决人学问题。由于他们没有关注现实的人,以及现实的人的生活。因此,他们所理解的人只能是抽象的人,最多也只是感性直观的人。传统人学的理性主义与本质主义的思维模式,使哲学家在解决人学问题时,渴望找到人背后的始基。他们通过思维的推理与演绎把握人的先验化、抽象化的本质,认为思维分析是解决现实生活世

---

[1] 马克思恩格斯全集(第2卷)[M].北京:人民出版社,1957:115.

界问题的唯一途径,具有绝对的价值与解释原则。例如,黑格尔把人及其活动视为绝对精神自为过程中的外化环节,人只是自我意识的结果,因此,人只能在观念之中,通过思辨理智加以说明。传统本体论人学重理论而轻实践,重思维而轻行动这是典型的形而上学思维模式,传统哲学家将这样的思维模式作为哲学思考中的必要性条件,支撑着整个传统哲学体系。因此,思辨的思维模式成为传统哲人的思维惯性,用以分析一切哲学问题。思辨的抽象成为统治人与事物的无形的力量,剥离了人的理论与实践、思维与行动,从而加速了理性世界与现实世界,概念世界与对象世界的分离。

马克思认识到了传统本体论人学理论思辨的弊端,他认为传统哲人将人的本质归为人的精神,"而精神的真正的形式则是能思维的精神,逻辑的、思辨的精神"①。因此,对于他们来说,"对于人的已成为对象而且是异己对象的本质力量的占有,首先不过是那种在意识中、在纯思维中即在抽象中发生的占有,是对这些作为思想和思想运动的对象的占有"②。唯心主义将人的精神的能动性发挥到极限,企图利用精神的意向性把握现实的感性实在。他们认为人的本质是人的精神与理性。因此,只有通过意识与思维的对象性分析,才能够占有人的本质,人的现实的行动成了意识的产物,而意识却具有了原初的性质。传统本体论哲学颠倒了意识与实践之间的关系,造成了现实的人的失落与人的实践行动的式微。马克思说:"理论的对立本身的解决,只有通过实践方式,只有借助于人的实践力量,才是可能的。"③现实的人是在实践过程中生成自身的,人的历史也是通过人类的现实活动逐步形成的。人在实践活动中逐渐形成自己的"类"意识,发现了人之为人的真正价值。实践才是具有原初性的现实力量,体现的是现实的人的真正本质。马克思指出了走出传统本体论人学的出路,既然意识是社会的产物,是被意识到了的现实存在,因此意识的基础是人的感性存在与感性生活,解决现实生活问题时,意识只具有领会性作用,而不具有实际的操作功能。因此,要把理论问题还原于实践,把抽象思辨还原为现实生活本身。解决人的问题要用人的根本的存在方式,即实践作为思考的基础。人之为人的根本不在于思辨推理所把握的绝对的精神与先验的

---

① 马克思.1844年经济学哲学手稿[M].北京:人民出版社,2010:100.
② 马克思.1844年经济学哲学手稿[M].北京:人民出版社,2010:99.
③ 马克思.1844年经济学哲学手稿[M].北京:人民出版社,2010:88.

自我。人的生产就是生产人的生活,也是人自身的生产。人生产的目的、手段与方式方法等生产的属性是与人的属性相一致的,人的根本不在于人之外的实体,人的根本在于人本身,而人的本身就在于实践活动的本身。因此,实践是解答"斯芬克斯之谜"的唯一手段。

二、从既成的人到生成的人

前苏格拉底时期,人类没有从人所认识的对象性事物中分离出来。人与其他事物无异,只是作为自然化的客体存在于世界之中,而不是主体性的存在。人依照解读客体事物的方式,回答"这是人"的问题。苏格拉底开启了"人是什么"的追问,人类认识事物的视角回归自身,从对象性意识转为自我意识,通过既成的思维方式解决人学问题。既成的思维方式符合人类追求事物本原的思维习惯,人类渴望通过把握一切事物的某一或某些本质性的存在基础,从而把握一切事物存在的基本规律,进而控制外物。因此,这种确定性的思维习惯将事物视作固定的、一元的、封闭式的存在,人们企图用"是"来解决一切问题,包括人的问题。例如:亚里士多德就认为,人是政治的理性的动物。笛卡尔深入到理性的内部,分析了"我思故我在"的问题。近代人学的理性主义传统,一方面极大地提高了人的主体地位,但同时也夸大了理性的功能与作用,人的感性经验没有任何立足之地,理性成了无所不能的超越性的先验范畴。无论是笛卡尔的"心灵实体",还是康德的"先验自我"都是预先设定、固定不变的既成性主体,海德格尔就曾表示:"主体这一存在论概念所描述的不是'我'之为自身的自身性,而是一种早已现成的事物的自一性与持存性。从存在论上把'我'规定为主体,这就等于说:把我设定为总已现成的事物"①。以既成性思维所把握的"我"成了一种现成的事物。黑格尔虽然提出了主体能动发展的辩证思想,但他只是在精神上发展了主体的能动性,这种发展只表现为绝对精神自为生成的一个发展的圆圈,它发展的重点是它的目的,也是它的起点。起点与终点的完满性与"是其所是"的现成性表现为典型的预设的既成思维逻辑。理性成了一种超感性、超验的、永恒不变的实体,没有生成的维度,更无从谈及历史,它成为具有原初性的人的本质,是人之为人的最初基础与最终目的。传统

---

① 海德格尔.陈嘉映、王庆节,译.存在与时间[M].上海:三联书店,1999:364-365.

本体论的既成性思维模式的弊端就在于,人们在寻找"人是什么?"的答案过程中,将研究重点仅仅落于对"什么"的回答,而忽视了对"人"本身的反思。也就是说,人们固有的追求本原的本体论思维模式僵化了人对自身的认识,以确定的、固化的事物规定人的本质就是对现实的人的生活本质的忽视与扭曲,他们没有看到人是一个感性生存的主体,人类生存所规定的主体的开放性在人们既成地把握主体的过程之中被束之高阁。

马克思着眼于现实的人与社会历史,提出了以实践为基础的生成论思维方式。他认为人们应该从人的感性的活动把握对对象、现实、感性的理解,应该从实践,而不是从精神的、感性直观的主体去理解。人是历史的人,人的本质在于人的实践活动,因此人是以实践活动为基础的历史生成性的生存主体。人在实践活动中现实化为价值的主体,人有展现生命价值的渴望,通过追求生活目的的实践活动,成为自己渴望成为的人。可以说,人是通过自己生命活动不断超越、不断创造的生成结果。于是,作为价值生存主体的人类,我们所要追问的不是"我是什么?",而是"我应该是什么?"与"我怎么成为什么?""因此,他们是什么样的,这同他们的生产是一致的——既和他们生产什么一致,又和他们怎样生产一致。"[1]这是典型的生成论思维论断,生产决定了人的生活样态,决定了人将成为什么,人存在的辩证本性规定了人的本质的生成性与人的现实的生存。因此,人之为人的基础与根据都在于人的实践活动本身,实践使人在生成中逐步发展,人因此不再是一个既成性的实体存在,而是一个未确定性、开放性生成中的人。

三、从共时的人到历史的人

传统本体论人学把人视为既成的实体,学者们通过共时性的思维方式认识与把握现实生存的人,对人的本质的理解也自然是从抽象化的人与动物的静态的、绝对化的区别加以界定。因此,人的本质就固定成为没有历时性与时代差别的人的理性与自我意识等等普遍化的人的特征。以这一共性的特征为基点,引申出人与自然、人与社会的关系。他们认为人与其他万物一样,是实体性的存在,人的本质必然是具有普遍价值的单一化判断,它在任何时候都能够完美地呈现人之必然。

---

[1] 马克思恩格斯选集(第1卷)[M].北京:人民出版社,1995:68.

但通过共时性来把握人现实的生存与人的本质是人之现实性相违背的,一方面,人是感性地生活在客观世界之中,人会受到自然本性与客观自然条件的制约。因此,人在发展之中也保持了一定的普遍共性的特点,表现为共时性的必然。另一方面,人是感性活动的价值主体,人会超越自己固有的本性,不断地在发展中寻求新的生长点与新的生命可能,这是人自由本性的象征。因此,人在发展之中一直呈现出暂时性与生成性的特点,表现为历史性的自由。人是确定性与未确定性的存在的统一,是共时性与历时性存在的统一。传统哲学共时性思维模式从单一的、固化的人的特点把握现实生活中的人,试图通过一劳永逸的方式解释历史生成中的人,其结论必然是单面的、非客观的。

现实的人并不是固定不变的,人与动物不同,人是价值的主体,因此人有丰富而复杂的人类需要,这也就决定了人是不断超越自我的存在。超越的过程也就是发展的过程,过程即是历史,人的实践过程就是人发展的历史。马克思认为应该通过共时性与历时性的双重维度把握现实生活中的人。因此,他表示:"首先要研究人的一般本性,然后要研究在每个时代历史地发生了变化的人的本性"[1]。这是符合人类现实存在状态的研究方式。但是,只有通过历时性所表现出的人的自由的、有意识的生成与超越活动,才可以真正地把握人之为人的本质。人的理性与自我意识这种共时性的人的特点,的确可以用来区分人与动物的本质差别,但是这些特性并不具有原初性,人是通过生产实践活动而逐渐形成的人的理性与自我意识,人有意识地生产自己的生活资料的时候才把自己与动物区别开来,这是人存在的基础,也是一切属人属性的根基,因此,只有通过对人的历时性的分析,阐明实践活动才是人类生成与发展的内在根据,才可以对人产生整体性维度的理解,进而"以古为镜,可以知兴替;以人为镜,可以明得失"[2]。人在旧有的历史基础之上不断地发展,通过"遗传"的经验实践生成当下的生活,而未来又以当下为生长点,通过对现实客观地把握,超越现有,实现目标,掌控未来。

四、从超验的人到经验的人

自人类懂得反躬自问"人是什么?"以来,人类的理性逐步被推崇到至高无上

---

[1] 马克思恩格斯全集(第23卷)[M].北京:人民出版社,1972:669.
[2] 张昭远.旧唐书·魏征列传.

的地位。同时,由于人类自感肉体的孱弱在认识与改造客观自然世界中的力不从心。因此,感性的经验是变动不可靠的,不具有真理的价值。巴门尼德就认为,此岸世界之外有一个超感性世界。柏拉图甚至把世界分为感性世界与理念世界,感性世界是尘世的、表面的,而理念世界才具有原初性。人类渴望从超感性的世界之中寻求人之为人的根据。理性自然成了斯芬克斯之谜的最终答案。人类理性傲视一切,逐步成了存在于人自身之外的最高实体。例如,康德的"先验的自我"与黑格尔的"绝对精神",这些超验的"实体"都表现为人之为人的本原所在。人类通过思辨而创造的理性实体最终成为奴役人幻想中的客观实在,人由此失去了主体性地位。一切真理性的存在都是外在于经验世界的超验性存在。因此,人生活的现象世界是不现实的,而超验的世界的真实性又排除了人的现实生存,因此现实的人的生活被贬低为生存的假象。

　　受费尔巴哈的影响,马克思"面向事实本身",从现实生活之中寻找"人是什么?"的答案。他说:"人只有凭借现实的、感性的对象才能表现自己的生命。"①人是生存于生活世界的活生生的感性生命,人的现实的生活是通过人的感性实践活动而展开的,因此,人的生存是人一切活动的基础与前提,并不存在超感性的外在"实体"生成人的现实生存。人类理性所构建的超感性世界只是人类宗教式的虚构世界,而感性的世界是现象与本质统一的真实的存在。人类只有分析现实的感性生存所展现出的种种现象,才可以透过现象把握人的本质。"这些个人把自己和动物区别开来的第一个历史行动不在于他们有思想,而在于他们开始生产自己的生活资料。"②生产生活资料是人类历史开始的第一个活动,现实的生产过程也就表现为生产生活的过程。人类通过生产交往实践生成自身与社会历史,如果没有人类现实的生存活动,人类就不可能存在,也就无从谈及人类理性的能动性作用。因此,一切思维的活动都是以现实的生产活动为基础的,人类的肉体是人类精神的载体,也是其存在的根本。人之为人的根据在于人的实践活动所展开的人类生存的历史过程之中,人的实践活动的形式决定了人生存的现实状态,人的经验性生存才是人本质生成的根据。

---

① 马克思.1844年经济学哲学手稿[M].北京.人民出版社,2010:106.
② 马克思恩格斯选集(第1卷)[M].北京:人民出版社,1995:67.

五、从单向的人到总体的人

人是一个复杂的动物。人既是自然的,又是社会的;既是理性的,又是非理性的;既是物质的,又是精神的;既是"种"的,又是"类"的,还是"个体"的。传统本体论人学总是通过人的某一或某些属性把握人,古希腊哲人通过某一"世界的本原"把握人的本质,他们认为人是这一本原的产物,因此自然实体的本原也就是人之构成的基础。例如:泰勒斯就认为世界的本原是"水",那么人就具有水的属性。人因此成了单一化、单向度的自然人。中世纪时期,上帝成为无限至高的存在,人把自己视为上帝的子民。因此,人的本质也就是上帝赐予人的属性,"博爱"与"救赎"成为人之生存的永恒主题,人成为非理性、单向度的宗教人。近代,为了冲破宗教的压迫与奴役,人通过文艺复兴与启蒙运动极大地提高了自己的主体地位,高扬了人的自由理性。人通过理性与自我意识把握人自身,由于人过度地发展人的理性反省的能力,超越了现实经验基础,使理性走向了高于人本身的、独立存在的超验之路,人成了思辨的、单向度的理性的人。黑格尔哲学是费希特的"绝对自我"与斯宾诺莎的"实体"相结合的哲学体系,他的绝对精神的辩证自为过程,体现了他哲学的总体性价值取向。他说"真理作为具体的东西,仅仅在自身展开自身,联结和聚合为一个统一体,也就是说,是一个总体;只有通过真理的各个不同环节的区分与规定,这些环节的必然性与整体性的自由才有可能存在。"[1]这里所谓的真理展开与聚合的总体也就是知识的概念的流动生成过程,本体维度表现为绝对精神的自为实现的圆圈。绝对精神这一思辨的结果成了总体存在的全部意义,因此这一总体也并不具有现实性,而人仅仅沦落为绝对精神的产物,依然是理性的单向度的人。费尔巴哈的人也是重感性而轻理性、重自然而轻社会、重直观而轻实践的单向度的人。

马克思是从总体性的范畴分析人的现实生存。对人的总体性理解主要体现在以实践为根基的人的总体性。这主要表现在三个方面。第一,人的实践意识的总体性。实践是人类意识生成的基础,但是人类一旦产生意识,意识反过来就会对实践活动产生指导性作用。古希腊哲人们把事物运行的逻辑与规则称之为"逻各

---

[1] 黑格尔.杨一之,译.逻辑学(上卷)[M].北京:人民出版社,1996:47.

斯",较之于人类的思维逻辑,"逻各斯"具有比较全面的理性维度,它是理智与明智的综合。在亚里士多德看来,实践理性只是"逻各斯"的一个层面,只具有伦理道德层面的意义。到了近代,随着资本主义的兴起,人类为了发展生产力,重科技轻文化,主要表现为人类技术理性指导作用日益增强,价值理性的式微,从而导致了人的"类"生活的异化,出现了人类文化生存危机,科学世界与生活世界由此相脱离。马克思所关注的人的生活世界是一个具有总体性特征的现实世界,在这一世界中生存的人们的实践活动是在价值理性与技术理性相结合的总体性理性指导之下完成的。马克思把人看作是完整的人,完整的人即是自然的生命体,又是社会化的类存在。因此人的现实生存活动不仅要满足人的基本生存需求,而且还要满足人的发展的需要。人之所以为人只要体现在人是一个价值的主体,对生活的超越性要求使其不断地超越自我。这就是总体性理性作用的结果。第二,人的实践活动的总体性。传统哲学由于价值理性与技术理性的分野造成了人对自然的对象化生产活动与人与人的社会化交往活动的分裂。同时,人类实践活动的分裂也加速了理性之间的对立。马克思认为人的实践活动是价值理性与技术理性综合指导作用的结果,是人类完整行为的总体,是传统制作与实践的综合。马克思将人的生产实践的对象化活动内蕴于人的交往实践之中,认为人的交往实践是生产实践得以现实化、历史化的基础,而生产实践又能够为人类交往提供物质前提,这就避免了由于实践活动目的的分化所造成的人的生产活动与道德活动,以及人的自然性存在与人的社会化存在的对立。第三,人的存在的总体性。人类所生活的世界是人类生产与交往活动综合作用下生成的社会化的属人的自然,也是自然基础的社会化世界,这个世界是一个总体性的世界。一方面,人类生活于社会共同体之中,社会总体性的生活,体现了人类存在的总体性。人作为生产者"在或广或窄的由各个生产部门组成的总体中活动着……生产的总体"①,人类通过总体性的实践活动而形成的完整的生活世界,人类生存于其中展现了人类存在的总体性。另一方面,人的一切生存活动都表现为历史性的发展,"每一代都立足与前一代所达到的基础上,继续发展前一代的工业和交往"②。人类这种历史继承性的发展方式,正是人

---

① 马克思恩格斯选集(第2卷)[M].北京:人民出版社,1995:4.
② 马克思恩格斯选集(第1卷)[M].北京:人民出版社,1995:76.

类存在的总体性的特征。历史的每一个阶段都是上一个阶段的延续,也显现出下一个阶段的部分特点,并预示着下一个阶段的发展方向与水平。人就是在整体性历史活动中生成发展的总体性的人。因此,只有通过总体性的实践,才可以把握现实生活的人。在未来的自由人联合体中,"人以一种全面的方式,就是说,作为一个总体的人,占有自己的全面的本质"[①]。

本 章 小 结

人的本质的实践生成论研究是一项系统工程。马克思将现实的人看作人类实践发展过程的首要前提,感性现实生活世界构成了人的本质实践生成的现实场域,思考和探寻人的异化根源和人的解放及人的自由全面发展的实现方式是马克思主义的基本价值取向和理论旨趣,努力实现人的自由全面发展是当代人类实践生成的基本主题。人的本质的实践生成有其特定的理论机理和逻辑机理、生成途径与机制,人类实践生成过程从根本上讲是人的本质力量全面展示的过程,人的需要、劳动、交往以及生产激发人的本质的创造性实践生成。人的本质实践生成具有特定的社会语境,特定历史语境中的人的本质的实践生成,既体现对人类实践已有成果的历史底蕴和文化传统的扬弃,又体现人类文明的传承和实践主体的价值诉求。

---

① 马克思.1844年经济学哲学手稿[M].北京:人民出版社,2010:85.

第五章 关于人的本质的现实境遇

第一节 工业文明对人的挑战

一、市场经济下的人性扭曲

市场经济是以市场作为资源配置方式的一种经济形式,其本质是资本的生产方式,在其现实性上,人与人之间的关系通过物的关系而实现,其实质揭示了人与物的关系。一方面,资本作为市场经济的本质规定,市场经济就与私有财产之间有着必然的联系。在市场经济体制下,产品与市场资源在市场之中通过交换的形式进行分配。因此,人们的物质生产以及销售完全是由市场的自由价格机制所调控的,根据供求的变化,市场实现了对资源的合理化配置。而这一配置的前提就在于人们的需求与利益形式的分散化占有,也就是生产资料的私人所有。只有每个人占有不同的物质资源,人们才可以通过市场的配置,进行资源重组。另一方面,市场经济作为社会发展不可逾越的历史阶段,表征着人的生成与发展。市场经济可以充分地调动人们的生产与交往的积极性,从而促进了生产力与人类社会的发展。在市场经济的刺激下,人们通过社会化的交往形式逐渐构建起自己的独立人格。人们通过消费化的生存,冲破地域与历史的局限,形成了全球化的普遍交往。在市场经济体制自由与平等交换原则的规范下,人类冲破等级与社会关系旧有的束缚,极大地提高了主体的能动性,进而促进了主体行动的自由与自觉化的发展。但是,市场经济的私有制前提规定了人的行动必然会受到资本逻辑的约束,在物化的世界里,异化现象随处可见。

(一)人的消费化生存的积极意义

市场经济的本质与内涵是资本生产方式,只有以资本为核心所形成的经济系统中,市场经济才有其存在的必然。因此,资本作为市场经济的本质规定引领市场经济按照资本生产的方式而运作。资本逻辑规范下的市场经济使现代消费方式对人的生存起到极大的能动性作用,导致人生存方式的巨大变化。消费作为人的再生产方式,始终伴随着人的现实化生存。传统的消费在于人为了维持自身的生命活动,首先要进行吃喝住穿等消费活动。因此,这是一种自给自足式的消费形式。由于市场没有参与到生产者与消费者之间的交换活动,同时由于受到物质资源的匮乏与生存经济的束缚,传统的消费体现出自然与保守的消费特点。随着市场经济的发展与生产力的提高,人们从整体上摆脱了物质绝对匮乏的生存环境,特别是在资本主义私有制的运作下,人们不仅仅满足于基本的生存需要,人们更渴望发展,渴望获得更多的物质享受。因此,生产效率的提高与温饱的满足使人们有更多的时间与精力从事完善自身与改造社会的活动。人们的消费观由此发生了巨大的变化,从基本的生存主义消费转化到发展与享乐主义消费。消费的使用价值逐渐降低而符号价值逐渐上升,符号消费导致了主体的沦陷,人们沉迷于碎片化的符号消费而失去了自我存在的真实性。

消费作为人的一种生活方式是人的生命力的体现,现代的消费方式是民主制度的现实生活体现,市场经济下的人的消费使人类获得更多自由与平等交流的机会。在市场经济体制下,人类按照市场的需求原则而进行生产,传统地域式的消费面向全球化市场,从而从地域的文化语境下的生活材料与文化元素转变成大众化的普世性材料与元素,生产的形式被市场这一无形的力量所控制,异地不在场的需求取代了本地在场的有效性。同时市场的需求也随着地域的文化元素与生产材料的特色而做出相应的调整,从而使市场化的生产既能够满足大众化的需求又能够符合当地特有的生产条件与生产规律。"各民族的精神产品成了公共的财产。民族的片面性和局限性日益成为不可能,于是由许多种民族的和地方的文化形成了一种世界文学。"[1]市场经济将人们的生活带入消费文化的全球化交流语境之中。

---

[1] 马克思恩格斯选集(第1卷)[M].北京:人民出版社,1995:276.

因此,当代市场经济下的人的消费生存是多元文化的交汇与碰撞的生存。全球化的市场经济打碎了传统等级消费的秩序,秉承平等消费的理念,把一切消费的形式都拉入到大众化消费的生活之中。由于消费视域的扩展,人类的消费心理也随之变化,人们逐渐能够从理解与包容的心态去对待不同的消费与生活方式,同时,人们的生存需求也从单一性的模式向多元性的模式所转变,消费的多元化带来了生活模式的兼容,从而消费个体形成了更加平等的生活态度。

当代人的消费方式是建立在生活资料极大丰富基础上的生存自由的无限扩张,"平均水平已经达到了一个过去只有贵族才能达到的高度。那么这就意味着历史水平线的突然上升"①,生活质量的上升为人们提供了一个更为广阔的历史生存空间,经济基础决定上层建筑,人们可以通过进一步的生产与消费满足自己的发展需求,提高自我的道德素养,建设更加完善的社会政治与经济体制。市场经济是个体独立活动的社会化交往形式,这一经济体制崇尚个体对于社会的价值优先性,由于消费权利的平等,人们可以根据自己的经济实力与生活习惯自主地选择消费的形式与消费的产品,人们利用市场所提供的交易平台,通过大众化的合作与参与构建了一种合目的与合规律统一的现代化消费生活。市场经济下的消费生存的主体是人民大众,他们在社会的法规与市场经济体制的规范下进行自由自主的生产与交往活动,在自我文化与意义的追求中将现实生活塑造成为可以满足自我发展要求的生活形式,从而使自己的生存具有更广阔的自由维度。马克思认为:"自由这一类关系同交换的经济形式规定没有直接的关系"②,而是同使用价值与需要本身有关。因此,自由实际上是商品交换内容的一种需要。在市场经济中,商品的生产者通过对象化活动将自己的本质外化于产品之中。商品不仅具有其生产材料本身的性质,也同时体现了生产者自我的个性。市场的经济运作,使生产者的个性融入于整个社会形态之中,成了"人类整个发展中的一环,同时又使个人能够以自己的特殊活动为媒介而享受一般的生产,参与全面的社会享受⋯⋯从简单流通的观点出发而提出的这种看法,是对个人自由的肯定"③。整个商品的流通过程都是个人自由意志实现的过程,而自由的意识首先是以买卖主体之间的平等为前提的,"在

---

① 加塞特.刘训练,佟德志,译.大众的反叛[M].长春:吉林人民出版社,2004:17.
② 马克思恩格斯全集(第46卷)(下册)[M].北京:人民出版社,1980:472.
③ 马克思恩格斯全集(第46卷)(下册)[M].北京:人民出版社,1980:472.

流通着的货币上,平等甚至在物质上也表现出来了"①。买卖双方的产品具有相同的价值,通过一般等价物作为交换的中介,实现平等的买卖交易。因此,在市场经济体制下,"货币制度实际上只能是这种平等和自由制度的实现"②。"平等和自由不仅在以交换机制为基础的交换中受到尊重,而且交换价值的交换是一切平等和自由的生产的、现实的基础。作为纯粹观念,平等和自由仅仅是交换价值的交换的一种理想化的表现。"③因此,正是下市场经济的平等与交换的体制下,激发了社会主体追求自由与平等的自我意识,促进了独立个人的真正形成。

(二)物化生存与人的本质的异化

市场经济提升了人的主体地位,为人们创造了一个平等、自由发展的社会环境,调动了人的积极性与创造性。人的价值、人的精神文明、人的个性发展等一系列问题突显出来。市场经济下人的物化生存与人的本质问题就成为哲学研究关注的焦点。

马克思认为人的本质是随着人类历史的发展不断生成的,他将人的发展分为三个历史生成阶段,即人的依赖性阶段、物的依赖性阶段与人的全面发展阶段。随着人的生产力的提高与物质资源的丰富,人类逐渐走向自由与解放。在人的依赖性阶段,由于人的生产力水平极低,因此人们之间必须彼此互相依存,共同对抗外界严酷的生存条件带给人类的生存压力,这就形成了人类生存的原始共同体。在这一共同体中,个人与社会是直接同一的,人们之间不存在深刻的社会差别。在奴隶制社会时期,奴隶主通过压榨而获取奴隶的剩余劳动,从而使自己从直接物质生产劳动中解放出来,奴隶主与奴隶出现了社会阶层的对立的关系。到了封建社会,封建地主通过收取地租的方式获取劳动者的剩余劳动,这已经有从人的依赖转向物的依赖的趋势。直到以物的依赖性为基础的人的独立性的工业时代的到来,人的存在从强调群体本位的生存方式转向了强调个体本位的生存方式。市场经济时期是属于以物的依赖性为基础的人的独立性阶段,由于市场经济体制所营造的平等与自由的社会经济活动氛围,因此,人的消费化生存极大地张扬了人的个体性,

---

① 马克思恩格斯全集(第46卷)(上册)[M].北京:人民出版社,1979:193.
② 马克思恩格斯全集(第46卷)(下册)[M].北京:人民出版社,1980:476.
③ 马克思恩格斯全集(第46卷)(上册)[M].北京:人民出版社,1979:179.

个体的人化程度标志着人的解放程度,人的生产积极性越高,人的创造能力越强,就越能够推动生产力的进一步发展。在这样的经济环境中,资产阶级创造了比过去一切时代创造的生产力总和还要多、要大的。生产力的迅猛发展,又进一步张扬了人的个体精神,实现了人的个体本质。市场经济是生产力解放与个体人文精神解放的必然要求,是历史发展中的必然阶段。但从现实上看,人们逐渐从对人的依赖走向了人对物的依赖,最终演化为在物对人的奴役下的人的异化存在。市场经济下物的依赖性对人以及社会的积极与消极影响是共生的。这一时期的典型特点就在于物的支配取代人的支配、金钱的统治超越一切形式化的统治。人成了物质的奴隶与金钱的附属物。市场经济的生产资料私有制的利益的分化问题导致了人与人之间的利益博弈,使资本逻辑的作用不仅发挥在经济领域,而且通行于整个人的社会生活。一方面表现为人对人的剥削与压迫,另一方面表现为物对全体人类的奴役。最终形成了消费主义至上的生活理念。人为了消费而存在,生活的目标仅仅体现为对物的占有,这是人的本质异化的现实表现。

物化的生存是以物的占有和消费为最高原则的生活方式。因此,人的物化生存与人的异化主要体现在人的消费主义生存方式。人的一切的存在类特征都在资本逻辑的作用下归于资本体制,即以物的标准来定义人的性质。因此人的道德准则、人的创造性、人的知识与情感都被概括为物的生产力。任何事物在"拜金主义"与"利己主义"的价值观面前都有了存在的权利与意义。因此,在市场经济主导下的消费社会里,人的所有的愿望、生存计划与要求,人的所有的创造激情与能动性都要抽象化或物化为符合和商品。整个社会运作的目标就在于追求物质利益的最大化,人生似乎只有通过占有更多的物质,拥有更多的财富才更有意义,对物质的崇拜成了人生价值观。当物化的力量内化为大众的消费主义心理时,物质就取得了绝对的控制权利。消费主义不仅表现为人的消费性行动而且主要体现为人的消费性意识,正是在这二者的相互作用下,人类自身以及人类的生存才表现为绝对的异化。消费主义作为以一种以物质的生产逻辑为核心的意识形态,体现了人类技术理性与价值理性的分裂,人类技术理性的绝对化意味着人类价值理性的扭曲。在其现实性上,一方面,市场经济的平等与自由的经济原则,促使人类认为可以摆脱从前社会关系对人的束缚,从而通过自由选择而满足自己的需要。但是现实的私有制下的阶级分化与人类事实上的不平等关系,不能够满足所有人的一切欲望。因此,消费主义加剧人的欲望以及催生新的占有手段。欲望的无限与资源的有限导致人的行为与心理的失衡,只有通过不断的消费、不断的占有才能够满足自己内心的空虚,消除对匮乏的恐惧,调节那种渴望而又不可及的失衡。但现实是,从消费主义所维持的这种心理逻辑中获利最大的是物本身权利的增长,人的本质因此而异化,人与自然、人与社会之间的关系表现为物化与消费化。人类在追求自由的过程中失去了真正的自由,在找寻平等的路上加深了不公。另一方面,消费主义表现为劳动者道德的沦丧以及对人性的漠视。消费主义把人的价值归结到个人占有的物质财富上,认为人占有的物质越多,人拥有的财富越多,人似乎就越高尚,越有权利,就可以进一步利用这种权利占有他所需要的物质。这是一种拜金主义的"我占有故我在"的生存价值观,自由、平等价值追求成为通过物化的渠道便可以实现的廉价的过程,这是对人的动物性的高扬,对人的类本质的贬低。人的超越性在丧失责任的前提下通过以物的增值而实现利益化的生活价值而体现,一切无法纳入物的生产体系的消费价值观与生活模式都被消费主义所摈弃了。消费主义的生存观之所以能够具有如此普遍的社会行为影响力就在于它是以个体化的价值实现途经而运作的。鲍德里亚认为:"不是个体在经济系统中表达他的需求,而恰恰是经济系统推导出个体的功能和与之相适应的物品和需求的功能性。个体是一种意识形态结构,是一种与商品形式(交换价值)的物品形式(使用价值)相关的历史形式。"[1]消费主义的作用机制就在于通过个体的生活问题代替整个社会的实践问题,通过个体的私自的消费行为代替集体价值实现的行动。消费化的生存促进了个体化的发展,人逐渐成了独立的个体,人的独立性在资本的面前逐渐转化为人的孤立性,造成了人与人之间的疏离,使人成了孤立的个体。由于人们之间利益的独立与分离,人们只追求个人利益的最大化,个人之间利益的确立成为个人之间的漠不关心。消费主义的功利化使个人主义、享乐主义和极端利己主义无限膨胀,造成了个人与社会的对立,把社会生活理解为"一切人反对一切人的战争",掩盖了社会生活的真相。人们为了获取更多的个人利益,从而侵占与打压社会利益,这也就变相地占有了他人的个人利益,形成了个人与社会、人与人之间的多重维度的对立,加速了社会的分裂与畸变。消费主义的人的幸福感源于物质化的感性快乐,

---

[1] 鲍德里亚.在使用价值之外[M].北京:中国社会科学出版社,2003:29.

以物欲为导向构建的享乐主义的社会生活方式违背了消费的人本价值,把为了人并且通过人对人的本质与人的对象化活动及其产物的拥有与占有理解为直接的、片面的享受,扭曲了人的个性与需要,彻底侵蚀人的价值理性,导致了人的片面与畸形的发展。

二、人的虚拟化生存与人的本质的虚拟化

现实的人的生存是通过主体与客体、主体与主体之间的对象化活动而实现的。而只有在人的生活世界之中,人的生产与交往活动才具有现实的意义。人们通过主体间的交往,实现生产与交流的目的。这其中生产与交流的工具就显得尤为重要。语言作为人生存的重要手段,反映了现实事物之间的现实性,人们通过对话,来实现生活世界的意义的表达。"符号化的思维和符号化的行为是人类生活中最富有代表性的特征。"[①]人通过语言符号进行生产与交流,以符号为媒介,创造出各种文化形式。人正是因为有了文化生活,人所生活的环境才表现为属人的特性,成了人赖以生存的社会。因此,人通过符号化的活动生成了人的生活世界,生成了人自身。同时,人的符号化抽象的思维能力可以形成抽象的时空观念,并利用各种手段,超越时间与空间的限制,超越当下的"是"奔向未来的"应该",人是生活在现实世界中的理想虚拟化的感性生命体。因此,现实的生活活动总是表现为一种技术性追求与发展的趋势,技术成为人的理想现实化的手段。网络与信息技术的全球化扩张将人的语言符号系统发展到数字化中介系统,为人的生存提供了虚拟的空间,现实的人通过自我的意识活动虚拟了人的现实的形象,利用符号化、数字化手段通过网络进行各种虚拟化的实践活动,从而形成人的虚拟化生存方式。现实世界之中实体性的主体,利用现代虚拟技术通过虚拟的思维虚构一种对象化的符号式存在,虚拟的网络平台通过消解人的现实性为人在虚拟化的世界之中实现自由自觉的选择性活动提供可能,使人可以超越形式的界限实现自己虚拟化的类本质,这是人的类本质在虚拟世界中的丰富与发展。而现实社会中的人的感性实体的存在与其在社会之中的物质生产活动才是虚拟实践活动的条件与基础,人的发展本质规定了人是超越性与历史性的存在物,这也符合人的类本质的内在性要求,人总

---

① 恩斯特·卡西尔.甘阳,译.人论[M].上海:上海译文出版社,2007:35.

是追求一种意义化的生存方式。虚拟的手段可以不断地突破现实的界限,现实人类超越自我的愿望,因此,人在现实性的基础上构建新的虚拟社会,形成人与人之间的虚拟性关系,人的虚拟化生存是人现实生活在虚拟空间中的延伸,是对人的自由自觉活动的类本质实现过程的生成与提升。

(一)信息革命变革人的生存方式

马克思认为:"人们的存在就是他们的现实生活过程。"[①]人类的现实的生活决定了人存在的形式,表征了人的生存方式。因此人的实践活动是人的生存方式的核心与基础,人通过实践不断地改变与建构新的生存方式,从而获得自身的自由与解放。当代科技的发展极大地改变着人的生存方式,舒尔曼曾指出:"技术在现代的、充满活力的文化现实中占据着重要地位。人们愈发广泛地承认,现代技术是现代文化得以建立的基础。在很大程度上,我们文化的未来无疑将被技术控制和决定。"[②]现代文化表现的是现代人的一种生活方式,现代科技决定着人的文化生活形式。科技革命使计算机技术与信息技术走入到人们的现实生产生活之中,加速了人类文明的进步,人的生产与交往互动逐渐依赖于新科技所带来的便捷与高效,并表现为虚拟化的特征,逐渐演变为一种虚拟性的新的生存方式。网络生活成了当代人经济、政治、文化生活的核心,计算机技术与信息技术以分工社会的技术形式将现实的人与人之间的复杂的社会关系,通过语言数字编码与机械性的数字化操控,以符号化的表现形态呈现在网络世界之中。网络化对人类社会与人类自身产生了全方位的影响。第一,网络化改变了人的生存环境。网络化把人们从传统的物质原子时代引入数字比特时代,数字化建构了一个虚拟的赛博空间。在网络符号化的世界里,人们以数字的形式进行着交往实践的活动,从而完成信息的传递、生产的施行、买卖的互动等等,进而将人类的全部经济、政治、文化生活融合为一个虚拟化生活的整体,从而为人类的生存与发展提供一个全新的平台。网络的兼容性、共时性与全效性提高了每一生活主体的选择权、平等权与自由权,为人类的发展提供了一个更为丰富与广大的生活空间。第二,网络化改变了人的行为方式。网络为人类提供了一个虚拟化的生活场所。在这里,时间与在场的分离为人

---

① 马克思恩格斯选集(第1卷)[M].北京:人民出版社,1995:72.
② E·舒尔曼.李小兵等,译.科技文明与人类未来[M].北京:东方出版社,1995:1.

们的交流提供共时性的可能,空间与在场的分离弥合了在场与不在场的界限。人们的生活表现为全球化,超越时空的特征。而网络全球化的生产与交往却是以虚拟符号化为基础的,因此,人们的现实的生存出现了虚拟化的倾向,任何一种虚拟的前提都会影响现实的社会实践活动。一方面,人的现实的主体隐匿于虚拟现实的背后,这就为人类逃避现实的责任与语言的非理性表达提供了可能。另一方面,虚拟符号化的主体与现实的主体的分裂使主体感受不到对象性存在的压迫性与威胁性,从而可以冲破现实的自然与社会的束缚,在虚拟的生产与交往中表现真实的自我。第三,网络化改变了人与人之间的关系。由于人们在网络世界以一个符号的形式进行着交往活动,因此每一个人都可以以一个匿名的主体或是虚拟化的旁观者的身份出现在群体的互动活动之中。没有阶级、地位、与身份等社会标签的人也就不会受到社会规范与社会角色责任的约束,每个人都是以一个平等的概念化的人的方式进行交流,这就大大地提高了人自主交往的程度。

虚拟化的生存是如何改变了人的现实的生存方式的呢?主要体现在以下两个方面:其一,虚拟生存改变人的生产方式。马克思认为,生产方式就是人类获取物质生活资料的劳动方式,而生产力与生产关系决定了社会的生产方式,生产力是生产方式的物质基础,而生产关系是生产方式的社会形式。"在信息社会里,我们使知识的生产系统化,并加强我们的脑力。以工业来做比喻,我们先在大量生产知识,而这种知识是我们经济社会的驱动力。新的权利来源不是少数人手中的金钱,而是多数人手中的信息。"[①]在当代社会中,知识信息代表着社会进步的巨大财富,知识生产力在社会发展过程中起决定性的作用,网络技术作为信息生产力,使生产与交往活动走向全球化、信息化发展时代,从而极大地积累了社会财富。"随着资本主义生产的扩展,科学因素第一次被有意识地和广泛地加以发展、应用并体现在生活中,其规模是以往的时代根本想象不到的"。在网络技术参与下的规模化生产所创造的人类财富,也远远超出以往人类财富的总和。同时,网络时代孕育了知识经济生产方式,一方面,网络提高了人的脑力劳动效率与知识生产率,提高了社会生产力的同时,重新调整了资本的有机构成。在整个生产过程中,人们更加重视脑力劳动者在生产中的作用,积极地占有社会智力资源。知识资本的权威性提高了

---

① 约翰·奈斯比特.姚琮,译.大趋势:改变我们生活的十个新方向[M].北京:科学普及出版社,1985,15.

生产者,特别是脑力劳动者的社会地位,知识经济逐渐地改变了社会基本矛盾,重新调整了人与人之间生产关系结构,由知识占有程度划定社会分层逐渐代替传统工业文明的两大阶级对立。另一方面,人类的虚拟化生存加速了资本的全球化进程。它推动社会发展的同时,也加速了工业文明的灭亡,对工业物产阶级来说,全球化的资本压力加速了无产阶级异化的进程。其二,虚拟生存改变人的交往方式。网络世界的虚拟生存是通过计算机模拟技术把现实生存活动用数字化的生存形式取代,从而达到与现实生存实践同样的,甚至是超越性的活动效果,从而满足人类生存需要。人类的交往媒介会改变人类交往中的时间与空间。在虚拟的世界之中,现实中的人与人的交往变成为虚拟空间中,以数字化技术为中介的,虚拟对象化交往活动。在虚拟化的交往中,人类消除了时间与地域的限制,实现了共时性与全球化的交往形式,可见,网络技术构成了人的中枢神经的延伸,人们可以根据自我的需要获取共时性的信息,使历史走入现实,人们也可以根据要求冲破地域的界限,通过一个点,与世界空间中的人发生互动。网络世界中的各种信息以时空压缩的形式进行传输,从而使人们在超时空的扩张中得到发展。但是网络世界的交往,会将真实的主体隐藏于各种虚拟信号的背后,这种信号会受到多方面因素的影响,从而阻碍接收者对现实对象的形象化构建,"在面对面的交往中,人们很容易迅速地形成对他人的印象。然而,在互联网上,印象形成的节奏呈现出滚动、弯曲的变换,媒体起着重要的作用,其中的过程比面对面的沟通要缓慢的复杂"[1]。在人与人的交流中,语言的交流具有直接时效性,人类通过现实化的沟通直接实现对彼此意义的接受。网络的介入,会扭曲主体之间的语言意义,会放大或缩小主体的情感与价值。

　　虚拟的生存不仅改变了人类经济活动,而且改变了人类的社会结构与生存方式;不仅影响人的日常生活,而且影响人的价值观念、时空观念、自我与他人之间的认知;不仅提升了社会生产力,加速了资本的运行,而且带来了社会角色与社会关系的重构。虚拟的生存是以人类现实的实践生存活动为基础的数字化生存方式,为人类发展提供了巨大的机遇,也为人类生存提出更多的挑战,这是人类社会发展实践生成中的历史必然。

---

[1] 帕特·华莱士.谢影、苟建新,译.互联网心理学[M].北京:中国轻工业出版社,2001:29.

(二)虚拟生存的人学基础

科技的数字化发展带来了社会生产与交往活动的虚拟化。人是在实践活动之中逐渐生成自身,确证自我本质的。因此,生产与交往的虚拟化必然会造成人自身的虚拟化生存。虚拟的生存环境也彰显着人类自我生存与发展的虚拟化。人类渴望通过科技发明,提高工业生产水平,从而将自身从与物的直接相互作用中解脱出来。同时,人类也渴望利用科技手段,压缩时间与空间的范畴,从而实现人与人之间的普遍交流,这是人类需要本性对科技发明创造的内在规定。当代科技的虚拟化发展也就蕴藏着人类的一种虚拟化发展本性,人类通过信息化革命与数字网络的普及满足了自我虚拟化发展的需要,使虚拟生存成为现实。

人的生存方式是与人的本质相关的,因此,人的虚拟化生存体现了人的本质内在要求,符合人类实践生成的发展规定。马克思认为:"一当人开始生产自己的生活资料的时候,这一步是由他们的肉体组织所决定的,人本身就开始把自己和动物区别开来。"① 人类和动物一样,都是自然的产物,都有肉体本能的需要,因此人要利用物质资料来维持生命活动。但是人与动物的类区别就在于人会劳动,所谓劳动,就是有意识地进行生产活动。人类首先为了生存而通过劳动获取物质生活资料的那一刻,就是人类类生命与人类历史开启的时刻。劳动作为人的类本质,其自由有意识的活动本性决定了它是一种本源意义上的人类生存方式。因此,任何科技的成果都是人类有意识实现自己目的的实践活动的成果,人的虚拟化的生存符合人的类本质的内在要求。人通过现实的生产与交往互动形成人与人之间的社会关系,一定的社会关系是人类实践活动现实化的基础。一切社会关系的总和是对人个体本质的规定。虚拟化的生存也表现为虚拟化的交往形式,这样的交往形式更新的人与人之间新的社会关系,重构了人类社会的结构体系,满足了个体本质现实化生成与发展的需要。可见在人类的实践活动之中,人的需要一直贯穿于其中。人的需要的本性是人发展本质的内在规定,是推动人类历史进步与社会发展的内在驱动力。人类的需要不仅仅是单纯的满足自我生存的需要,人有各种各样丰富的需要,并且随着社会的发展,需要的形式与内容也在不断地充实和改变。"由于

---

① 马克思恩格斯选集(第1卷)[M].北京:人民出版社,1995:67.

人本性的发展规律,一旦满足了某一范围的需要,又会游离出、创造出性的需要"①。人永远对自己有要求,永远不满足于现状,这是符合人的发展本质的规定性的。科技创新成了推动社会进步与发展的主要手段,它可以满足人类进一步发展的现实需要。计算机的日益更新与信息技术的不断提高都是人类为了满足现实的生产与交往需要而进行的技术创新,人类的虚拟化生存也就是人类在发展过程中自我选择的结果,满足了人的现实的生存与发展的需要。

　　人的本质生成性表征了人虚拟化的存在方式。马克思通过分析人的现实生存形式获取了对人的本质认识。他认为人的本质在于劳动、在于发展、在于各种关系的形成,可见所有对人的本质范畴的判断都是人类生存的开放性与超越性的证明。劳动是实践生成的手段,关系网是实践生成的社会形式,而发展是实践生成的目的。人的这种实践生成性与超越性是人类现实生存的虚拟化体现。人类通过实践活动不断突破物种的限制,在实践中有目的地使用和改造生产工具,提高生产力,实现对客观环境的改造,与自身的生成和超越。人的发展本质所规定的人的不断超越的需要首先表现为人类意识中的一种发展理念,人类的类本质所规定的人对自由的渴望,对实现自我价值的目的性追求,同样表现为人类意识的自觉性要求,这实际上就是人类所特有的虚拟活动。人的创造性的特点与虚拟性是不可分的,现实性与虚拟性构成人的生存的两极。人类生存的形而上维度与形而下维度的整合才是人的类的生存。意识的虚拟活动是为现实的实践活动与实践结果所做的预设化心理准备,是人类进行有意识活动的前提。人的本质的生成性与开放性保证了这一预设现实化的可能,"人不是在某一种规定上再生产自己,而是生产出他的全面性;不是力求停留在某种已经变成的东西上,而是处在变易的绝对运动之中"②。人的本质是一个开放性的意义视域,人在不断的生产之中完善自我,将自己的理想通过自身的努力变成现实。马克思通过分析人类社会发展的三个阶段,从而展开了人类自我生成的生命画卷。我们所处的时代,是社会发展的第二阶段。地理大发现与工业革命使社会的发展表现出全球化发展的趋势,一个人的发展是另一个人发展的基础,每一个人的发展需要的满足牵动着整个世界的发展。当代,

---

① 马克思恩格斯全集(第32卷)[M].北京:人民出版社,1998:223.
② 马克思恩格斯全集(第30卷)[M].北京:人民出版社,1995:480.

数字化、信息化技术的发展与计算机网络的普及,加深了这种发展的联动性。人们利用数字化工具开展全球化的生产与交往活动,这种活动不断地突破民族与国家的界限,人与人之间形成了广泛地依赖关系,形成了一个满足人类发展需要的社会共同体,并在其中感受自己的类存在,实现自己的类价值,确证自己的类本质。但是,网络世界类生活的虚拟化蕴藏着人类现实类生活的异化危机。人类相互依赖的互助性活动是通过虚拟的形式完成的,在很大程度上这种活动并不具有现实的意义,不能够现实地加深人类彼此之间牢固的类关系。虚拟网络的文化霸权与人的异化干扰着人的类意识的建构,造成了人的类目的的分野,从而冲淡了类的发展要求,带给人们诸多生存悖论。

(三)虚拟化生存与人的本质的异化

网络与数字技术加速了全球化的进程,由于时空的压缩与抽离化机制使人与人之间实现共时性、超越空间的交流方式。虚拟的个体通过网络基于一定的实践需要建立虚拟化的人际关系,从而建构出虚拟群体的社会共同体,这是人的个体本质的虚拟化表现。在虚拟共同体中,人们以经验认同为基础,形成一种观念认同的信任关系,每一个虚拟的个体都认可这种虚拟的生活形式与交往方式,实现了个体与类的直接接触。在全球化时代,"单个人才能摆脱种种民族局限和地域局限而同整个世界的生产(也同精神的生产)发生实际联系,才能获得利用全球的这种全面的生产(人们的创造)的能力"①。虚拟生存的开放性与超越性的特点使人类现实生存获得更多的自由性与平等性,加速了人类社会的发展与人自身的生成,但是它也同时带来了现实生存的种种矛盾。

科技革命带来了当代人技术化的生存方式。而人对技术的无限依赖是人类发展第二阶段对物的依赖的现实化形式,这其中必然隐藏着人类技术化的生存危机。随着技术的发展,人类逐渐会对其产生一种崇拜与依赖,从而造成人的主体性的衰退。人类极度依赖技术的生存方式是人类自然主义生存方式的复辟。对技术与知识依赖的背后仍然是人对商品、货币、资本等物的依赖。这种依赖逐渐演变为物对人的奴役,技术奴役下的人类生存由于缺乏理性对人类伦理道德行为的规范,致使

---

① 马克思恩格斯选集(第1卷)[M].北京:人民出版社,1995:89页

人类生存仅仅变成了追求物质生活,满足物质欲望的缺乏生命价值目标的空洞化生活。纯粹感性的物质化生活降低了人的文化要求,表现为人的"类"生活的沦丧与人的本质的异化。例如:资本主义社会,"资本逻辑"是整个社会运行的机制。在"资本"的驱动下,为了大力地发展生产力,提高生产效率,从而创造更多的物质财富,人类致力于科学技术的发明与创造。但资本社会的物化现实使人类失去了自我的生存价值尺度而陷入了"物"的圈套,人的发展以丧失自己的类本质而换得物的增值。因此,资本主义的物质生产遮蔽了人类存在的理想形式,取而代之的是自然主义的技术化生存形态,人类被囚禁在技术异化的牢笼。

技术异化使人类的生存陷入技术的全面控制之中。第一,技术异化的根源在于人类本质的异化。马克思认为:"自然科学却通过工业日益在实践上进入人的生活,改造人的生活,并为人的解放做准备……工业是自然界对人,因而也是自然科学对人的现实的历史关系。因此,如果把工业看成人的本质力量的公开的展示,那么自然界的人的本质,或者人的自然的本质,也就可以理解了"①。科学技术以辅助工业生产的作用成了人类生产活动的发展目标之一,而工业生产是人类实践活动的一个方面,是人类本质展开的形式之一,因此人的本质的现实状态是科技发展价值规范的准则,人的本质的异化表征了科技发展中价值标准的扭曲,是技术异化的根源所在。第二,技术异化加速人类本质的异化。技术发明本应该是减轻人类劳动压力、解放人类自身的一种科技手段,但是在物的奴役下,技术发明成了获取更多物质的技术工具,也就是成为了加速人类物化的技术因素,人在技术的控制下反而越来越失去自身的自由与存在的价值。人类成了技术现实化的手段,成了技术生产与交流中的同一化细胞,每个人为技术而服务,并按照技术的标准化规定统一自我的生存方式,泯灭了人的多样性、丰富性与独特性。技术的自动化与机械化程度越高,就越能够消解人的主体性。人类的精神与意识被技术所约束,技术理性的无限放大,消解了实践理性的存在价值。技术发展的物质生产目的进一步打破了人类生存的主题,进而扭曲了人类正常的生存与心理需要,以盲目地寻求物化的发展作为人类社会发展的基础,从而造成了人性的危机。例如:在人类的虚拟生存中,人类必须按照技术固定好的方式去选择、去生产与交流,人类也会沉迷与网络

---

① 马克思.1844年经济学哲学手稿[M].北京:人民出版社,2010:89.

空间,过着一种非人的生活,而成为片面的电子人。第三,技术的异化破坏生态与社会发展。技术发展了生产力,提高了人类获取自然资源、改造自然环境的能力。但是,在自然主义的技术控制下,人类对自然的无限利用超出了自然所能够自我调节和承受的能力,过度地改造造成破坏,过度地索取导致毁灭。

信息技术所提供的虚拟空间促进了人类自身发展的自由性与开放性,但网络信息给人类带来诸多好处的背后,不可避免地带来技术异化现象。虚拟化生存对人的实体存在的掩护,激发了人的非理性表达,造成了人的道德沦丧、情感失真与人格扭曲。在网络世界之中,人需要面对自己的符号化,并以符号的形式处理人与人之间的关系,对技术的盲从与依赖使人类沉迷于数字化过程而失去自我,虚拟的幻想空间满足现实所不能给予的心理渴望,从而忽视理性对人类实践行动的规范化作用,当人们从虚拟走向现实时,由于心理的落差造成人对现实实践活动的反感与抵触,在现实生活中出现自我认同危机,与自我价值判断的偏差,人成了片面的人。因此,在虚拟世界中所形成的非理性表达的惯性会影响现实生活中人的生产与实践,从而造成现实生存的种种矛盾,人与人现实的交流与沟通在逐渐减少,现实化的人际关系在疏远,人情会变得淡薄,人类行为会冲破伦理道德标准而失去底线,这是一种"技术"的精神化对人类实践理性的遮蔽,是人类工具理性与价值理性的分裂。虚拟生活造成现实人格分裂,当人们不能够在现实生活中得到自己所需要的快乐与自由时,人因此而逃避现实,内心由此产生无限的孤独感,人因此也会对社会交往产生恐惧心理,造成对社会生活的疏离。但正如宗教一样,任何依赖感的产生都源于物质与精神的匮乏与空虚,人类只有通过异化自我的形式才能够满足基本的需要,获取相对的安全感,人的自由因此被压缩。人类对技术的盲目依赖,是由于现实生活的物质与文化条件不能满足人类发展的要求,更不能实现人类的解放,使人类获得真正的自由。但为了实现人类自由全面的发展,人类必须发展科技,技术异化时期是人类生成与发展中的必然阶段,科技的异化现象也只是历史发展中的暂时现象。

马克思曾指出:"在我们这个时代,每一种事物好像都包含有自己的反面。我们看到,机器具有减少人类劳动和使劳动更有成效的神奇力量。然而却引发了饥饿和过度的疲劳。技术的胜利,似乎是以道德的败坏为代价换来的。随着人类愈益控制自然,个人却愈益成为别人的奴隶或自身的卑劣行为的奴隶。"① 技术的发展充斥着人类社会传统的伦理价值观,威胁着人类社会的稳定与和平。技术的危机就是人类自身生存的危机,技术的异化就是人类自我的异化,因此,解决技术危机、消除技术的异化首要解决人类自身的危机与异化。从而人类在人性化的、合理的技术体系建构之中成为自己的主人,真正占有自我的本质,求得自身的自由与真正的解放。

第二节　从动态平衡到全面发展

　　人类现阶段仍然处于以物的依赖性为基础的人的独立性发展阶段,这是人类自身发展过程中的个体开放性时期。特别是随着现代化的到来,社会生产力获得极大提高,个体开始以全面、自由和整体化发展的观点来审视自我,推动社会进步。这一阶段是机器大工业完善发展的阶段,也是"人的本质力量的新的证明和人的本质的新的充实"阶段。② 但是,经济的发展与科技的进步并没有使人获得真正的自由与解放。在物的奴役下,分工与私有制使人的发展仅仅表现为人的片面化发展,人的价值与权利并没有得到现实性的提高,反而出现了人性的扭曲与主体性的丧失。人的现实生活出现生存悖论:社会物质财富的积累反而使社会中大多数人出现相对的贫困;物质生活的富裕反而使人类失去精神的家园;经济发展的代价是自然环境的破坏与社会关系的解构,人情冷漠的背后是人的本质的异化与人对自身类的背叛。这一切的实质是人与自然、人与社会、人与自身的关系的失衡,破坏了人的自由和谐的发展,从而产生了人类生存的困境与危机。我国正处于社会主义现代化建设的过程之中,坚持现代化的发展就显得尤为重要,因此,我们要正视发展过程中所出现了阻碍人类生存与发展的现实因素,结合我国建设有中国特色社会主义的国情,通过辩证地分析现代化发展所带来的积极与消极的影响,从而动态平衡人与自然、人与社会、人与自身之间的关系,尽量降低现代化发展带给人的生存困境,逐渐消除人的异化,在人向人的本质全面生成与丰富之中,实现人的全面

---

① 马克思恩格斯选集(第2卷)[M].北京:人民出版社,1995:775.
② 马克思.1844年经济学哲学手稿[M].北京:人民出版社,2010:102.

而自由的发展。

一、动态平衡：人与自然、人与社会、人与自身

（一）人与自然关系的平衡

马克思指出："全部人类历史的第一个前提无疑是有生命的个人存在。因此，第一个需要确认的事实就是这些个人的肉体组织以及由此产生的个人对其他自然的关系。"[1]自然是人类生存的基础环境，人通过对象化的活动从自然中获取了人类赖以生存的物质生活资料，进而改造了自然也生成了自身。尽管不同的历史时期人与自然的关系具有不同的特点，但人与自然的辩证关系是不可改变的，人就是在与自然相互依存、相互制约中辩证发展的。可见人与自然的矛盾是必然的，由于自然资源的数量以及环境的承受力的有限性，人类为了自身的发展必然会影响自然的发展。在人类现代化发展阶段，可持续发展成了人类发展中的核心问题：既要保证经济利益的增长，又要维护自然环境的可持续性发展；既要满足当代人对生存与发展的需求，又要不破坏后代人的生存条件，其实质就是实现人与自然关系的平衡化发展。

在传统自然本体论思维的作用下，人们认为人是自然的产物，因此，自然才具有原初性地位，人与自然的关系处于蒙昧的原始和谐状态，表现为原始的同一性。人的生产力的孱弱与活动能力的有限性，使人类在强大的自然面前总是表现为受制于自然的状态，从而在人类的思想上完全忽视自我的主体性存在，忽视自我对自然的能动作用，仅仅把自我当作自然的派生物，把自然视作自在的存在。同时，正是由于人的生产力的低下，人的活动所造成的对自然的影响仍然处于自然承受力与自我修复能力的范围之内，并未构成对人与自然这一和谐状态的威胁。但人的超越本性总是渴望征服自然，因此，人们利用神话表述自己对于征服自然的愿望，但是"任何神话都是用想象和借助想象以征服自然力，支配自然力，把自然力加以形象化"[2]。这反映了人们在现实的实践活动中的无助与无奈，渴望超越自然而又畏惧自然的心态。随着近代工业文明的兴起，人与自然的关系发生了根本的改变。

---

[1] 马克思恩格斯选集(第2卷)[M].北京:人民出版社,1995:67页
[2] 马克思恩格斯选集(第2卷)[M].北京:人民出版社,1995:29页

科技的发展提高了人的生产力,也促进了人类认识能力的进步。人类在改造自然的活动之中能够逐渐地摆脱自然的束缚,从被动从属的地位跳脱出来,充当了世界主人的角色,发挥着自己的主观能动性,人类的主体意识逐渐建立起来,理性主义成了近代人们认识人与自然关系的主要原则。人按照自己的愿意随意地征服与改造自然,自然也就打破了人与自然的这种原始的和谐统一关系,人类逐渐走向了人类中心主义的发展道路。人类中心主义带来了巨大的生态危机,同时,也威胁着人类自身的生存。自 20 世纪以来,"人类及其生产技术对自然环境和资源的冲击之大,是人类历史上从未有过的"[①]。人类为了自身的发展,将自然视为征服与占有的对象,作为满足人类欲望的工具与手段。这种冲击超出了自然的承受与调节能力,从而造成了环境的破坏和生态的失衡,发展的代价超过了发展所带来的收益。随着生态危机的日益加深,人类从对自身的发展的关注逐渐转向了对人与自然关系的关注,进而加深了对人类自身行为的反省。通过分析现代性文化所导致的人道主义僭越,建立了人与自然价值等同的思想意识,进而逐渐消除人类中心主义的影响,为人类保护自然环境、平衡人与自然的关系,实现可持续发展奠定了思想理论基础。

在对人与自然关系的反思中,马克思从人类实践的角度分析了人对自然的能动性作用以及人类实践对自然的影响,他们认为自然史与人类发展史有着辩证统一的关系。自然并不能直接满足人的一切生存需要,人是通过对象化活动改造自然,创造了物的属人价值,从而满足人的需要并确证人的本质。在人与自然的关系中,人是主体生产者,属人的自然则是作为客体化的人类活动的产物而存在。"当然,在这种情况下,外部自然界的优先地位仍然会保持着,而整个这一点当然不适于原始的、通过自然发生的途径产生的人们。但是,这种区别只有在人被看作是某种与自然界不同的东西时才有意义。"[②]也就是说人类通过实践活动改造自然、创造人类历史的时候,自然对人来说才具有属人的价值。马克思认为,人与自然的关系从原始的统一走向彼此的对立,是人类发展过程中人对物的过度依赖,是人类孤立化、片面化的发展。人类在物的控制下,生存的目标变为拥有与占有更多的物

[①] 芭芭拉·沃德、勒内·杜博斯.只有一个地球[M].吉林人民出版社,1997:8.
[②] 马克思恩格斯选集(第 1 卷)[M].北京:人民出版社,1995:77 页

质,因此人类无限的开发自然资源,造成了自然环境的破坏,进而影响了人类自身与自然的可持续性发展,从根本上讲这是人类异化所造成的结果。因此,只有"当物按人的方式同人发生关系时,我们才能在实践上按人的方式同物发生关系。因此,需要和享受失去了自己的利己主义性质,而自然界失去了自己的纯粹的有用性,因为效用成了人的效用"①。人与自然的平衡式发展应该建立在人类按照自己类本质的要求积极改造自然的基础之上的人与自然的辩证统一的和谐发展。同时,还要注意的是,"只有在社会中,自然界对人来说才是人与人联系的纽带,才是他为别人的存在和别人为他的存在。只有在社会中,自然界才是人自己的人的存在的基础,才是人的现实的生活要素。只有在社会中,人的自然存在对他来说才是自己的人的存在,并且自然界对他来说才成为人。因此,社会是人同自然界完成了的本质的统一"②。人的异化在其现实性上,表现为人与人之间关系的异化,生态问题背后隐藏的是人与人之间的利益分割问题,为了解决生态问题,实现人与自然的平衡化发展,要尽量消除孤独个体主体的利己主义原则,把主体的问题置于主体间性的关系来处理,因此,必须解决当前各国家、各地区以及各部门的利益纷争,清晰地认识人类当前利益与长远利益的关系,没有认识到问题的本质也就不可能实质性地解决问题。由此可见,人与自然的和谐不是一蹴而就的,是需要经过漫长的历史过程,从人类适应自然到改造自然,再到适应自然而改造自然的平衡过程之中发展统一的。是通过人类彻底否定私有制,在人类社会本质合理化的前提下人完成了实现自然主义和自然界实现了人道主义的统一。因此,人的异化是历史的必然,是人类发展的必经阶段,自然与人之间的关系正是在这种打破与重新平衡、异化与扬弃异化的生成过程之中逐渐走向和谐。

在我国社会主义现代化建设中,经济的发展与科技的进步抬高了人民的生活水平,改善了人民的生活质量,现实地为人民带来了实实在在的利益。但是经济增长的背后却隐藏着工业化发展所带来的自然环境的破坏与人类生存环境的恶化。我国是第二产业占主导的产业化经济,产业结构发展并不平衡,科技创新能力与服务业发展相对滞后。粗放型的经济增长方式使中国的经济发展主要依靠增加大量

---

① 马克思.1844年经济学哲学手稿[M].北京:人民出版社,2010:86.
② 马克思.1844年经济学哲学手稿[M].北京:人民出版社,2010:83.

的生产要素,以不断消耗自然资源为代价求得经济增长。这种经济发展的方式不仅严重污染了环境,破坏了生态平衡,而且也制约了经济进一步发展,造成了人类生活的一系列矛盾。正如恩格斯所说:"我们不要过分陶醉于对自然界的胜利,对于每一次这样的胜利,自然界都报复了我们"①。一次次地征服是以一次次地破坏曾经创造的价值、阻断人类可持续发展为代价的。"先污染后治理"的发展模式,是违背自然运作规律的,人们只有改变生活方式与经济增长方式、合理地处理人的发展与自然改造之间的关系,才能够在现代化的建设之中,找到发展的平衡点,从而缓解自然环境压力,为我国人民全面发展提供更好的生存环境。

(二)人与社会关系的平衡

人类社会是人类在一定的物质资料生产的基础上,通过共同合作与交流形成的人类关系共同体。从本质上说,人类社会是人类对象化活动的产物,是人类现实化存在的基础环境。它虽然是自然世界的一个组成部分,但却有着自身发展的规律。马克思认为:"自然界的人的本质只有对社会的人来说才是存在的。"②也就是说社会为人类的存在提供了现实化的意义,只有社会的人才是类存在的人。人与社会的关系实质就是人与人之间的关系。经济的发展与科技的进步,推动了人的个体化发展进程,理性主义的技术决定论与经济发展中的人类中心主义使在网络如此发达的当今社会生存的人们并没有拉近彼此之间的距离,人类的交往趋于功利化,人为了占有更多的个人利益,每个人都成为争夺自己物质财富的敌人,人与人之间关系的疏离导致了独立个体的孤独化生存。于是,人与人之间不是互相依存、互相扶持的关系,彼此之间形成了互相利用的经济关系,扭曲的人际关系的根源在于人的全面性的异化,异化状态使人们之间情感淡漠,理解与信任逐渐式微,最终导致人的片面化发展。

在人类社会发展的初期,人类通过血缘关系构成了原始的共同体,这是人类行为自发性所形成的社会雏形。人与人天然地彼此依存,出于本能的依赖人类满足于这种有限共同体约束下的实践行为。由于,此时的人们"还没有造成自己丰富的关系,并且并没有使这种关系作为独立于他自身之外的社会权利和社会关系同他

---

① 马克思恩格斯选集(第4卷)[M].北京:人民出版社,1995:383页
② 马克思.1844年经济学哲学手稿[M].北京:人民出版社,2010:83.

自己相对立"①。因此,人与社会关系是自然而统一的,而人的这种社会关系的原始性与本能性,并不具有确证人的本质的意义。近代以来,人与人之间的依赖关系,逐渐被人对物的依赖关系所取代,人们发现"这种物的联系比单个人之间没有联系要好,或者比只是以自然学院关系和统治从属关系为基础的地方性联系要好"②。物的联系使人类进入更加快速的发展阶段,人类在追求物质财富、发展生产力的过程之中逐渐从社会的束缚之中解脱出来,从他为存在转向为自为存在。由于社会利益的分配不公,导致了人与社会的关系从天然统一逐渐走向了关系的失衡,人与人之间的矛盾逐渐升级。特别是在资本主义社会,资本主义私有制带来人的独立性的实体化与人的私欲的无限膨胀,使人们将享乐视为生存目的,占有作为行动准则,"人和人之间除了赤裸裸的利害关系,除了冷酷无情的'现金交易',就再也没有任何别的联系了……人的尊严变成了交换价值,用一种没有良心的贸易自由代替了无视特许的和自力挣得的自由"③。这是人的自我异化与人与人之间异化的现实表现。资本主义社会的发展是以牺牲大多数人的利益和发展为前提条件的,分工与私有制从内部割裂了人与人、人与整体社会的和谐关系。当代,人类的交往表现为网络化、虚拟化与全球化,但是如此广泛与共时空的交往并没有使人们内在地产生共命运的历史责任感,为了追求个人利益的最大化,人类彼此之间联系得越频繁、越广泛,人类内在的疏离感就越强烈,人类以占有与享乐为目的的异化交往使人类在虚假的关系链条中隐藏着内在的断裂,在这样共同体生存的人们貌合神离,博爱与幸福感消失殆尽,人们在追求解放与自由的路上越走越远。

马克思认为:"社会关系实际上决定着一个人能够发展到什么程度。"④这首先是因为,社会关系决定着人的需要和满足的程度,人类如果处于较高的社会地位,拥有丰富而紧密的社会关系就越能够使自己的需要得到满足,而人的社会关系越薄弱、社会地位越低,人的需要的满足就会受到现有条件的制约与阻碍。其次,社会关系决定了人类能动性的发挥程度与人的类本质的实现程度,在合理而均衡的社会关系中,人类能够在自觉自愿的情况下进行实践活动,因此,这样的实践可以

---

① 马克思恩格斯文集(第8卷)[M].北京:人民出版社,2009:56.
② 马克思恩格斯文集(第8卷)[M].北京:人民出版社,2009:56.
③ 马克思恩格斯选集(第1卷)[M].北京:人民出版社,1995:275.
④ 马克思恩格斯全集(第3卷)[M].北京:人民出版社,1960:295.

最大化地发挥人的主观能动性,完善自我,并实现人的本质,相反,如果社会关系失衡,人与人之间处于不平等、不自由的交往关系中,人类的发展就会受到极大的阻碍,人的实践活动就在被动与不得已的情况之下而完成的,人因此也就不能够实现自己的本质。最后,社会关系决定了人的个性,有什么样的社会关系,就会生产什么样的人。"他们的个性是受非常具体的阶级关系所制约和决定的。"[①]人的个体化本质就在于人的社会关系的总和,社会关系焦点了一个人的存在,随着社会关系的变化,人类的个性也处于不断地变化之中,而正是这种变化才决定了人的开放性特质与人的发展的可能性。科技的进步与经济的发展带来了社会和个人的发展。但同时也带来了社会与个人关系的失衡与破裂,从而阻碍了人的发展。为了人类的进一步自由而全面的发展,人们必须重新平衡人与社会之间的关系,人类正是在这种失衡与平衡的辩证关系中不断生成自我,求得现实发展的。

改革开放以来,我国生产力得到大幅度的提高,经济实力得到长足的发展。然而我国处于社会转型期,经济运营机制从产品经济、计划经济转向商品经济与市场经济,从伦理型社会转向法制型社会,因此社会的经济体制、法制制度与社会保障制度等等还不健全。城乡之间、区域之间以及行业之间的贫富差距日益突出,人们在逐利求富的过程中形成了个人利己主义、拜金主义的心理与行为模式,社会结构以及社会发展的不均衡使经济增长的成果不能够被社会各阶层人民所共享。由于人们一味地追求科技的进步、财富的增长,异化的人的价值理性的式微,使人们失去了社会责任感与伦理道德标准。人们为了获利生产售卖假冒伪劣商品,不惜牺牲他人的利益,甚至是身体健康与生命安全,食品、药品安全问题成了威胁人类基本生存与社会安全稳定的重要因素。因此,我国需要在发展经济的同时,逐渐平衡人与社会之间的关系,一方面,通过坚持"以人为本"的科学发展观,指导我国社会主义实践,促进人与自然、人与社会的和谐相处,并通过全面平衡经济产业结构发展,健全法制、社会保障与文化建设,重构人类实践总体性与社会共同体,使人们重新认识到"一个人的发展取决于和他直接或间接进行交往的其他一切人的发展。"[②]"每个人的自由发展是一切人自由发展的条件。"[③]进而产生"人人为我,我为人人"的人生价值观,人与人之

[①] 马克思恩格斯全集(第3卷)[M].北京:人民出版社,1960:86.
[②] 马克思恩格斯全集(第3卷)[M].北京:人民出版社,1960:515.
[③] 马克思恩格斯文集(第2卷)[M].北京:人民出版社,2009:53.

间彼此关心、爱护,从内部团结一心,共同发展。另一方面,通过倡导人类命运共同体,全面平衡国际交往关系。在普世价值的作用下,以互利合作与共赢的交往目标,追求世界人们的和谐发展。

(三)人与自身关系的平衡

自然是本质先在的,自然界的物质以自身的存在与运动天然地决定了自然的本质。生物的出现,产生了反映控制机能,进而形成了合目的性的运动,但这一运动仅仅是自身与自然界物质群的适应性运动,不表现为能动与互动。而人则不同,人的存在先于本质,人是通过实践活动逐渐生成自身并确证自己的本质。其根本的原因就在于人是主体性的存在。作为实践主体,人的自觉性使人能够发现自我与整体自然的差异,从而将自己从自然中抽离出来,并产生对自我以及自然的认识。其次,人在把握自然、认识外在客体的过程中,将自身与外物对立起来,也就是产生对象化的认识与实践活动。再次,在人类意识的指导下,产生能动性的改造行为,通过现实的实践活动重塑了自然也生成了自己。人与自然就表现为主客体的对象化关系。人能够以二元化的思维把握人的主体性与外物的客体性。既然人是自然界的主体,那么人类作为自然界的一部分,在人类自身面前,也是主体性的存在,人能对自身进行认识,在于人把自身当作自我认识与改造的客体。可见,人在认识与实践的过程中,不仅是认识与实践的主体,也是认识与实践改造的客体。因此,人类自身就是二元化的主客体综合性存在。二元化就决定了人是一个矛盾体,是关系性的存在。人不仅是与自然,也是与自身的对象化辩证活动中生成自我,改造自我的。近代以来,理性主义与人文主义的文化追求提升了人的主体性。特别是20世纪哲学的语言学转向使人本主义哲学家将人的主体性提升至本体论层次,对人的认识从人的存在转向人的现实生存。当时的哲学思想反映了当时人们现实生存的失衡的状态,一方面,由于人们过分地强调人的主体能动性,在人改造世界、生成自身的过程中,一味地追求物质财富,占有客观世界,在"人类中心主义"主体性的作用下,"物"的统治反过来作用于人本身,现代人反而丧失了主体性,人与自身之间出现了失衡的状态。另一方面,对物的迷恋,导致人类精神的空虚与困惑,技术理性的作用对人的自由产生极大的限制,人性的扭曲是价值理性式微的结果,人因此失去了生存的价值与意义,进而导致了人的片面化发展。

随着经济的发展与技术的进步,我国提高了国家的综合实力与人们物质生活水平。但长久的物质匮乏与精神禁锢使人们在物质财富面前,失去了自我价值的判断能力,激发了人压抑已久的物质欲望。伴随着物质需要的逐渐满足,人们失去了对自身的精神文化水平的关注。首先,人们为了获取与占有更多的物质资源,而不惜采取任何手段,甚至不惜失去伦理道德标准,最终导致社会化的道德规范的淡化。另一方面,人们试图追求没有任何束缚的自由,而冲破道德底线。当人们忘却了自律的自由才是真正的自由;人是因为有限性才成为主体的认知判断时,人的行为表现出失去了历史性判断、失去自我原则与良知自律的胡作非为。人们所谓的彻底的自由,实际上是人类自身真正的异化表现,是物对人的束缚,人因此而失去自我独立的人格。同时,现代人表现出信仰的缺失与功利化。现代社会主导的功力主义与实用主义价值观念,使人们失去了自我的主体性,在对象化力量的控制下进行生产与交往。人们崇拜"金钱"与"权利",认为只有通过它们人类才会获得快乐、幸福与自由,这是人们精神空虚的表现,是人类信仰的危机。另外,随着改革开放,多元文化充斥着中国传统文化,他们怀疑社会主义道路的正确性,由此出现信仰迷惘,并且迷失在拜金主义与享乐主义之中,精神的空虚与价值的迷茫使人们过着痛苦而又无意义的生活。其次,中国自古就是一个礼仪之邦,长久的文化积累形成了博大精深的文化传统,人们崇尚仁、义、礼、智、信的行为准则与生活方式。全球化时代的到来,多元文化与价值观的冲击扰乱了人们传统的价值观。人们的传统美德在物质利益面前变得一文不值,人们为了享乐,可以放弃精神尊严,这是人的"类"存在向"种"存在的倒退。由于外界强加的虚假需求,人们的消费已经脱离了人的真正需要,表现为异化的消费形式。在精神空虚下的一切物质满足都无法带来人的真正的幸福。因此,尼采说:"我漫步在人中间,如同漫步在人的碎片和断肢中间……我的目光从今天望到过去,发现比比皆是:碎片、断肢和可怕的偶然,可是没有人"[①]。人的主体性的丧失、道德的缺失、人的本质的异化使人成为碎片化的存在。再次,人们的精神文化生活的匮乏、大众文化生活的商业化与物质化削弱了人们的精神文化生活。大众文化所倡导的追求物质享受的生活价值理念,激发了人们对物质享受的需要,人们会投入相对于精神文化生活更多的精力与金钱来

---

① 尼采.钱春绮,译.查拉斯图特拉如是说[M].北京:文化艺术出版社,1995:143.

满足这一异化的需要。大众传媒所传播的信息倾向于商业化与肤浅化,各种节目失去了审美准则与文化内涵,节目内容娱乐化,甚至低俗化,阻碍了人们精神文化生活的提升,缺失了文化的认知功能与教育功能。因此,我国在追求经济发展的过程当中,要注重人的精神文化生活的塑造。一方面加强文化领域基础设施建设,如建立更多的图书馆、音乐厅等等;另一方面,要规范大众传媒的文化传播标准,使传播内容更具有教育性与艺术性,能够现实地提升人的文化素养,提供美的享受。逐渐使文化成为人的生存与发展方式,消除人的虚假化需求,进而扬弃人的异化。同时,要注重提升人的伦理道德价值观的培养。马克思认为教育可以改变人的本性,促进人的发展。恩格斯也指出"教育将使他们摆脱现代这种分工给每个人造成的片面性"①。通过教育体制的改革,加大对青年人的德育教育,重塑生命价值理想,从而带动整个社会对伦理道德的重视,使社会从整体社会文化氛围到人们基本的道德素养得到大幅度提升,使人们在互敬互爱中进行现实的生产与交往。人的主体价值观的提升可以重新平衡人与自我之间的关系,重塑人的实践理性的完整性,逐渐消除人的碎片化与片面化,进而生成完整的人。

二、人的本质与人的自由全面发展

马克思认为:"人不是在某一规定上再生产自己,而是生产出他的全面性,不是力求停留在某种已经变成的东西上,而是处在变异的绝对运动之中"②。人的自由全面的发展不仅是社会历史发展的客观必然要求,也是人实践生成中的本质的主体内在的要求,可见人的本质与人的自由全面发展是有着内在的必然联系的。按照马克思的观点,就是:"人以一种全面的方式,也就是说,作为一个完整的人,占有自己的全面的本质"③。

(一)人的类本质的全面发展

马克思认为人的类特性在于人的自由的有意识的活动。显然马克思对人的类本质的判断具有主体价值维度的意义,人的生成过程是一个目的性的过程,因此对

---

① 马克思恩格斯选集(第1卷)[M].北京:人民出版社,1995:243.
② 马克思恩格斯全集(第46卷)(上册)[M].北京:人民出版社,1979:486.
③ 马克思.1844年经济学哲学手稿[M].北京:人民出版社,2010:85.

人的本质的概念的把握也需要具有开放性与生成性的特点,这是符合人的超越本性的必然结果。人类的历史发展历程就是人生成自我,并逐渐确证自己类本质的过程,因此,劳动的自由与自觉化才是人类自由全面发展的基本条件。既然人的生命过程是一个变异的绝对化过程,那么,在历史的发展过程中,人的现实的实践就表现为异化与扬弃异化的活动,特别是在私有制与社会分工的社会体制下,人类的异化与人的碎片化使人成为单向度的人,人失去了主体性的存在价值。

人是如何从现阶段平衡各种关系到未来彻底扬弃异化、实现全面发展的呢?首先,人需要彻底地消灭旧式分工。旧式的分工是扭曲人性,并导致人畸形发展的根源所在。旧式的分工决定了物质生产资料的分配,是私有制产生的根源,使人与人之间产生阶级分化,从根本上说它改变了人类劳动的属性。异化的劳动在现实性上表现为劳动产品的异化,而本质上是人的自身的异化与人与人社会关系的异化。因此,只有消灭旧式分工即全面消灭私有制才能够使人们的劳动成为自由自觉的劳动。同时,消灭了旧式的分工也就同时消灭了脑力劳动与体力劳动的差别,马克思认为:"我们把劳动力或劳动能力,理解为人的身体即活的人体中的存在的、每当人生产某种使用价值时就运用的体力与智力的总和。"[①]人的劳动能力并不是单一的,而是多向度、多层次的,总结起来,人的能力主要可以划分为体力与智力,而体力劳动与脑力劳动的分离是社会分工的基础,也是人片面发展的基础原因。因此,人的体力劳动与脑力劳动的整合是实现人类完整化与全面发展的根本,同时,实现人的体力与智力的普遍提高与协调发展是人的自由全面发展的内在要求。体力劳动与脑力劳动的融合现实表现为人的劳动操作方式差别的弱化。科技的发展,特别是信息技术与机械自动化技术的发展与实际的劳动应用,为人类消灭旧式分工提供了有利的条件。技术的应用使人力直接参与生产的比重减小,使体力劳动者的脑力支出增多,从而逐渐融合了体力劳动与脑力劳动,在人类的未来,生产过程的完全化、自动化会使人彻底地从直接物质生产的过程中解放出来,也就是彻底地消灭旧式分工,也就实现了人的自由与全面的发展。其次,人需要获得充裕的自由时间。自由的时间是除了必要劳动时间以外的人们可以随意支配的闲暇时间。在科技水平比较落后、生产力还不够完善的时期,人们会被禁锢在物质生产作

[①] 马克思恩格斯全集(第23卷)(下册)[M].北京:人民出版社,1972:190.

为谋生手段的经济必然性之中,人们会耗费大量的时间进行必要的劳动生产,以便满足人类基本的生存与发展的需要,因此,人们的自由的闲暇时间非常少,没有时间与精力从事精神文化生活,这一发展阶段人们的生活水平普遍较低,文化水平相对落后。马克思认为:"社会的自由时间产生是靠非自由时间的产生,是靠工人超出维持他们本身的生存所需的劳动时间而延长的劳动时间的产生。同一方的自由时间相应的是另一方被奴役的时间。"①人们为了生存,为了获取自由时间,付出更多的劳动时间,显然以压缩自己的自由时间为代价的生活,表现为人生命活动的异化与片面化。随着科技的发展与生产力的进步,人们获取了相对较多的自由时间,特别是在未来,物质生产过程的完全自动化,使人们彻底地摆脱了异化的劳动,在自由的情况下,支配自己的生命活动。因此,人的财富的尺度不再是劳动时间,而是人类可以自由支配的自由时间。人的生存的视野因此也就更加开阔,"时间实际上是人的积极存在,他不仅是人的生命尺度,而且是人的发展空间"②。拥有了更加充裕的时间,也就拥有了更加广阔的自由天地,人们也就不再为维持生计而劳苦奔波,人们可以发挥自己的想象与能力,满足自己曾经望而却步的发展要求,享受自己的物质与精神生活,这也就为人类个性的全面发展提供了可能。因此,马克思说:"个性得到自由的发展,因此,并不是为了获得剩余劳动而缩减必要的劳动时间,而是直接把社会必要劳动缩减到最低限度,那时,与此相适应,由于给所有的人腾出了实践和创造了手段,个人会在艺术、科学等等方面得到发展"③。再次,人的实践活动表现为自主性劳动。人是不断生成的开放性主体,人有发展的需要,并具有创造的能力。发展是人的本质,而创造性是人的类属性,人在发展与创造之中实现自己的生命意义,体现了自己的生命价值。异化的劳动与模式化的生产束缚了人的发展,同时也扼杀了人的创造能力,因此,人的生命活动表现为痛苦的生命负担。在人类未来的生活里,社会拥有能够满足一切人发现需要的基础性物质财富,同时,人也拥有充足的自由时间,因此,人的生命活动表现为自主性的实践活动,人可以按照各种尺度进行生产,发挥自己拥有的全部才能,劳动成了自觉自愿的快乐行为,生活也因此变得多姿多彩,人们的幸福指数获得极大地提高。"诚然,劳动尺

---

① 马克思恩格斯全集(第47卷)[M].北京:人民出版社,1979:216-217.
② 马克思恩格斯全集(第47卷)[M].北京:人民出版社,1979:532.
③ 马克思恩格斯全集(第46卷)(下册)[M].北京:人民出版社,1980:218-219.

度本身在这里是由外面提供的,是由必须达到的目的和为达到这个目的必须由劳动来克服的那些障碍所提供的,但是克服这些障碍本身,就是自由的实现,而且进一步说,外在目的失掉了单纯外在必然性的外观,被看作个人自己自我提出的目的,因而被看作自我实现,主体的物化,也就是实在的自由。"①

(二)人的社会本质的全面发展

马克思认为人的本质在其现实性上是一切社会关系的总和。人总是在一定的社会关系之中生存与发展的,人的类本质的实现只有依托于人与人之间的社会关系才具有现实的意义,因此,人的社会本质的全面发展,表现在人与人社会关系的全面发展与人的自由个性的全面生成。"社会关系实际决定一个人能够发展到什么程度。"②在私有制与旧式分工的条件下,人的实践活动的片面性使人的发展表现为片面性的发展,因此,人通过生产与交往形成的人与人之间的社会关系也必然是不够全面与丰富的。而在人类未来社会之中,通过彻底地扬弃私有制与旧式的社会分工,人开始向人的自然本性与社会本性全面复归,人的行动表现为更加自由自觉的劳动。人对自我类本质的全面占有也就表现为人与人之间社会关系全面性与丰富性。人的社会关系的发展主要表现在四个方面:其一,人与对象性关系的全面的生成。人的生命活动的自由自觉性决定了人的发展的全面性,同时也表明了人可以按照任何物种的尺度进行生产,通过生产与交往人可以使自然界变成自己的无机身体,与自然形成密不可分的对象化关系。人也可以通过生产与交往活动,与社会中的人发生相互的关系,个人与个人之间形成牢靠的对象性关系。同时,人在改造对象世界与人的交往过程中,又生成了自身,重塑了自我,因此,人也与自己形成了全面的对象性关系。这一切都是人的类本质表现的现实或过程,而人的劳动的发展与人的类本质的确证是一个不断提升与发展的过程,于是人与自然、社会和自我的对象性关系也是从片面化、狭隘化发展到全面化与成熟化。这一切的对象性关系彼此关联与制约,彼此之间的辩证发展推动了整体人的发展。其二,人与人之间的目的性关系的全面形成。人与人之间彼此互为目的的交往才是人的本质之间的交往,一个人的发展是以一切人的发展为目的,把别人的发展当作自己力量

---

① 马克思.1844 年经济学哲学手稿[M].北京:人民出版社,2010:50.
② 马克思恩格斯全集(第 3 卷)[M].北京:人民出版社,1960:295 页

所需要的对象,这样的发展才是人的"类"化的发展。旧式分工下,个人的发展表现为对他人社会剩余劳动时间的占有,是以他人作为自己发展的手段的发展形式,人与人之间的关系表现为剥削与被剥削、压迫与被压迫,是人类之间关系的异化。随着私有制的废除,人与人之间互为目的,通过交流经验与知识,形成平等、自由的交往关系。其三,个人社会关系的全面丰富。人类社会发展初期,人与人的社会关系局限于氏族与部落的狭小的范围之内,随着社会的发展,人的社会关系获得了极大的丰富,但是仍然表现出明显的地域性与民族性。现代社会经济的全球化与科技的网络化,使人们之间的交往冲破地域性、阶级性、民族性以及文化差异性的束缚,形成了全球性、全面性、平等性以及文化普遍性的交往关系,人逐渐发展成为具有"世界历史性的、经验上的普遍个人"①。其四,人对社会关系控制的发展。人们对社会关系的控制主要表现为人们对现实社会交往行为的控制与人们观念的控制以及意识的自律。马克思把人类社会发展分为三个阶段,第一个阶段表现为人与人之间的依赖性关系,由于人力在自然力面前的孱弱,人们彼此之间通过互相依附,形成一个原始共同体,通过共同体的集体力量对抗自然力,因此,人没有形成控制社会关系的意识,也就天然地不具备对社会关系的控制能力,仅仅通过血缘关系将彼此凝聚为一个整体。人类社会发展的第二阶段,是人对物的依赖性的人的独立性阶段,人与人之间形成基本的社会关系共同体。人逐渐发展了主体意识,也就产生了控制的欲望。一方面,表现为人对自然的控制与利用的程度与范围越来越大,人的控制的意识与能力与日俱增。但是由于人发展的物化必然性,人的实践理性的分裂表现为人的主体性的滥觞,人对自然过度控制,造成了生态危机。另一方面,技术理性的肆虐所导致的价值理性的沦陷,使人对社会关系的控制表现为人对人的统治与压迫,以及对人的思想的束缚。在人类自由全面发展的阶段,人们之间形成了每一个能够自由而全面发展的自由人联合体,每一个人自发地形成世界历史性的共同活动的依存关系。人对社会关系的全面控制表现为人对社会关系的全面占有。每一个人的全面发展是其他一切人全面发展的前提,个人利益与社会利益是同一的。因此,人与人之间是处于自觉自愿的控制与服从控制的关系,从而使人们获得现实关系与观念关系的全面发展。因此,马克思指出:"全面发展的个人

---

① 马克思恩格斯选集(第1卷)[M].北京:人民出版社,1995:86.

……他们的社会关系作为他们自己的共同的关系,也是服从于他们自己的共同的控制的……不是自然的产物,而是历史的产物。要使这种个性成为可能,能力的发展就要达到一定的程度和全面性,这正是以建立在交换价值基础上的生产为前提的,这种生产才在产生出个人同自己和同别人普遍异化的同时,也产生出个人关系和个人能力的普遍性和全面性"①。人的社会本质的全面发展表现为每一个人的自由个性的全面生成与人类主体的真正解放。

马克思认为:"共产主义和所有过去的运动不同的地方在于:它推翻一切旧的生产关系和交往关系的基础,并且第一次自觉地把一切自发生产的前提看作是前人的创造,消除这些前提的自发性,使它们受联合起来的个人的支配。"②在未来的共产主义社会之中,自由人联合体是人与社会的真正的共同体。"在真正的共同体和条件下,各个人在自己的联合中并通过这种联合获得自己的自由。"③扬弃了异化劳动与旧式分工的人充分发挥了自身的潜能,增长了人的自然个性,获得了身心和谐的发展,从而能够适应丰富全面的社会生活的需要,同时也能够满足个体的多样化需要。人表现为完整的人的生存状态。"人以一种全面的方式,也就是说,作为一个总体的人,占有自己的全面的本质。"④也就是说,人的劳动从消极地占有物质对象变为共同体目的性的并非以物化为主的创造性活动,成产的过程表现为自我创造的过程,生产的对象化也就直接成了人的本质的自我确证。人与人、人与社会的关系不再是外在的、对立的,而是相互依存、相互生成的命运共同体。

本 章 小 结

市场经济体制规范下的消费经济价值满足了经济增长要求的同时,导致了人的消费主义生存观,从而造成了人类生存环境的破坏与人与社会的对立。人类在物的控制下个体化生存与自由和平等渐行渐远,从根本上违背了消费的人本价值。技术是人类发展的工具,是人类创造的产品,我们不能够被技术所牵制,人类应该

---

① 马克思恩格斯全集(第46卷)(上册)[M].北京:人民出版社,1979:104.
② 马克思恩格斯选集(第1卷)[M].北京:人民出版社,1995:122.
③ 马克思恩格斯选集(第1卷)[M].北京:人民出版社,1995:119.
④ 马克思.1844年经济学哲学手稿[M].北京:人民出版社,2010:85.

尽量地消除技术的非人性与负效应,使技术走向合规律与合目的统一的发展方向。从动态平衡到全面发展展现了人类历史发展的现实画卷,人的异化是人发展过程中的必然,人类正是通过本质的异化与扬弃逐渐生成与发展,并最终走向自由与解放,这是人类从必然王国走向自由王国的一个历史过程。从人的本质的角度分析,人的自由全面的发展表现为人类劳动的自由与自觉化,以及人的劳动能力的全面发展,人的社会关系的全面形成,并组成自由人联合体。同时,还表现为每一个个体的自由而全面的发展。

结　语

马克思认为哲学的真正意义并不在于解释世界而在于改变世界,他的哲学立足于人的现实生活世界,看到人之本源性存在方式——实践,关注社会历史变革以及人的实践生成,从实践生成的角度分析人的本质在整个人类文明发展史中的更迭。从逻辑上讲,"生成"意味着一切处于创生之中,生成论的致思逻辑就是追寻未知,发现可能。在生成论的视野中,一切处于永恒变化之中,不再存在一个预定的本质,而实践的本性就是人以现实的物质条件为基础的创生过程。一切皆流,不变的只有相对。实践的本性满足了生成论所规定的基本创生要求。马克思把哲学理解为改造现实的实践活动以及关于人及其历史发展的科学。

马克思反对把概念凝固在僵死的定义之中,而始终强调要通过概念的历史和逻辑的形成过程把握概念,因此,马克思在对人的本质理解上也是拒斥本质先在性,强调实践生成性,一方面他认为,"个人怎样表现自己的生活,他们自己就是怎样"[1]。因此,人的本质是根据不同的历史时期生产发展水平的不同而逐步改变。另一方面,他认为"人的本质"并非某一具象的概念,而是一种内在逻辑关系,一种动态的流动生成过程。这种关系在类本性上是自我意识与劳动的关系,在现实性上是人与人的社会交往关系,在总体性上是主客互为关系。而这些关系的发生过程则是以实践为基础,以人的需要作为内驱力,以生产与交往作为现实的表现形式。他利用黑格尔否定辩证法所得到的启示,深入探究了资本主义生产方式所蕴藏的劳动异化的秘密,将人的本质生成和劳动的异化与扬弃的辩证过程视作同一否定之否定历史进程。[2]

---

[1] 马克思恩格斯选集(第1卷)[M].北京:人民出版社,1995:67.
[2] 孙晶.马克思人的本质生成论的实践基础[J].学术交流,2016:9.

参 考 文 献

一、专著类

(一)中文类

[1] 马克思恩格斯选集.第1卷[M].北京:人民出版社,1995.

[2] 马克思恩格斯选集.第2卷[M].北京:人民出版社,1995.

[3] 马克思恩格斯选集.第3卷[M].北京:人民出版社,1995.

[4] 马克思恩格斯选集.第4卷[M].北京:人民出版社,1995.

[5] 马克思恩格斯全集.第1卷[M].北京:人民出版社,1960.

[6] 马克思恩格斯全集.第2卷[M].北京:人民出版社,2009.

[7] 马克思恩格斯全集.第3卷[M].北京:人民出版社,1960.

[8] 马克思恩格斯全集.第4卷[M].北京:人民出版社,1958.

[9] 马克思恩格斯全集.第12卷[M].北京:人民出版社,1962.

[10] 马克思恩格斯全集.第13卷[M].北京:人民出版社,1962.

[11] 马克思恩格斯全集.第21卷[M].北京:人民出版社,1962.

[12] 马克思恩格斯全集.第23卷[M].北京:人民出版社,1972.

[13] 马克思恩格斯全集.第24卷[M].北京:人民出版社,1972.

[14] 马克思恩格斯全集.第25卷[M].北京:人民出版社,1974.

[15] 马克思恩格斯全集.第26卷[M].北京:人民出版社,1974.

[16] 马克思恩格斯全集.第27卷[M].北京:人民出版社,1972.

[17] 马克思恩格斯全集.第30卷[M].北京:人民出版社,1995.

[18] 马克思恩格斯全集.第32卷[M].北京:人民出版社,1998.

[19]马克思恩格斯全集.第40卷[M].北京:人民出版社,1982.

[20]马克思恩格斯全集.第42卷[M].北京:人民出版社,1979.

[21]马克思恩格斯全集.第43卷[M].北京:人民出版社,1972.

[22]马克思恩格斯全集.第44卷[M].北京:人民出版社,1982.

[23]马克思恩格斯全集.第46卷(上册)[M].北京:人民出版社,1979.

[24]马克思恩格斯全集.第46卷(下册)[M].北京:人民出版社,1980.

[25]马克思恩格斯全集.第47卷[M].北京:人民出版社,2004.

[26]马克思恩格斯文集.第2卷[M].北京:人民出版社,2009.

[27]马克思恩格斯文集.第8卷[M].北京:人民出版社,2009.

[28]马克思.1844年经济学哲学手稿[M].北京:人民出版社,2000.

[29]列宁选集.中央列宁著作编译局译.第2卷[M].北京:人民出版社,1995.

[30]列宁选集.中央列宁著作编译局译.第55卷[M].北京:人民出版社,1990.

[31]亚里士多德.苗力田,译.形而上学[M].亚里士多德全集.第7卷[C].北京:中国人民大学出版社,1997.

[32]亚里士多德.苗力田,译.尼各马可伦理学[M].亚里士多德全集.第8卷[C].北京:中国人民大学出版社,1997.

[33]亚里士多德.颜一、秦典华,译.政治学[M].亚里士多德全集.第9卷[C].北京:中国人民大学出版社,1997.

[34]笛卡尔.方法谈[M].《16—18世纪西欧各国哲学》.北京:商务印书馆,1975.

[35]霍布斯.黎思复、黎廷弼,译.利维坦[M].北京:商务印书馆,1985.

[36]孟德斯鸠.申林,译.论法的精神.上册[M].北京:商务印书馆,2012.

[37]卢梭.李平沤,译.爱弥儿.上卷[M].北京:商务印书馆,2016.

[39]康德.导论[M].北京:商务印书馆,1982.

[40]康德.邓晓芒,译.实践理性批判[M].北京:人民出版社,2003.

[41]康德.何兆武,译.历史理性批判文集[M].北京:商务印书馆,1990.

[42]康德.邓晓芒,译.实用人类学[M].重庆:重庆出版社,1987.

[45]康德.许景行,译.逻辑学讲义[M].北京:商务印书馆,2010.

[46]费希特.梁志学、沈真,译.论学者的使命·人的使命[M].北京:商务印书

馆,2008.

[47]谢林.梁志学、石泉,译.先验唯心论体系[M].北京:商务印书馆,2011.

[48]黑格尔.杨祖陶,译.精神哲学[M].北京:人民出版社,2006.

[49]黑格尔.贺麟,译.小逻辑[M].北京:商务印书馆,2004.

[50]黑格尔.王造时,译.历史哲学[M].上海:上海书店出版社,2010.

[51]黑格尔.贺麟、王太庆,译.哲学史讲演录.第1卷[M].北京:商务印书馆,2013.

[52]黑格尔.贺麟、王太庆,译.哲学史讲演录.第4卷[M].北京:商务印书馆,2013.

[53]黑格尔.杨一之,译.逻辑学.上卷[M].北京:商务印书馆,1996.

[54]黑格尔.杨一之,译.逻辑学.下卷[M].北京:商务印书馆,1996.

[55]黑格尔.范扬、张企泰,译.法哲学原理[M].北京:商务印书馆.2010.

[56]黑格尔.梁志学、薛华、钱广华、沈真,译.自然哲学[M].北京:商务印书馆,2015.

[57]费尔巴哈.荣震华、李金山,译.费尔巴哈哲学著作选集.上卷[M].北京:商务印书馆.1984.

[58]费尔巴哈.荣震华、李金山,译.费尔巴哈哲学著作选集.下卷[M].北京:商务印书馆.1984.

[59]叔本华.石冲白,译.作为意志和表象的世界[M].北京:商务印书馆,2010.

[60]施蒂纳.金海民,译.唯一者及其所有物[M].北京:商务印书馆,1997.

[61]雅各布·布克哈特.何新,译.意大利文艺复兴时期的文化[M].北京:商务印书馆,1997.

[62]梯利.葛力,译.西方哲学史.上卷[M].北京:商务印书馆.1995.

[63]尼采.钱春绮,译.查拉斯图特拉如是说[M].北京:文化艺术出版社,1995.

[64]弗洛伊德.林尘、张唤民,译.弗洛伊德后期著作选[M].上海:译文出版社,2005.

[65]柏格森.陈圣生,译.创造进化论[M].长沙:湖南人民出版社,2012.

249

[66]马克斯·舍勒.李伯杰,译.人在宇宙中的地位[M].贵阳:贵州人民出版社,2015.

[67]恩斯特·卡西尔.甘阳,译.人论[M].上海:上海译文出版社,2007.

[68]海德格尔.孙周兴,译.路标[M].北京:商务引印书馆,2001.

[69]海德格尔.陈嘉映、王庆节,译.存在与时间[M].上海:三联书店,1999.

[70]海德格尔.孙周兴,译.海德格尔选集.上册[M].上海:三联书店,1996.

[71]科尔纽.马克思恩格斯传.第1卷[M].北京:三联书店,1963.

[72]卢卡奇.白锡堃等,译.关于社会存在的本体论[M].重庆:重庆出版社,1993.

[73]马尔库塞.刘继,译.单向度的人[M].上海:上海译文出版社,2008.

[74]马尔库塞.黄勇,译.爱欲与文明[M].上海:上海译文出版社,2012.

[75]弗洛姆.孙依依,译.为自己的人[M].上海:三联书店,1988.

[76]弗洛姆.李斌玉,译.马克思主义和人的概念[M].哈尔滨:黑龙江大学出版社,2011.

[77]萨特.陈宣良,译.存在与虚无[M].上海:三联书店,2014.

[78]马尔库什.李斌玉、孙建茵,译.马克思主义与人类学[M].哈尔滨:黑龙江大学出版社.

[79]艾格妮丝.邵晓光、孙文嘉,译.赫勒.人的本能[M].沈阳:辽宁大学出版社,1988.

[80]鲍德里亚.在使用价值之外[M].北京:中国社会科学出版社,2003.

[81]加塞特.刘训练等,译.大众的反叛[M].长春:吉林人民出版社,2004.

[82]约翰·奈斯比特.姚琮,译.大趋势:改变我们生活的十个新方向[M].北京:科学普及出版社,1985.

[83]杜比宁.李雅卿等,译.人究竟是什么[M].北京:东方出版社,2000.

[84]史蒂芬·贝斯特、道格拉斯·科尔纳.陈刚等,译.后现代的转向[M].南京:南京大学出版社,2002.

[85]舒尔曼.李小兵等,译.科技文明与人类未来[M].北京:东方出版社,1995.

[86]帕特·华莱士.谢影、苟建新,译.互联网心理学[M].北京:中国轻工业出

版社,2001.

[87]芭芭拉·沃德、勒内·杜博斯.只有一个地球[M].长春:吉林人民出版社,1997.

[88]人学理论与历史.三卷[C].北京:北京出版社,2004.

[89]韩庆祥主编.马克思主义人学与当代中国丛书[C].郑州:河南人民出版社,2011.

[90]高清海.高清海哲学文存(第1-6卷).[M].长春:吉林人民出版社,1997.

[91]叶秀山.前苏格拉底哲学研究[M].北京:社会科学文献出版社,2007.

[92]张奎良.马克思的哲学思想以及当代意义[M].哈尔滨:黑龙江教育出版社.2001.

[93]张奎良.唯物主义:社会主义的思想来源与实践指引[M].北京:人民出版社.2009.

[94]张奎良.跨世纪的回响——马克思学说的精粹及其现代意义[M].哈尔滨:黑龙江教育出版社.1993.

[95]张奎良.当代中国的马克思主义——邓小平建设有中国特色社会主义理论的创生及其逻辑系统[M].哈尔滨:黑龙江教育出版社.1996.

[96]张奎良.马克思主义哲学中国化的基石与灵魂[M].北京:社会科学文献出版社.2010.

[97]衣俊卿.20世纪新马克思主义[M].北京:中央编译局出版社,2012.

[98]衣俊卿.20世纪的文化批判——西方马克思主义的深层解读[M].北京:中央编译局出版社,2003.

[99]丁立群.哲学·实践与终极关怀[M].哈尔滨:黑龙江人民出版社,2000.

[100]丁立群、李小娟.世纪之交的哲学自我批判[M].哈尔滨:黑龙江人民出版社,2002.

[101]丁立群.实践哲学:传统与超越[M].北京:北京师范大学出版社,2012.

[102]孙正聿.理论思维的前提批判[M].北京:中国人民大学出版社,2010.

[103]孙正聿.思想中的时代[M].北京:北京师范大学出版社,2004.

[104]王南湜.辩证法:从理论逻辑到实践智慧[M].武汉:武汉大学出版

社,2011.

[105]袁贵仁.马克思的人学思想[M].北京:北京师范大学出版社,1999.

[106]韩庆祥,亢安毅.马克思开辟的道路——人的全面发展研究[M].北京:人民出版社,2005.

[107]陈先达.马克思早期思想研究[M].北京:中国人民大学出版社,2006.

[108]李楠明.价值主体性——主体性研究的新视域[M].北京:社会科学文献出版社,2005.

[109]李楠明.马克思辩证法的和谐向度[M].北京:人民出版社,2014.

[110]康渝生.马克思主义哲学的人学致思理路[M].北京:社会科学文献出版社,2004.

[111]康渝生.马克思主义哲学研究的当代视域[M].哈尔滨:黑龙江大学出版社,2016.

[112]郭艳君.历史的生成性——对历史与人之存在的哲学阐释[M].哈尔滨:黑龙江大学出版社,2012.

[113]隽鸿飞,郭艳君.历史唯物主义的生成论阐释及其当代意义[M].北京:人民出版社,2015.

[114]张一兵.马克思历史辩证法的主体向度[M].武汉:武汉大学出版社,2010.

[115]张汝伦.历史与实践[M].上海:上海人民出版社,1995.

[116]俞吴金.实践与自由[M].武汉:武汉大学出版社,2010.

[117]吴晓明,王德峰.马克思的哲学革命及其当代意义[M].北京:北京师范大学出版社,2005.

[118]武天林.实践生成论人学[M].北京:中国社会科学出版社,2005.

[119]陈曙光.直面生活本身:马克思人学存在论革命研究[M].北京:北京师范大学出版社,2012.

[200]李文阁.回归现实生活世界[M].北京:中国社会科学出版社,2002.

(二)英文类

[1]HubertL. (2001). *On the Internet*[M]. NewYork:Routledge.

[2] Jolyon – Agar. *RethinkingMarxism：FromKantandHegeltoMarxandEngels*[M]. RourledgePress,2006.

二、期刊类

[1]高清海.哲学思维方式的历史性转变——论马克思哲学变革的实质[J].开放时代,1995(6).

[2]高清海,孙力天.马克思的哲学变革及其当代意义[J].天津社会科学,2001(5).

[3]高清海,孙力天.哲学的终结与人类生存[J].江海学刊,2003(5).

[4]高清海.论人的"本性"——解脱"抽象人性论"到"具体人生观"[J].社会科学战线,2002(5).

[5]高清海,孙力天.论20世纪西方哲学变革的主题与当代中国哲学的走向[J].江海学刊,1994(1).

[6]高清海.马克思对"本体论思维方式"的历史性变革[J].当代国外马克思主义评论,2004(4).

[7]高清海.价值选择的实质是对人的本质之选择[J].吉林师范大学学报,2005(6).

[8]黄楠森.简评西方哲学"人本质"思想[J].军队政工理论研究,2001(1).

[9]张奎良.马克思的哲学变革及其当代意义[J].天津社会科学,2001(5).

[10]张奎良.关于马克思人的本质问题的再思考[J].哲学动态,2011(8).

[11]张奎良.辩证法的实践内涵[J].哲学研究,2008(5).

[12]张奎良.人类的五种生产及其文明积淀[J].马克思主义哲学研究,2015(7).

[13]张奎良.唯物史观的人学意蕴[J].哲学研究,1994(12).

[14]张奎良.以人为本:社会主义实践探索的归程[J].湖南社会科学,2004(3).

[15]张奎良.人的本质:马克思对哲学最高问题的回应[J].北京大学学报,2015(9).

[16]张奎良.马克思人的本质思想的全景展示[J].天津社会科学,2014(1).

[17]张奎良,魏金华.马克思人的需要本性概念的科学意义[J].理论探讨,2015(4).

[18]张奎良.马克思人的本质概念的演绎程序[J].马克思主义研究,2014(11).

[19]张奎良.马克思对人类社会原生形态的执着探索[J].马克思主义与现实,2015(3).

[20]张奎良.唯物史观与历史唯物主义的生成和特点[J].马克思主义与现实,2012(2).

[21]衣俊卿.人的存在与辩证法——论实践派的辩证法观[J].现代哲学,1999(1).

[22]衣俊卿.人之存在与哲学本体论范式——兼论马克思哲学的本体论意蕴[J].江海学刊,2002(4).

[23]衣俊卿.关于人学研究内在局限性的反思[J].江海学刊,2005(5).

[24]衣俊卿.论人的存在——人学研究的前提性问题[J].学习与探索,1999(3).

[25]丁立群.实践观念、实践哲学与人类学实践论[J].求是学刊,2010(2).

[26]丁立群.实践观念、实践哲学与人类学实践论[J].求是学刊,2010(3).

[27]丁立群.交往、实践与人的全面发展[J].哲学研究,1992(7).

[28]丁立群.论人类学实践哲学——马克思实践哲学的性质[J].学术交流,2005(7).

[29]丁立群.实践哲学:两种对立的传统及其超越[J].马克思主义与现实,2012(2).

[30]孙正聿.存在论、本体论和世界观:"思维和存在的关系问题"的辩证法[J].哲学动态,2016(6).

[31]孙正聿.当代人类的生存困境与新世纪哲学的理论自觉[J].哲学动态,2003(5).

[32]孙正聿.哲学的形而上学历险[J].天津社会科学,2011(5).

[33]孙正聿.本体论批判的辩证法——追问和理解哲学的一种思路[J].哲学动态,1990(1).

[34]孙正聿.从"逻辑先在性"看哲学唯心主义[J].哲学动态,1998(11).

[35]孙正聿.本体的反思与表征——追问和理解哲学的一种思路[J].哲学动态,2001(3).

[36]孙正聿.马克思的哲学观与马克思开辟的哲学道路[J].社会科学战线,2003(1).

[37]袁贵仁,韩震.论人性、人的本质和人的主体性的相互关系[J].求索,1988(4).

[38]韩庆祥.实践生成本体论:马克思本体论思想解析[J].江海学刊,2002(6).

[39]李楠明.实践哲学是一种新的哲学形态和思维方式[J].东岳论丛,2001(4).

[40]李楠明.以人为本的理论创新与实践关切——访张李良教授[J].理论参考,2006(2).

[41]李楠明.生活世界与实践哲学的思维方式[J].北方论丛,2001(2).

[42]李楠明.对人的本质理解是马克思实践哲学创立的内在逻辑线索[J].学术交流,2001(1).

[43]康渝生,哲学基本问题与哲学的主体性[J].理论探讨,1996(4).

[44]康渝生,胡寅寅.人的本质是人的真正的共同体——马克思的共同体思想及其实践旨归[J].理论探讨,2012(5).

[45]贺来.理论硬核的变革与解释原则的跃迁——马克思哲学与"存在论"范式的转换[J].当代国外马克思主义评论,2004(4).

[46]贺来.实践与人的现实生命——对"生存论本体论"的一点辩护[J].学术研究,2004(11).

[47]刘放桐.现代西方人本主义哲学思潮的来龙去脉(上)[J].复旦学报,1983(3)

[48]刘放桐.现代西方人本主义哲学思潮的来龙去脉(下)[J].复旦学报,1983(4).

[49]徐长福.人的价值本质与事实本质的辩证整合[J].中山大学学报,2003(5).

[50]邓晓芒.费尔巴哈"人的本质"试析[J].湖南师范大学社会科学学报,2001(2).

[51]郭艳君.马克思历史观的人学阐释[J].求是学刊,2003(4).

[52]隽鸿飞.历史意识的生成论阐释[J].哲学研究,2009(10).

[53]隽鸿飞.历史理性的生成论阐释[J].学术交流,2007(10).

[54]陈曙光.实体本体论人学的基本建制及其动摇[J].哲学研究,2014(2).

[55]陈曙光.马克思人学范式革命的体系之维[J].上海行政学院学报,2007(5).

[56]陈曙光.马克思人学范式革命的存在之维[J].上海行政学院学报,2009(7).

[57]李文阁,王金宝.突破实践本体论思维方式[J].哲学研究,1997(8).

[58]鲁品超.实践生成论:马克思哲学的主轴[J].哲学动态,2009(10).

[59]邹诗鹏.马克思实践哲学的生存论基础[J].学术月刊,2003(7).

[60]邹诗鹏.超越对生存的流俗理解[J].华中理工大学学报,2010(1).

[61]邹诗鹏.生存论转向与当代生存哲学研究[J].求是学刊,2001(9).

后　　记

　　人的本质问题是马克思哲学体系中的核心问题,人的本质既有价值预设的部分,又有现实生成的部分;既有必然的部分,又有自由的部分。以"生存"把握"形而下"才更接近"形而上"的本质。因此,要将马克思的"实践"引入存在论,形而上的思想作为"实践"的内在环节纳入存在视域之中,才可以现实地把握马克思人的本质思想的实践生成的内涵。

　　新世纪的全球性问题和中国问题在人的身上交汇,我国处于重大社会转型和经济转轨期,主体和主观因素在社会发展中的意义、作用空前提高。党和国家把发展和弘扬人的全面发展的理论作为促进每个人全面发展的目标和方向。这一方面要求我们重新审视创造工业文明的实践范式的限度,另一方面要求人们科学地"认识你自己",重新辩证地透析自己的本质。

　　第一,后现代思潮不仅消解了主体,更消解了人的本质。市场消费主义下的人性扭曲,信息革命导致人的符码化,技术理性的后遗症使人们忘却生活中的诗与远方。在生活压力与现实困难面前,很多人只是消极、忧郁、无目的地活着而非生活,对生活的理想与生命的价值已无过多赋意。完整的生命一去不返,只留下碎片化、单向度的人。而现代人的发展目标应该关注"实践"中的人、发展中的人格,生成完善的本质,帮助人们关注生命,热爱生活,素质健全的人格,重新激发人们对价值理想的追寻。因此,本著作在占有大量资料的基础上,利用实践生成的思维原则,辩证分析马克思人的本质思想,回到真实的马克思,开启对当代"现实的人"的生存及其发展的关注,展开人之实践的价值维度,以逐步确证主体本质。第二,分析人在当代生存的境遇下,整体与个体之间如何和谐存在,个体本质如何在共同体中彰显,从而动态平衡人与自然,人与社会以及人与自身的关系,达到人之未来的全面发展。

有鉴于此,自2014年准备博士论文开题以来,我便确定以"马克思人的本质思想的实践生成论研究"为研究方向,集中精力探寻有关人的本质的相关理论与实践问题。由此,才写成呈现在各位读者面前的这部著作。

值此出版之际,我谨向所有关心、爱护、帮助我的人们表示最诚挚的感谢与最美好的祝愿。衷心感谢一直关心和培养我的多位恩师:张奎良先生、丁立群先生、康渝生先生、李楠明先生、郭艳君先生等各位先生!回想整个写作过程,虽然几经起伏,却让我除却浮躁,经历了思考和启示,也在逐步地体味哲学与人生的精髓和意义,因此我倍感珍惜。

学术精湛为人人杰,德行修为做平平人,亦师亦友慈父乃善。这就是我的导师张奎良先生。张教授是国内知名的马克思主义哲学研究大家,20世纪中国著名哲学家,对我国马克思主义哲学领域问题的研究具有非常巨大的贡献。如今已80岁高龄的他,每年仍然发表多篇极具学术价值的论文,出版各类文集,令我年轻之辈望其项背,叹为观止。求学的四年之中我经历了几个重要的人生转折,每次面临困难,张教授都给予我无私的关怀与帮助。每每思于此,都感慨我何其有幸,能够从师于张教授。他渊博的专业知识,严谨的治学态度,精益求精的工作作风,诲人不倦的高尚师德,朴实无华、平易近人的人格魅力将影响我终生!本著作是在导师张奎良先生的悉心指导之下完成的,倾注了先生大量的心血,在此我向我的导师张奎良先生表示深切的谢意与祝福!

同时,在该论著的前期准备、资料收集以及阶段性成果的写作过程中,得到许多恩师、同行和学友的教诲与帮助,在此深表谢意。学无止境,何况人学问题十分复杂,日日常新,许多问题有待继续研究。

孙 晶

2018年9月于馨栖居